近世刑罰制度論考

――社会復帰をめざす自由刑――

高塩　博　著

國學院大學法学会叢書 2

成文堂

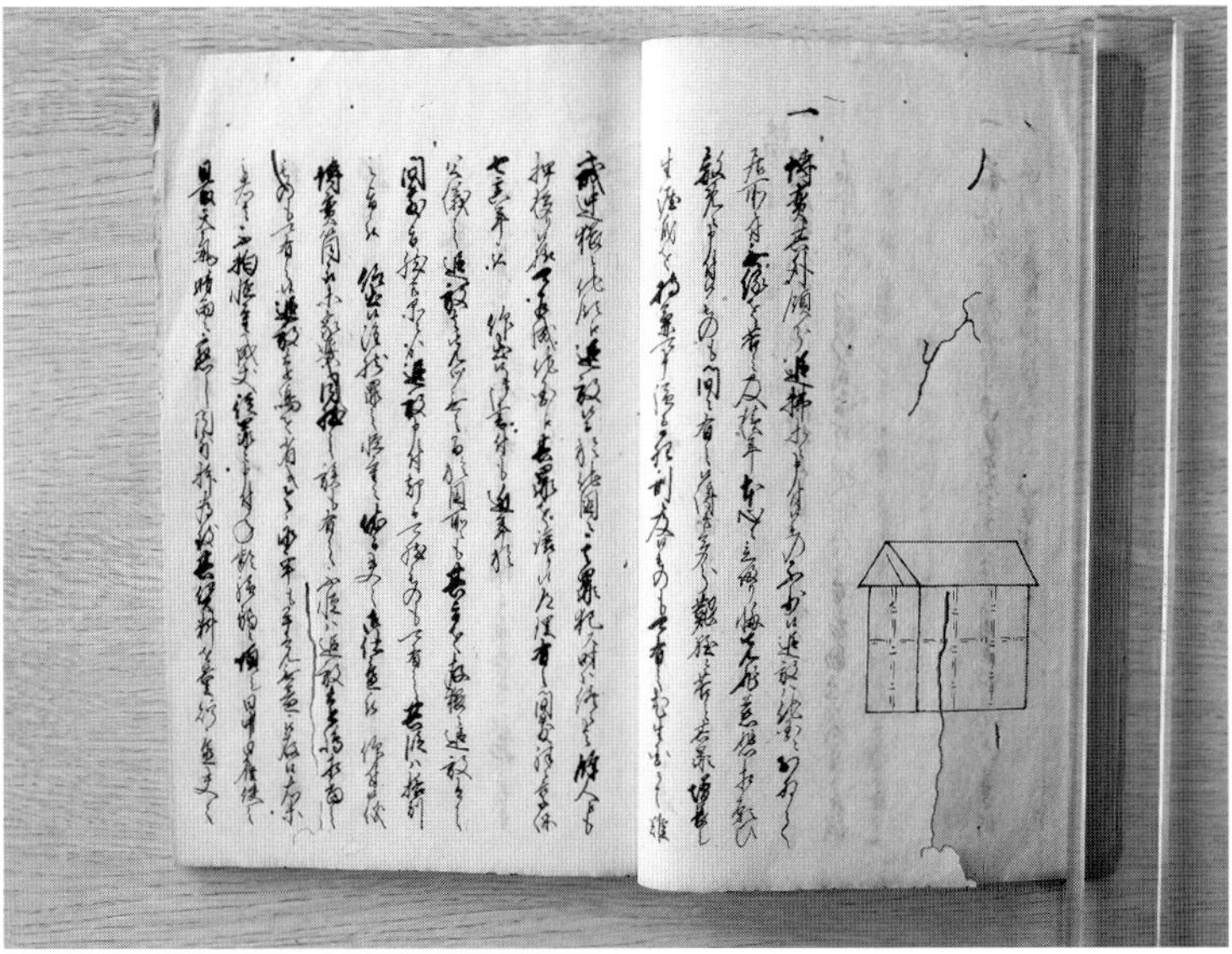

「博奕はた商其外徒罪入牢一件」（香川大学附属図書館神原文書蔵、本文55〜56頁）

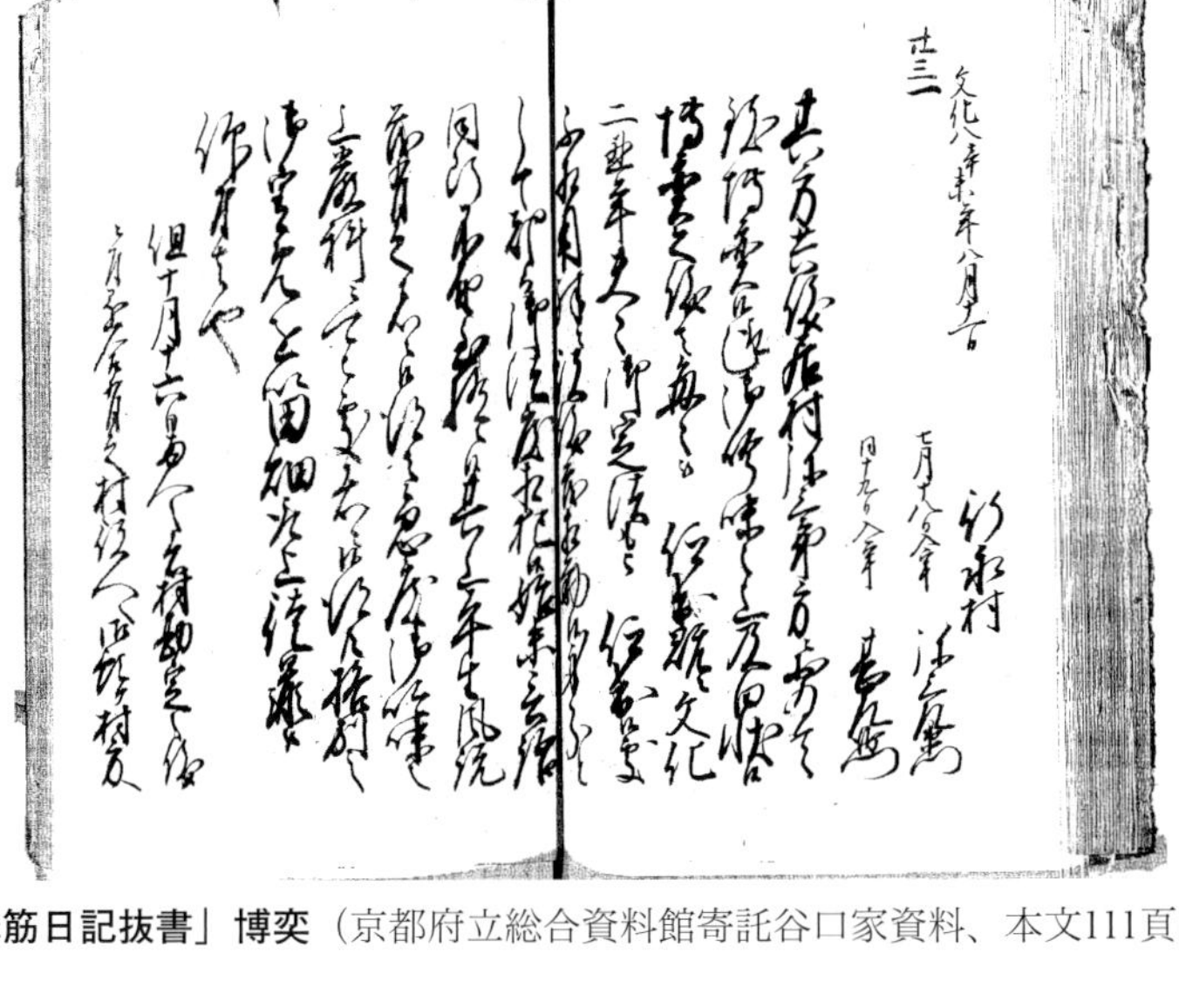

「刑罪筋日記抜書」博奕（京都府立総合資料館寄託谷口家資料、本文111頁）

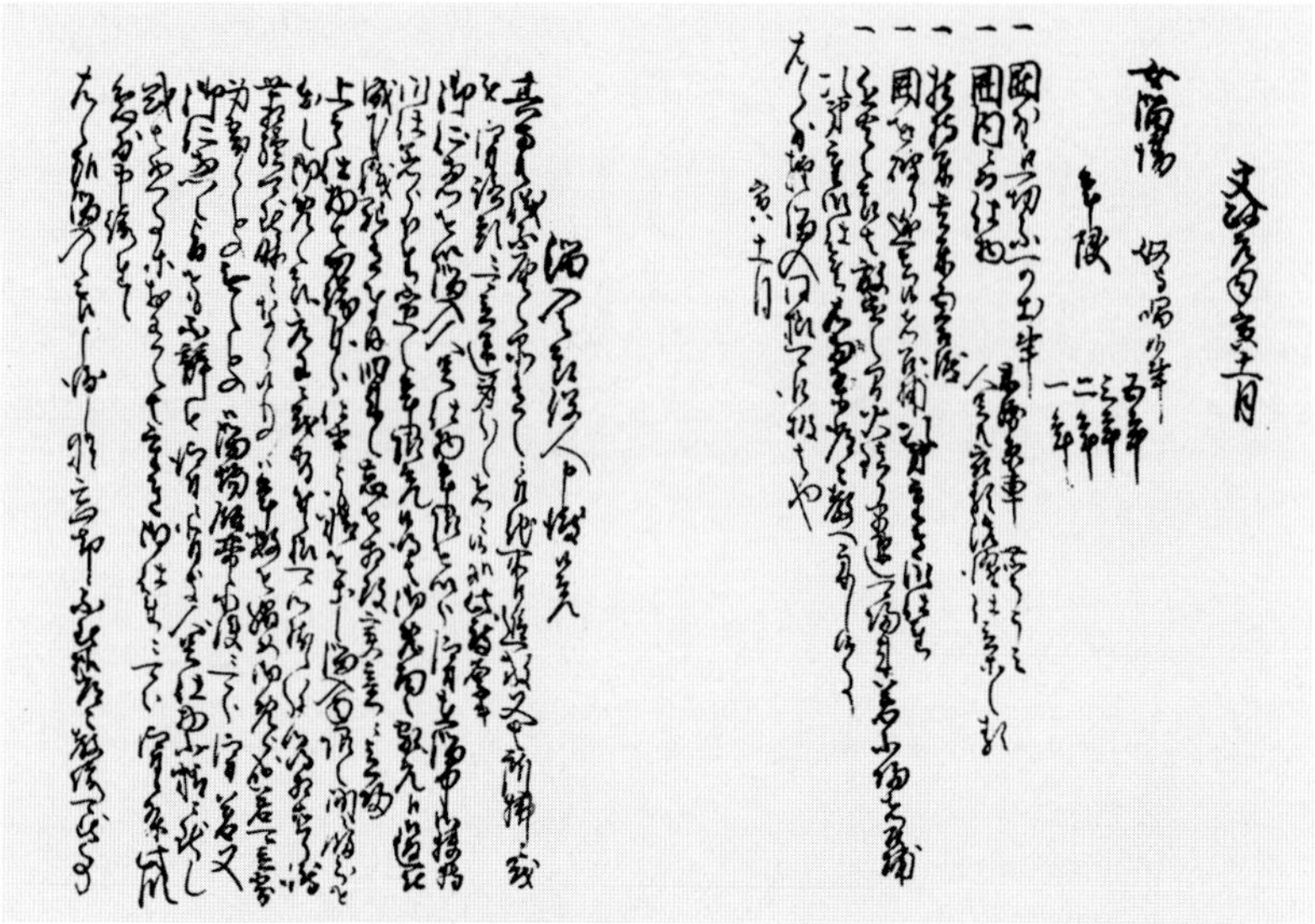

「御仕置等諸扣」女溜場定書掛札、溜入之節役人申渡候覚
（酒田市立光丘文庫蔵、本文196～197頁）

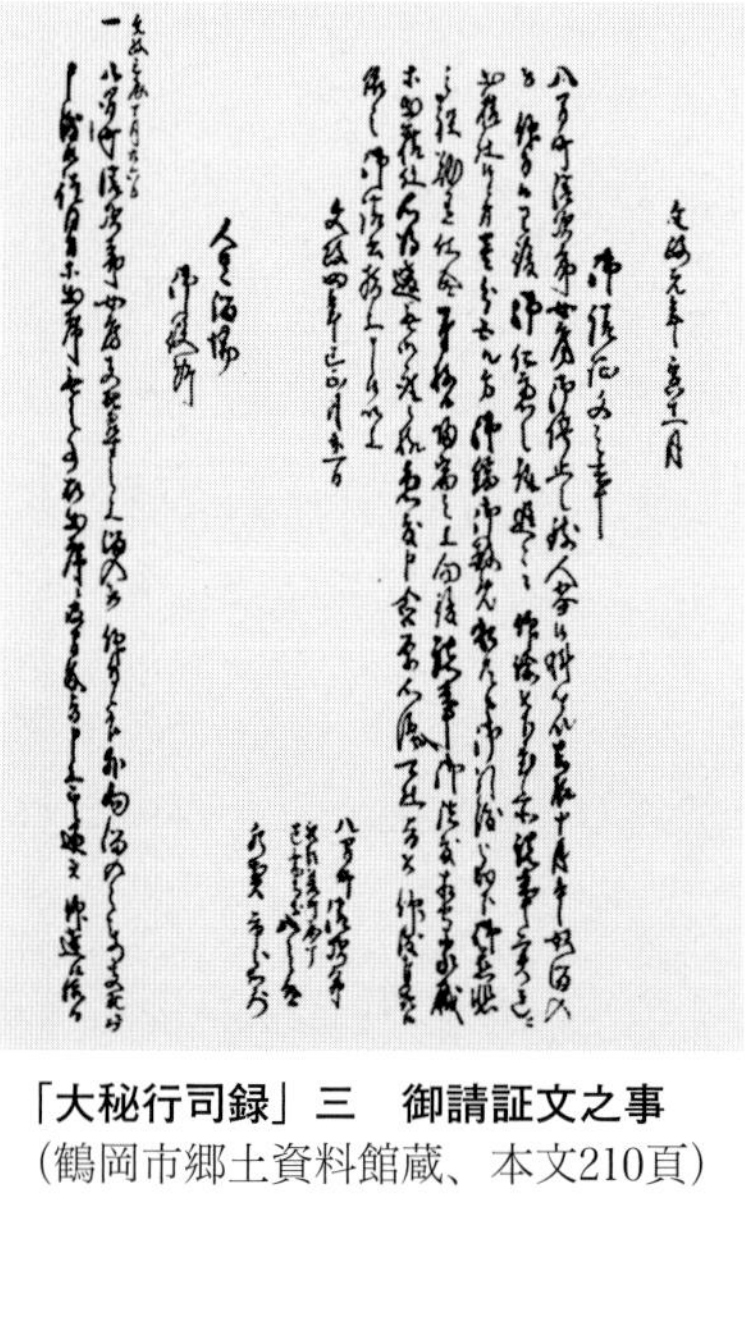

「大秘行司録」三　御請証文之事
（鶴岡市郷土資料館蔵、本文210頁）

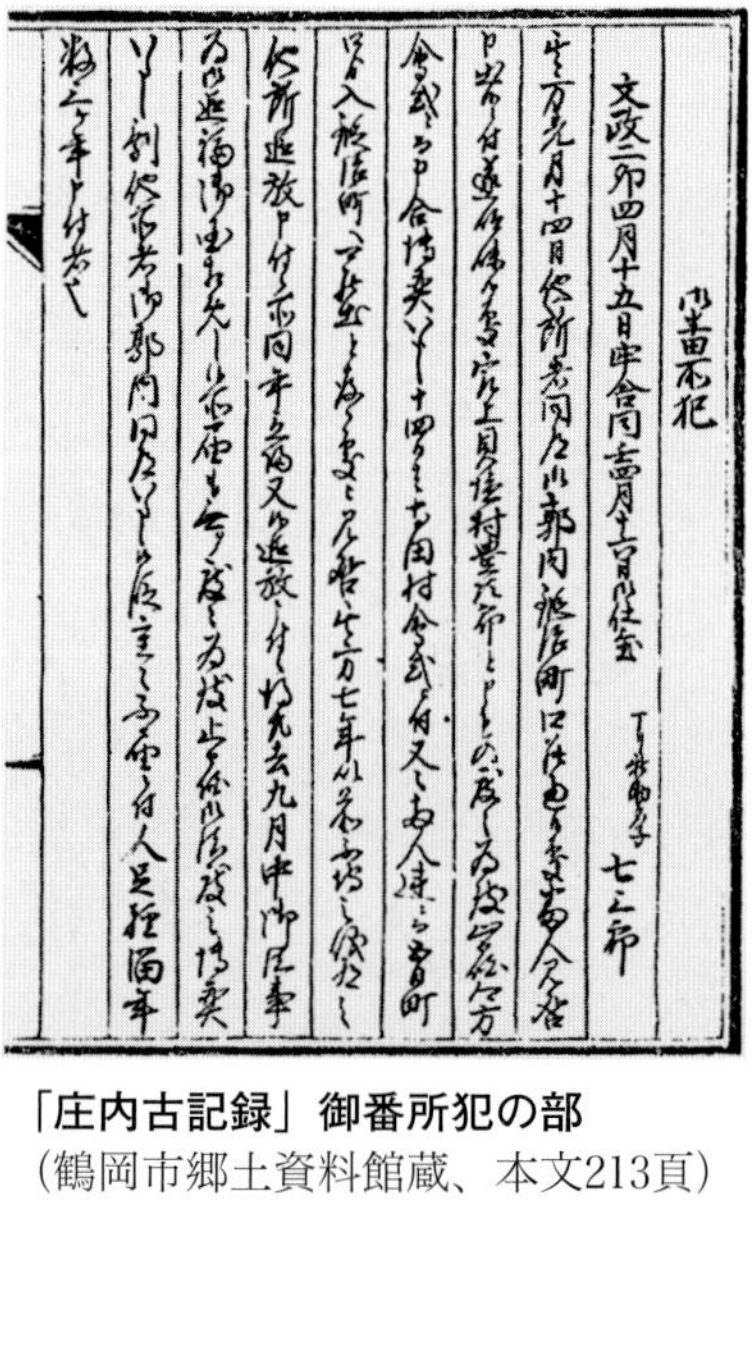

「庄内古記録」御番所犯の部
（鶴岡市郷土資料館蔵、本文213頁）

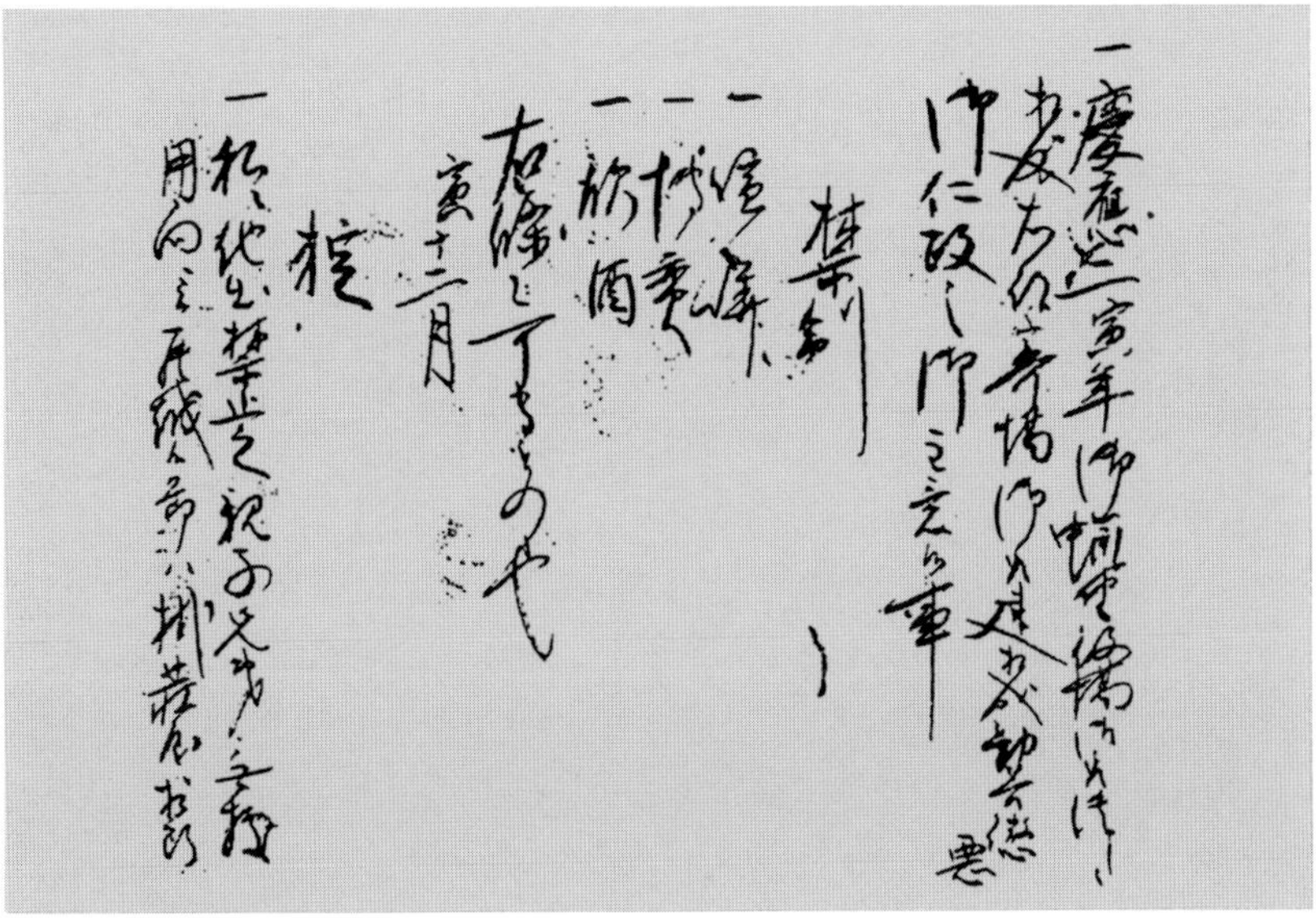

「寄場一件留」冒頭（長岡市立中央図書館蔵、本文252〜253頁）

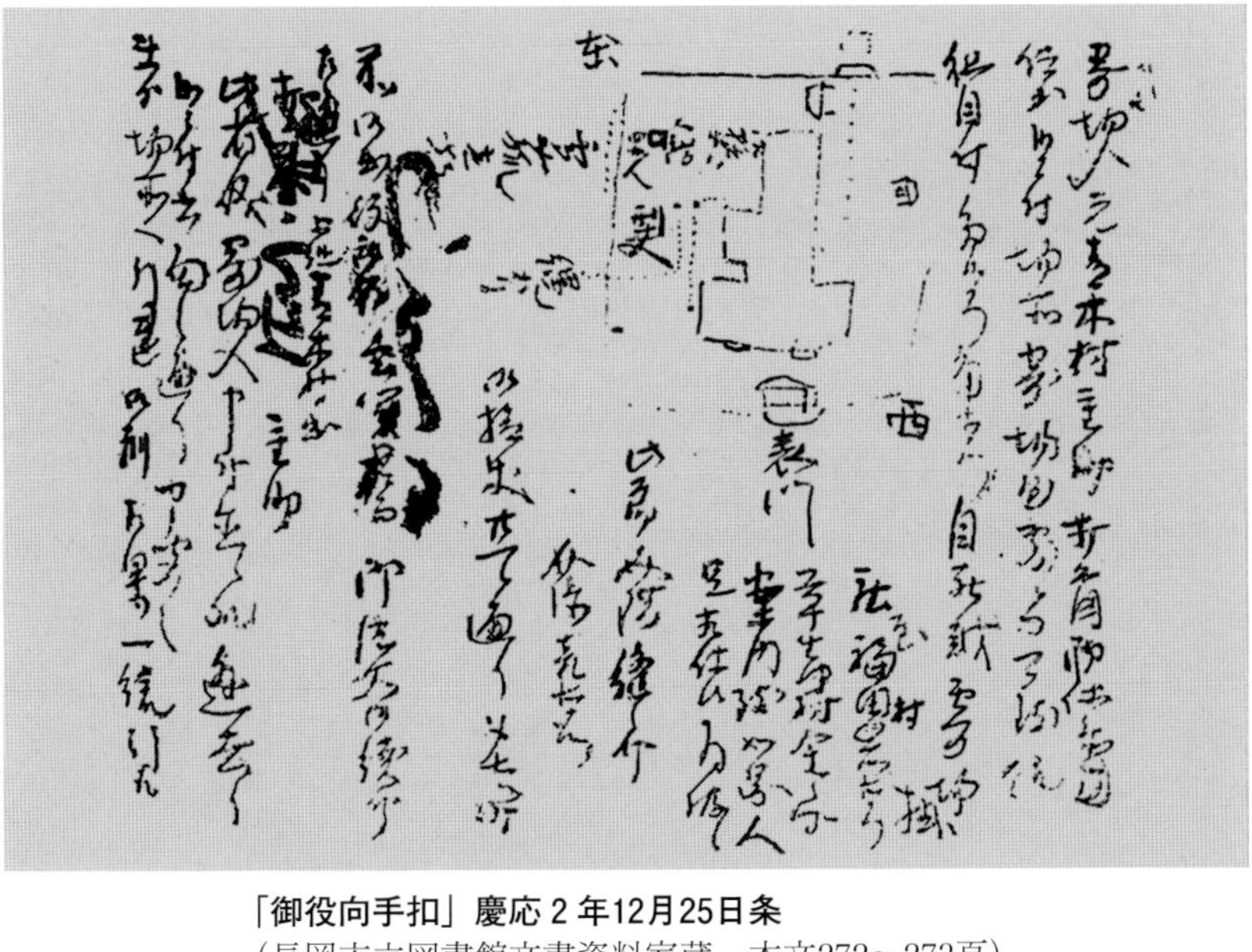

「御役向手扣」慶応２年12月25日条
（長岡市立図書館文書資料室蔵、本文272〜273頁）

はしがき

社会復帰をめざす自由刑は、十八世紀中葉、「眉なしの刑」という名称で熊本藩に誕生した。その刑名はすぐさま「徒刑」へと変更になる。それは、犯罪者を施設に拘禁して所定の期間を強制労働に従事させるという、刑罰の形を中国の五刑のうちの「徒刑」にならっているからである。しかし、刑罰の内容はおおいに異なっている。中国の徒刑が過酷な労役による懲戒をもっぱらの目的とするのに対し、熊本藩の徒刑は社会復帰を究極の目的とするからである。本書は、こうした江戸時代の徒刑制度の系譜をたどるべく、松本藩（信濃国、譜代大名戸田氏六万石）、田辺藩（丹後国、譜代大名牧野氏三万五千石）、津藩（伊勢国、外様大名藤堂氏三十二万石）、庄内藩（出羽国、譜代大名酒井氏十四万石）、長岡藩（越後国、譜代大名牧野氏七万四千石）の自由刑について考察を加えたものである。

巻末の成稿一覧に見るように、本書に収録した論考は「序章」を除いて、すべて既発表である。それらは平成八年に「附」を、同十年に「第四章」を発表して以来、史料に巡り会うにしたがって断続的に公表してきたものである。つまり、「徒刑制度の系譜をたどる」という目的意識は持ちつつも、実際には「史料に巡り会うにしたがって」稿が成ったのである。わずか五藩の自由刑に光を当てたにすぎないから、譜代藩の傾向とか、譜代藩と外様藩との差異、あるいは大藩と小藩との比較とかを議論することはできない。とはいうものの、明治初年の徒刑が江戸時代の徒刑制度の系譜を引き継いでおり、続く懲役の刑もまた、創設の当初は江戸時代以来の徒刑制度の理念とその処遇法とを継承する側面を持ったと言えそうである。

諸藩の徒刑制度には、いまだ世に知られていないもの、名称は知られていても内容が判明していないものが少なからず残されている。今後ともその解明のための関心を持ち続けるつもりであるが、「國學院大學法学会叢書」が創刊されたのを契機に、その一冊として既発表の拙文をまとめて公刊することとした。刊行を認めていただいた法学会には、深甚の感謝を申し上げる。本書が近世刑罰制度研究にいささかでも寄与する処があるならば倖いである。

拙文を草するにあたっては、史料調査のためにそれぞれの土地の資料館、図書館などの所蔵機関を訪問した。たいていの場合は初めて訪れる場所であるから、文化的・歴史的土壌などその土地柄にまったく不案内である。そうした中にあって、郷土史家や所蔵機関の方々のご教示はまことにありがたく、そのご教示により疑問が解消し、あるいは自分の考えに確信を持てたことが一再ならずであった。ここではお名前をあげないが、あらためて謝意を表する次第である。

最後になったが、刊行を引きうけて下さった成文堂社長阿部耕一氏、出版にいたる諸過程を懇切に導いていただいた同社編集部飯村晃弘氏に厚くお礼を申し上げる。

平成二十四年師走

高塩　博

目次

序　章

社会復帰をめざす自由刑の誕生とその系譜　社会復帰をめざす自由刑は、九州の外様藩である熊本藩（細川氏五十四万石）に誕生した。「眉なしの刑」というのがそれである。熊本藩は宝暦四年（一七五四）五月、「御刑法草書」という刑法典のなかに「眉なしの刑」を定め、翌五年四月よりこれを実施に移した。この刑罰は、一年、一年半、二年、二年半、三年という期間を収容施設に拘禁し、その間、強制労働を科すのである。「眉なし」と称するのは、逃走防止のために受刑者の眉毛を剃り落としたことに由来する。施設に拘禁することにより、犯罪者からは社会生活の自由を剥奪し、同時に犯罪から社会を防衛する役割を持っていた。注目すべきは、その強制労働に賃金を支給したことである。勿論世間相場よりははるかに安い金額であるが、賃金のうちの幾許かを強制的に積み立てさせて釈放の際にまとめて与えた。この金を就業のための資金と当面の生活費とに充当させたのである。すなわち、「眉なしの刑」は、釈放後の生活を見据えた刑罰なのである。作業有償制に基づく強制積立の制、元手の制という一連の処遇法は、犯罪人の社会復帰を念頭に置いたからこそ考案されたと言えよう（目印の眉なしは原状回復が可能である。これもまた、社会復帰を考慮した処遇法である(1)）。

宝暦十一年（一七六一）、熊本藩は「眉なしの刑」を改訂して「徒刑」という刑罰を実施した。笞刑を併科する五等級の徒刑（笞六十徒一年、笞七十徒一年半、笞八十徒二年、笞九十徒二年半、笞百徒三年）と、笞刑とともに「刺墨」という名の入墨をも併科する三等級の徒刑（刺墨笞百徒三年、額刺墨笞百徒三年、額刺墨笞百雑戸）とが存する。徒刑は一年から三年の期間を施設に収容して強制労働に従事させる刑罰であり、やはり作業有償制、強制積立ての制、元手の制を備えている。「徒刑」という刑罰もまた、その趣旨は「眉なしの刑」に同じなのである。[2]「徒刑」もまた眉毛を剃り落としたから、熊本では「眉なし」の呼称がその後も用いられた。

熊本藩に遅れること約三十年、佐賀藩（外様、鍋島氏三十五万石）が天明三年（一七八三）に同じ趣旨の自由刑を創設した。熊本藩の「徒刑」に触発されて採用した刑罰であり、これを「徒罪《とざい》」という。[3]同年十二月、佐賀藩は「徒罪之法」（前文と本文二十八箇条）を制定し、同時に「徒罪」を実施するために徒罪方という役所を設置するのである。熊本藩ではさまざまな犯罪に「徒刑」を適用したが、佐賀藩では博奕犯罪の再犯以上と窃盗犯罪とだけに「徒罪」を適用した。佐賀藩でも社会復帰をめざしたから、作業有償制、強制積立の制、元手の制を備えている。[4]

ついで、寛政二年（一七九〇）、会津藩（家門、松平氏二十三万石）が「徒刑」を採用する。刑罰の名称も趣旨も熊本藩に同じである。会津藩は同年三月、「刑則」という刑罰法規集（序文、刑罰配当図九、本文七十一箇条）を制定し、この中に五等級（半年、一年、一年半、二年、二年半）の「徒刑」を定めた。熊本藩「徒刑」も参考としているから、作業有償制、強制積立ての制、元手の制を備えていることはいうまでもない。[5]このように、佐賀藩「徒罪」にしても会津藩「徒刑」にしても、熊本藩「徒刑」を参照しているのだが、まったくの真似ではない。それぞれに工夫を凝らしているので、各藩の個性を看てとることが出来る。たとえば佐賀藩、会津藩はともに刑期満了前釈放の制を採用している。両藩は、改悛の情が顕著であって釈放しても何ら差し支えなしと判断されるならば、所定の刑期に達していなくても受刑者を釈放するのである。刑罰の究極的な目的を受刑者の社会復帰に置くならば、この措置は当然の帰結である。運用の細部にいたっては、なおいっそう各藩の個性を看てとることが出来る。

熊本藩が徒刑を採用した背景には、追放刑に対する反省が存する。いうまでもなく、追放刑は懲戒の効果が薄いばかりでなく、犯罪を再生産し、追放地の治安を悪化させるという矛盾と弊害とに満ちている。このような不都合について、「御刑法草書」の編纂者である堀平太左衛門は、この法典を藩主細川重賢に奉った際の文章中に、

我藩ニハ死刑追放刑ノ二刑アリテ、盗者ノ初犯ヲ専ラ追放ニ行ハレ、郭外方幾里、或幾郡ト限リ、禁錮遠近ノ差アリテ、一旦懲悪ニ似タリト云ヘドモ、禁以外ノ地ニテハ、衣食ノ便ヲ失フコト弥切ナレバ、縦令悪ヲ改悛セント欲スル者モ、飢寒ニ堪ヘザルノ憂已ムコトナク、盗心遂ニ復生シ、所在ノ地ノ害トナル、如此ナルトキハ、何ヲ以テ悪ヲ懲シ、何ヲ以テ害ヲサランヤ、

と記している。堀はまた、追放刑者が生きるためにやむを得ず罪を犯したにもかかわらず、それを死刑に処すことの非を次のように述べている。(6)

初犯ハ死ヲ宥メ、再犯ハ死ニ処シ、其差アリトイヘドモ、已ムコトナキノ再犯ヲ死刑ニ処スルトキハ、則チ是ヲ穽ニ陥レテ殺スニ似タリ、如此ハ其罪戻、彼ニ非ズシテ此ニアリト謂ハザルコトヲ得ズ、

罪を犯さざるを得ない状況に追い込んでおきながら、その犯罪に死刑をもって臨むことを、「穽ニ陥レテ殺スニ似タリ」と表現している。熊本藩はこれ以降、このように犯罪を惹起するような状況を藩政府がつくり出しておいて犯罪者を厳罰に処すことについて、これを「穽の説」と称して為政者自戒の論としている。

熊本藩はこのようにして追放刑を原則的に廃止したのである。(7)佐賀藩、会津藩にしても、追放刑の不都合は承知しているから、「徒罪」「徒刑」を採用することにより、追放刑の適用を抑制した。後述するように、明治を迎えるまでに少なからぬ藩が社会復帰をめざす自由刑を採用するが、多くの場合、追放刑を廃止もしくは抑制する役割をその自由刑に持たせている。こうした自由刑の採用は、犯罪者というやっかいな存在を共同体から排除するという従来の措置に変更を加え、犯罪者を共同体の内部で処遇し、再び共同体の一員として迎えるという施策に切り替えたことを意

味する。これは、日本刑罰史上、画期的な転換である。

ところで、幕府は会津藩が「徒刑」を採用したのと同じ年、すなわち寛政二年二月、隅田川河口の石川島に「人足寄場」を開設した。寄場への収容者は、「無罪之無宿」つまり敲や入墨、入墨の上敲に処された刑余の無宿を主とする。したがって、犯罪者を対象とする「徒刑」とはやや趣を異にするが、収容者を社会復帰させるという目的は「徒刑」に同じなのである。それもその筈である。幕府老中の松平定信は、人足寄場を構想するにつき、熊本藩の徒刑制度をおおいに参考としたのである。それ故、収容者の労働に賃金を与え、「溜銭」と称してその幾分かを天引きして蓄えさせ、出場の折にまとめて支給してこれを生業資金や当座の生活費に充てたのである。この一連の処遇法は熊本藩にまったく同じである。(8) 人足寄場では、心の持ち様を改善するための教育的処遇として人足共に心学道話を聴かせ、また多種類の作業を用意して職業訓練の要素も備えるなど、社会復帰に役立てるための施策を考えている。

幕府の人足寄場は、開設から三十年後の文化三年（一八二〇）十月、重追放から江戸払にいたる追放刑の判決を受けた者をも、収容期間を五年として、「無罪之無宿」に併せて収容することにした。その処遇は「無罪之無宿」とまったくの同質というわけではないが、社会復帰をめざすという目的においてはなんら変わるところがない。ここにおいて、人足寄場は、自由刑の執行場としての性格も具備することとなった。(9)

熊本藩の徒刑制度は、宝暦の藩政改革の一環として実施されたものである。この改革は財政的にも行政的にもみごとに功を奏したから、改革を断行した藩主細川重賢の名とその藩政とは全国に響きわたり、それにつれて徒刑制度も知られるようになった。(10) また、人足寄場が発足すると、さすがに幕府の制度でもあり、これも全国的に知られるようになった。その結果、熊本藩徒刑や幕府人足寄場に学んだ刑罰制度が各地に誕生するのである。時代が下って天保十三年（一八四二）十一月、幕府は寄場の開設を直轄地のみならず大名領に対してもこれを指令したから、(11) 自由刑の実施はいっそう増えた。

本書に収載する論考は、信濃国松本藩（譜代、戸田氏六万石）の「溜《たまり》」、丹後国田辺藩（譜代、牧野氏三万五千石）の「徒罪」、伊勢国津藩（外様、藤堂氏三十二万石）の「揚《あが》り者」、出羽国庄内藩（譜代、酒井氏十四万石）の「人足溜場《ためば》」、越後国長岡藩（譜代、牧野氏七万四千石）の「寄場」、ならびに和歌山藩（徳川氏五十五万五千石）の徒刑策草案を紹介するものである。これらの内、津藩「揚り者」、庄内藩「人足溜場」および和歌山藩の徒刑策草案は、熊本藩徒刑および幕府人足寄場との両者を参考としたことが明らかである。幕府人足寄場を参考とした自由刑としては、おそらく松本藩の「溜」制度がもっとも早いであろう。また、田辺藩「徒罪」はその運用にあたって、幕府人足寄場の制度に準拠する一面を持ち合わせているから、徒罪創設についても人足寄場を参照した可能性が大きいと思われる。同時に、熊本藩の徒刑制度や他藩の自由刑についての知識を持っていた可能性も大きいと思われる。長岡藩の「寄場」も同様に、主として幕府人足寄場を参考としたであろうことは間違いないが、手塚氏が指摘するように備中国松山藩の「徒刑所」からの影響も考えるべきであるし、寄場創設の主導者河井継之助は、諸国を歴遊して熊本藩も訪れているから、おそらく松山藩以外の自由刑についても見聞しているであろう。

研究史　各地の自由刑を紹介した先駆的業績はつぎの論考である。

・金田平一郎「近世懲役刑小考―熊本藩刑法研究序章―」『九州帝国大学法文学部十周年記念論文集』、昭和十二年

・辻敬助『日本近世行刑史稿』上、第二十二章徳川時代に於ける自由刑並自由刑類似制度　昭和十八年、刑務協会編刊

金田論文は、自由刑およびその類似の制度が熊本藩以外においても小倉、八戸、水戸、佐賀、岡山、秋月、松山（四国）、中村、金沢、新発田、中津、宇和島、西条、徳島、秋田、仙台、対馬などで実施されたと指摘する。また

辻著書は、熊本藩徒刑、佐渡水替人足、幕府人足寄場とともに米沢、津軽、水戸の各藩が実施した徒刑を紹介し、大坂、京都、秋田、長岡、箱館、福岡、小倉、松山（四国）、水戸、相馬、長崎の各地において寄場または徒刑場の設立を見たとする（上九八六頁）。[12]

ついで各藩の徒刑制度に着目してこれを考証されたのは手塚豊氏である。同氏の著作集第五巻『明治刑法史の研究』中巻（昭和六十年、慶応通信）は、次の三本の論文を掲載する。[13]

・「長岡藩の寄場と松山（高梁）藩の徒刑所」（初発表は昭和三十三年）
・「新庄藩の徒刑」（初発表は昭和三十三年）[14]
・「荘内藩の「徒刑仕法調帳」」（初発表は昭和三十七年）

また、平松義郎氏は左記の論考を著し、江戸時代の自由刑全般について概括的に論じておられる。

・「刑罰の歴史―日本（近代的自由刑の成立）」荘子邦雄・大塚仁・平松義郎編『刑罰の理論と現実』昭和四十七年、岩波書店

近年、各地の自由刑を精力的に紹介し、考察を加えたのは神崎直美氏である。左にその論考を発表順に列記する。

・「土浦藩徒刑小考―藤森恭助と徒刑案―」『國學院大學日本文化研究所報』一八六号、平成七年
・「常陸国土浦藩の徒罪について―藩政における中国古典の応用―」福田榮次郎『中世史料採訪記』所収、平成十年、ぺりかん社（後に「土浦藩の徒罪」と改題して同氏著『近世日本の法と刑罰』平成十年、巌南堂書店に収載）
・「水戸藩の徒罪」前掲『近世日本の法と刑罰』所収
・「水戸藩小宮山昌秀の徒罪認識とその背景」『中央史学』二二号、平成十一年
・「土浦藩における徒罪の実施状況について」『茨城県史研究』八三号、平成十一年

・「飛騨高山郡代豊田友直の人足寄場案―幕府天保改革推進の一事例―」『地域文化研究』四号、平成十二年
・「岡山藩の徒刑について―溜長屋入の創設と廃止―」『国史学』一七四号、平成十三年
・「浜松藩の徒罪―水野忠邦による藩政の一斑―」『法史学研究会会報』六号、平成十三年、明治大学法史学研究室
・「飛騨高山郡代豊田友直の人足寄場案―解題と翻刻―」『地域文化研究』五号、平成十三年
・「浜松藩の人足寄場史料―解題と翻刻―」『地域文化研究』六号、平成十四年
・「浜松藩の人足寄場―幕府老中水野忠邦の領内施策とその幕政からの影響について―」『中央史学』二五号、平成十四年
・「丹後国宮津藩の溜入について」『慶応義塾大学日吉紀要』人文科学一七号、平成十四年
・「長門国の徒刑―藩政下および県政初頭までを対象として―」『史学』三田史学会、七二巻二号、平成十五年
・「西国筋郡代寺西元栄の徒罪認識と人足寄場改革案―老中水野忠邦への上申書を素材として―」『城西人文研究』二八巻、平成十六年
・「丹波国福知山藩の労役刑「夫役」について」『地域文化研究』七号、平成十六年
・「信濃国松代藩の過怠夫について」藩法研究会編『大名権力の法と裁判』所収、平成十九年、創文社

このように、犯罪者を施設に拘禁して所定の期間を強制労働に従事させるという自由刑が各地の藩や幕府領において実施され、あるいは実施されようとしたことが判明し、その内容についても順次明らかにされつつある。

「徒刑」と「寄場」　ところで、「徒刑」と「寄場」とはまったく別な制度であると、これまで捉えられていた。手塚豊氏の見解は次のようである。すなわち、「徳川時代に行われた二つの系統の自由刑がある。その一つは諸藩の一部にみられる律系統の徒刑であり、他は江戸において始められ、後に一部の地方にも伝播した寄場の制度」である。

律系統の徒刑は、「直接には明律の影響をうけたものが多い。このような徒刑は応報主義、威嚇主義の思想的基盤に立つものであって、受刑者の処遇には懲戒主義的傾向がつよく表われている」という。これに比べ、「寄場の制度は当時一部の学者によって主唱された徒刑論の影響をうけたことはもちろんであろうが、その名称に「徒刑」を使用しなかったことからも推測されうるように、律の徒刑の域を脱し、はるかに近代的自由刑の構想に迫っている」というのである。(15) ついで平松義郎氏は、江戸時代の自由刑を①明律系の徒刑、②寄場的施設、③奴刑的労役の三者に分類して理解しておられる。つまり、同じく自由刑であっても、熊本藩や会津藩の自由刑は明律系の徒刑であって、幕府人足寄場の影響下に設けられた諸藩の寄場的施設とは刑罰の特徴が異なり、両者はそれぞれ別個の制度であるというのである。(16)

しかしながら、「徒刑」と「寄場」とを性質を異にする制度として厳格に区分するのは、江戸時代の自由刑についての十全な理解を妨げる恐れがある。熊本藩徒刑は、明律の徒刑に示唆を得た自由刑であることに違いはない。一年から三年の期間を施設に拘禁して、その間を強制労働に従事させるという形式と、「徒刑」という刑罰の名称を明律に借り、しかしながら刑罰の本質に変更を加え、その目的を受刑者の社会復帰に置いたのである。社会復帰を実現させるべく、熊本藩は作業有償制に代表される様々な処遇法を考え出している。拙稿がすでに考察を加えたように、(17) 幕府人足寄場はそのような熊本藩徒刑を参照して創設された制度であり、収容者を社会復帰させるという目的を同じくするから、当然その処遇法も基本は同じである。両者は、収容すべき対象者が片や犯罪者、片や「無罪之無宿」という点において相違する。この相違点は見逃すことができないが、それよりもむしろ、社会にとって不都合な存在を施設に収容して労役に従事させ、その間に人間性を改善して再び社会に戻すという共通点に着目すべきであろう。(18) この共通点こそが制度の根本であり、それは熊本藩徒刑に端を発するということである。(19)

しかし一方、江戸時代の自由刑の中には、社会復帰という観点の見いだせないものも存在する。前掲したように、平松氏は江戸時代の自由刑にもう一つの類型のあることを指摘し、それを「奴刑的労役」と規定される。「受刑者を官・私人が無償の奴婢として終身駆使する奴刑」が幕府において例外的に残っており、藩においても「徒刑の名称の下に、奴刑的な労役を追放刑に代る刑罰・保安処分的施策に用いた」場合が存したという。奴刑的労役の事例として、信濃国松代藩の「過怠夫」をあげ、「過怠夫は代理人を出すことも許されているから夫役的労務の利用に主眼があり、奴刑的色彩が強い」と指摘し、「これに類した奴刑的労役を刑事政策的施策として採用した例は米沢藩や中津藩等にも見ることができる」という。(20)

収容施設に拘禁して強制労働に従事させるという自由刑の形式を採用しながらも、その内容は社会復帰をめざす場合とその観点を欠く場合とが存するのであり、この両者は峻別すべきであろう。

なお、社会復帰をめざす場合であってもあるいはそうでない場合でも、処遇法の細部に関しては各藩が各様に工夫しているので、制度の詳細と運用の実態については個別に解明する必要がある。本書はそうした意味で、社会復帰をめざす五藩の自由刑について考察をくわえたものである。

明治初年の「徒刑」と「懲役」　明治新政府は、いちはやく「仮刑律」と呼ぶ十二編百二十条の刑法典を編纂した。これは慶応四年（一六七八）閏四月頃までに出来ている。熊本藩関係者が自藩の「刑法草書」などを参照して編纂したもので、それは政府諸機関や府・藩・県からの問合せに対し、統一的な指令を与えるための一応の規準として、政府部内で用いるものであった。(21)「仮刑律」の刑罰体系は、笞刑十等級、徒刑五等級、流刑三等級、死刑二等級の四種二十等級である。ここに見える流刑は、「終身海島に流し去」るという刑罰である。したがって、立入禁止区域を設定してその外に放逐するという追放刑が存在しない。すなわち、幕府より接収した新政府直轄の地域では、そのような追放刑を適用しないこととしたのである。代って五等級の徒刑（一年笞六十、一年半笞七十、二年笞八十、二年半笞九十、三年笞百）が定められた。その徒刑は、名例編の徒法条にその内容を「官に拘収して、溝塹・道路修繕等一切賤役辛苦之事に役す」と規定した(22)。この規定からすると、刑罰の目的を苦役による懲戒に置いたように読み取れる。しかし、「仮刑律」の徒刑は熊本藩「刑法草書」に由来するから、社会復帰を念頭に置いた刑罰であったと理解するのが順当である。ただ、法文からはそれを確認できない。今後の検討に俟ちたい(23)。

新政府は明治元年十月晦日、行政官布達をもって、全国の府・藩・県にむけて刑罰に関するはじめての指令を発し、その中で「追放所払ハ徒刑ニ換ヘ」よと指示している。ここに追放刑の全面廃止の方針を打ち出したのである。しかしながら、徒刑の急速な実施は必ずしも容易でないので、「徒刑ハ土地之便宜ニヨリ各制ヲ可立事ニ付、府藩県共其見込ニ従ヒ、当分取計置可申、追々御布令可被為在事」とした(24)。

明治政府は、右の行政官布達に次いで、明治元年十一月頃から翌年正月頃にかけて「刑法新律草稿」（十二編百二十条）を編纂した。これは「仮刑律」を修正した刑法典であり、これをもって全国統一の刑法典としようとしたのだが、何らかの事情によって施行に至らず、結局は忘れ去られてしまった(25)。いうまでもなく、この刑法典にも追放刑は存在しない。この刑法典は三等級の徒刑（一年、二年、三年）を設け、強制労働について「山野ノ開拓、道路ノ修繕、溝塹坡堤ノ浚築、其餘地方ノ宜ニ随ヒ、使役方法アルヘシ、長幼ノ強弱、技藝ノ長短ニ因テ、使役方法アルヘシ」と定め、労働時間を朝の八時から夕刻の四時までとした。時間外の自主労働を認めてこれを有償とし、「餘暇ニハ、何事ニヨラス、各人ノ望ニ任セ、手業致サセ、其価ヲ聊ツ、ニテモ積立、年限済ノ後、生業元金ニ致サスヘシ」と規定する。続く文言には「時〻手嶋道話ノ書類ヲ読聞セ、過チヲ悔、善ニウツリ、王政御一新ノ御仁沢ニ浴センコトヲ要スヘシ」とあり（名例凡条(26)）、徒刑が社会復帰をめざす刑罰であることが表明されている。ここに「時〻手嶋道話ノ書類ヲ読聞セ」と見え、この刑罰が幕府寄場の制の要素を加味したものであることを示している。以上を要するに、「刑法新律草稿」の徒刑は、熊本藩徒刑を端緒とする江戸時代の自由刑の理念とその処遇法を継承した刑罰であることが明瞭である。

明治政府は「刑法新律草稿」とは別個に、全国統一法典としての刑法編纂を始めた。これが、明治三年十二月頒布の「新律綱領」（十四編百九十二条）である。[27] その刑罰体系は、笞刑五（一十、二十、三十、四十、五十）、杖刑五（六十、七十、八十、九十、一百）、徒刑五（一年、一年半、二年、二年半、三年）、流刑三（一等役一年、二等役一年半、三等役二年）、死刑二（絞、斬）の五種二十等級である。「新律綱領」は徒刑の内容を左のように定める（名例律上）。

凡徒ハ、各府藩県、其徒場ニ入レ、地方ノ便宜ニ従ヒ、強弱ノ力ヲ量リ、各業ヲ与ヘテ役使ス、毎日、凡人雇工銭十分ノ一分ヲ給シ、其半ヲ官ニ領置シ、徒限満レハ、放チテ郷里ニ還シ、生業ヲ営ムノ資ト為ス、（中略）徒ハ、一年ニ起リ、三年ニ止ル、蓋シ労役苦使シ、以テ悪ヲ改メ、善ニ遷ラシム、

右文は徒刑を定義して、「労役苦使シ、以テ悪ヲ改メ、善ニ遷ラシム」とする。又、明文をもって作業有償制を定め、その金額を世間相場の十分の一とする。支給額の半分を積み立てて「生業ヲ営ムノ資」とするのである。「新律綱領」は法文全体としては、中国清朝の「清律」に多くを学んでいるのだが、[28] 右に見たように、徒刑に関しては熊本藩に始まる徒刑の理念と処遇法を継承しているのである。[29]

明治五年（一八七二）四月、明治政府ははじめて「懲役」という刑罰を採用した。すなわち、「新律綱領」の笞刑五等級を懲役五等級に、杖刑五等級を懲役五等級に代え、笞杖刑の打数に相当する日数を懲役の刑期としたのである。懲役方法は追って通達するので、「夫迄ノ処各地方ノ便宜ニ従ヒ役使」せよと指令した。[30]

明治六年六月十三日、政府は「新律綱領」の修正・補充法である「改定律例」を頒布した。この中で「新律綱領」

の徒刑・流刑に代えてこれを懲役とした。すなわち、五等級の徒刑を懲役の一年、一年半、二年、二年半、三年に、また三等級の流刑を懲役の五年、七年、十年としたのである。懲役の刑罰内容については、五刑条例第三条に「凡懲役ハ、平民・老小・婦女・癩・盲・廃疾者及ヒ無力不能贖者、監獄則ニ照シ分別シテ役ニ服ス、其雇工銭ヲ給与領置スルノ法モ亦獄則ニ従フ」と定める。作業有償制は懲役においても「雇工銭」という名称をもってこれを採用し、「雇工銭ヲ給与領置スルノ法」は「監獄則」の規定に従うのである。明治五年十一月頒布の「監獄則」は雇工銭について、懲役十二条中の第十二条工銭において、

凡役囚一等ニ進メハ其製作スル物品ヲ販売シテ之ヲ官ニ領置シ、其内ヨリ毎日銭百文ヲ給与シ、放免ノ日右日給ノ百文ト毎日ノ食費トヲ除キ、其残金ハ悉ク之ヲ還付ス、

という規定を設け、続いて

工藝精シカラサルモノ一等ニ進メハ、之ヲ炊夫・焚夫・小使等ニ役使シ、毎日ノ傭銭ヲ通算シ放免ノ日其日給ト食費トヲ減シ、其残金ヲ与ルコト前法ノ如シ、但傭銭ハ普通ノ傭価四分ノ三ヲ以テ法ト為ス、外役ノ傭銭亦同シ、

（後略）

と定める。[31] 明治六年採用の懲役においても作業有償制、積立の制、元手の制が備わっていたのである。また、懲役囚が雇われ仕事に従事する場合、その賃金が世間一般の四分の三という高額であるのも驚きである。

注目すべきは、懲役の刑が模範囚についての刑期短縮の制を備えていることである。左記の東京府問合（年月不明）は、懲役五年以上および懲役終身の模範囚について刑期の短縮を打診する。これに対する明法寮回答は、「御所見ノ通ニテ可然事」として、刑期短縮を認めている。[32]

懲役五年以上ノ者ハ、夫々能ク獄則ヲ守リ、工役ヲ勉ムルコト抜群ニシテ先非ヲ悔ヒタル実効顕ルレハ、速ニ

御詮議ノ上期限ヲ短メ又ハ御赦免ニモ相成ユヘ、是事ヲ兼々忘却セス、ツマラヌ悪念トモ起シテハ吃度相成ラント、

一懲役終身ノ者モ前ニ同クシテ、又外ニ旧事ナレハ死ニモ入ル罪科ナルノ所、寛典ニ処セラル、ハ偏ニ御仁愛ノ篤キ訳ユヘ、是又遺忘セス早ク改心シテ善人ニナラテハナラント、

右ハ懲役五年以上及ヒ終身ノ者ハ、限期久遠ニシテ獄苦ニ倦ミ、工役ニ疲レ如何ナル悪念ヲ発スルカ、是恐アルヲ以テ入場ノ時獄則ヲ告諭スルハ他囚ニ斉シフシテ、別ニ原文ヲ猶懇々説得シテ、其慰労ニ供ヘ悛改ヲ図リ度候間、不苦候哉、

次に刑期短縮の実例を示そう。明治九年十月二十七日、石川県は模範囚二名について刑期短縮を司法省に伺い出た。(33)

○石川県ヨリ懲役囚能ク獄則ヲ守ルニ付、特典減等ノ儀伺

越前国足羽郡福井　士族酒井温元家来
懲役十年　斎藤平太
明治九年十月、三十八年八月

同国同郡同所　士族大谷甚吉厄介
懲役七年　留吉
明治九年十月、三十年四月

右之者共贗金ノ科ニ依リ明治三年十月九日、右留吉儀ハ懲役七年、平太儀ハ懲役十年処刑相成候処、本年三月十五日元敦賀県懲役場近火之節、消防ニ尽力スル功ニ依リ、右平太ナル者本罪ニ一等ヲ減セラル、然ルニ右両囚共入場以来能ク獄則ヲ守リ駆役ヲ勉ムルコト他囚ニ勝ル者ニテ、一等期限ノ央モ経過候ニ付、特典ヲ以テ直ニ放免

相成候様致度、此段相伺候也、

〔指令〕（十二月八日）特典ヲ以テ各本罪ニ一等ヲ減ス、已ニ役過スルヲ以テ直ニ放免ス、

二名とも服役六年餘を経過した者である。懲役十年より一等を減じると懲役七年、懲役七年より一等を減じると懲役五年である。これより先、斎藤平太は懲役場近火の消防に尽力した功績により、判決刑の懲役十年を一等減じられている。したがって、平太、留吉とも懲役七年より一等を減じて懲役五年となる。両名はこの時点で六年以上を服役しているので、即座に釈放となったのである。減軽は「特典」を適用したのであるが、その特典とは、「監獄則」懲役十二条中の第八条賞罰に定める左記の特典であろう。(34)

準流ノ囚能ク獄則ヲ守リ、工役ヲ勉ムルコト他囚ニ勝ル者ハ、第一等期限ノ半ヲ過キ、放免スル特典アリ、

刑期短縮は、はやくも佐賀藩「徒罪」や会津藩「徒刑」に見られる処遇法である。寄場においても、「無罪之無宿」として収容した人足については、社会に戻しても間違いなしとの確信の持てる場合に随時出場させた。追放刑の判決を受けて寄場入した人足は収容期間を五年とするが、この人足については収容期間の短縮を認めた。すなわち寄場作業に精を出して改心の様子も確認できるならば、満三年を経過していることを条件として釈放することがあるのである。(35)その寄場を参考とした庄内藩の「人足溜場」もやはり刑期短縮の制を備えており、実施例が判例によって確認できる（本書二〇七・二一六頁）。又、天保七年（一八三六）制定の彦根藩「徒刑」においても刑期短縮を定めている（本書二八〇・二九二頁）。「監獄則」の特典は、――「準流ノ囚」すなわち懲役五年・七年・十年に適用が限定されるけれども――この考え方を継承している。(36)右の石川県伺はまた、功労のある懲役囚に対しても刑期を短縮する場合のあることを記している。(37)このように、懲役もまた明治初年の徒刑と同様に、社会復帰をめざす江戸時代以来の自由刑の理念と処遇法とを受け継いでいるのである。

熊本藩徒刑に端を発する自由刑は、幕府人足寄場の創設に大きな契機を与え、その後幕末までには各地に社会復帰をめざす自由刑が発足した。その際、熊本藩の徒刑制度をおもに参考とする場合もあれば、幕府寄場の制を参考とする場合もあったし、両者に学びつつ自由刑を創設する藩も存在したのである。明治政府は、このような自由刑が各地に展開されていることを背景として徒刑を採用したのであるから、熊本藩に誕生した自由刑思想を継承したのは至極もっともなことである。さらに、徒刑が懲役と刑罰の名称を変えた後も、江戸時代以来の自由刑の考え方とその処遇法を色濃く持ち続けたのである。[38] 辻敬助氏の左記の発言は、昭和十八年（一九四三）になされたものであるが、今もって傾聴に値する。

我国獄制が巧に欧米の制度を採り容れ十分なる効果を挙ぐるに至りたるは、実はそれを可能ならしむるに足るの素地が宝暦以来百十数年の長きに亙り、徒刑及寄場制度に依つて培かはれありたる為に外ならざる事を忘れてはならない。（『日本近世行刑史稿』上、一〇三三頁、刑務協会編刊）

註

（1）　熊本藩の自由刑をはじめて考証した論考は、

金田平一郎「近世懲役刑小考―熊本藩刑法研究序章―」『九州帝国大学法文学部十周年記念論文集』、昭和十二年であろう。金田論文と同年、山崎佐氏は熊本藩の徒刑を紹介する「細川藩の刑獄」という短文を『法曹瑣談』（一六一～一六五頁、文光堂）に収録した。熊本藩の徒刑制度とそれを定める「刑法草書」についてのその後の研究史については、高塩博「熊本藩「刑法草書」の成立過程」（小林宏・高塩博編『熊本藩法制史料集』所収解題五～七頁、平成八年、創文社）を参照されたい。

なお、小川太郎氏に「徳川時代に於ける自由刑思想の形成」（『犯罪と自由刑』昭和二十七年、一粒社、初発表は昭和十五年）という論考が存し、荻生徂來、太宰春台、中井竹山・履軒兄弟らの儒学者の自由刑思想を考察している。

（2）しかしながら、「刺墨」をも併科する三等級の徒刑については、社会復帰をめざす自由刑と見なすことができないであろう。「刺墨」という名の入墨は、一生涯の刑であり、社会復帰を妨げる前科者の烙印である。「額刺墨笞百雑戸」がもっとも重く、この刑罰は額に入墨をほどこした上、徒三年の労役を科し、その終了後に身分を賤民におとしめるものである。これもまた生涯刑である。こうしたことから、徒刑のうちの重い三等級については、社会復帰を期待した刑罰とは言い難い。
もっとも、寛政二年（一七九〇）以降、刺墨を抜いてやる除墨の制度が始まるので、刺墨を併科する徒刑についても社会復帰ということを考慮するようになる。

（3）「徒罪」は、地元の佐賀では今日これを「づざい」と発音しているが、江戸時代の当時にあっては「とざい」と発音していたと思われる。このことは、次の事実から判明する。佐賀藩の支藩のひとつである小城藩においても「徒罪」を実施し、小城町本町の一角に徒罪小屋を設置した。その場所を「徒罪町」と称し、これを「とじゃあまち」と呼んでいるのである（『三日月町史』四三四頁、昭和六十年）。

（4）佐賀藩の「徒罪」については、左の論考が存する。
城島正祥「佐賀藩の徒罪」『佐賀藩の制度と財政』三八五～三八七頁、昭和五十五年（初発表は昭和三十五年）
池田史郎「佐賀藩の刑法改正―徒罪方の設置―」『佐賀藩研究論攷　池田史郎著作集』平成二十年、出門堂（初発表は昭和四十三年）
池田史郎「徒罪制〈五安永・天明期の改革〉」『佐賀県史』中巻（近世編）二八一～二九七頁、昭和四十三年、佐賀県
池田史郎「治茂の改革〈二鍋島藩政の展開〉」『佐賀市史』二巻（近世編）一六一～一九二頁、昭和五十二年、佐賀市

（5）会津藩の「刑則」とそこに定める「徒刑」については、手塚豊氏が
「会津藩「刑則」考」『明治刑法史の研究』（中）手塚豊著作集第五巻、昭和六十年（初発表は昭和三十三年）
において初めてこれを紹介し、会津藩と熊本藩の関係についても考察を加えている。ついで、筆者が左の論考を発表し、「徒刑」を含む「刑則」の刑罰体系を解説した。
「会津藩「刑則」とその刑罰」『江戸時代の法とその周縁―吉宗と重賢と定信と―』平成十六年、汲古書院（初発表は平成十二年）

（6）高本紫溟撰「銀臺遺事」小林宏・高塩博編『熊本藩法制史料集』一二一一頁、平成八年、創文社。

（7）宝暦五年施行の「御刑法草書」は、三里、四里、五里、六里、七里という五等級の「追放」を定める。しかし、この刑罰は士分に適用する強制移住の刑であり、一般的な追放刑とは異なる。一般的な追放刑は立入禁止区域を設け、その外に追い出す刑である。士分は浪人、庶民は無宿にさせられるから、生業に就くことははなはだ困難である。「御刑法草書」に定める「追放」は、士分身分を剥奪するものの、追放先の戸籍に入れて農業あるいは商業などの生業に就かせるのである。「御刑法草書」には「御境目追放」が存し、これが「眉なしの刑」採用以後の唯一の追放刑であろう。士分に適用する領分外追放の刑である。

（8）幕府人足寄場と熊本藩徒刑との関連については、左記を参照されたい。

高塩博「熊本藩徒刑と幕府人足寄場の創始」前掲『熊本藩法制史料集』所収解説

高塩博「人足寄場の創設と熊本藩の徒刑制度」前掲『江戸時代の法とその周縁―吉宗と重賢と定信と―』

（9）幕府「人足寄場」については、多数の論考が発表されている。左にいくつかの代表的な論著を掲げるが、先行研究の詳細については高塩博「幕府人足寄場研究文献目録（稿）」（『法史学研究会会報』一五号、平成二十三年、明治大学法史学研究室）を参照されたい。

原胤昭「我国古代の免囚保護事業」『出獄人保護』大正二年、天福堂

辻敬助『日本近世行刑史稿』上、第一編二十二章「徳川時代に於ける近代的自由刑並自由刑類似制度」、昭和十八年、刑務協会編刊

丸山忠綱『丸山忠綱遺稿―加役方人足寄場について―』同先生追悼集刊行会、昭和五十六年（初発表は昭和三十一～三十二年）

平松義郎「人足寄場の成立（一）～（三）」名古屋大学『法政論集』三三号～三五号、昭和四十年

人足寄場顕彰会編『人足寄場史―我が国自由刑・保安処分の源流―』昭和四十九年、創文社

坂本忠久「江戸の人足寄場の性格とその変化をめぐって」『天保改革の法と政策』平成九年、創文社（初発表は平成四年）

（10）熊本藩の宝暦改革が諸藩に与えた影響については、たとえば左記の論考を参照されたい。

磯田道史「藩政改革の伝播―熊本藩宝暦改革と水戸藩寛政改革―」『日本研究（国際日本文化研究センター紀要）』四〇集、平成二十一年

（11）老中水野忠邦は、天保十三年十一月、「無宿野非人旧里ぇ帰郷其外取計之儀御書付」（『徳川禁令考』前集第五、四六四頁、創文

社）を勘定奉行に交付し、その中で改革の一環として「寄場」政策を推進した。

（12）辻敬助氏は昭和十三年、『法律新聞』紙上に「我国に於ける近代自由刑の発祥」（一）（二）と題する論説を発表され（四二二〇・四二二一号）、ここに「徳川時代に於ける近代的自由刑並自由刑類似制度」の骨子を述べておられる。
細川亀市氏にも自由刑を論じた左記の論考が存する。
「日本における近代的自由刑の先駆」（一）（二）（三）完『日本法学』五巻二・三・四号、昭和十四年
「近代的自由刑の誕生」『専修大学論集』通号一八、昭和三十三年
細川氏はヨーロッパの自由刑と対比する視点をもって論じておられる。いずれの論文も幕府人足寄場については議論を展開するが、江戸時代の徒刑制度についてはほとんど言及がない。唯一熊本藩徒刑について、「肥後物語」の「徒刑ノ事」を引用した上で、「中古の律令における徒刑に暗示を得たる点が多々あると考へられるし、その使役の方法は多分に古代的な色彩を帯びたものであつて、受刑者を教育すること及び釈放後の生業を授けるといふ思想が少しも見えないのは、人足寄場に比較すればその歴史的地位が相当に懸隔あるものなりと言はねばならぬ」という、今日からみれば認識不足な論評を加えるにとどまる（『日本法学』五巻三号九一頁）。

（13）なお、手塚豊氏は同書において、会津藩「徒刑」についても言及しておられる（「会津藩「刑則」考」同書二六八〜二七二頁）。

（14）新庄藩「徒刑」については、その後、左の研究が発表された。
根本敬彦「新庄藩徒刑考」『明治大学大学院紀要』法学篇一八集　昭和五五年

（15）手塚豊「明治初年の和歌山藩刑法」『明治刑法史の研究』（中）一三三〜一三四頁（初発表は昭和二十七年）。

（16）平松義郎「刑罰の歴史―日本（近代的自由刑の成立）」荘子邦雄・大塚仁・平松義郎編『刑罰の理論と現実』五五〜五七頁、昭和四十七年、岩波書店。平松氏はその後「人足寄場の成立と変遷」という論考を発表され、ここでも同様の見解を展開しておられる（人足寄場顕彰会編『人足寄場史』一二三〜一二六頁、昭和四十九年、創文社）。
瀧川政次郎氏もまた、徒刑と寄場を異質の制と捉え、「諸藩において真似られた人足寄場の制には、徒刑場の名もあるが、徒刑の制と人足寄場の制とは、その背景をなす思想が全く異っている」と述べておられる（『長谷川平蔵―その生涯と人足寄場―』二〇一頁、昭和五十年、朝日新聞社、中公文庫版は二二一頁）。

（17）高塩博「熊本藩徒刑と幕府人足寄場の創始」前掲『熊本藩法制史料集』所収解説。

（18）美作国津山藩（親藩、松平氏五万石）は、文化元年（一八〇四）、「勧農所」という名の施設を設置した。勧農所の制もまた、社会にとって不都合な存在を施設に収容して労役に就かせ、その間に人間性を改善して再び社会に戻すというものである。ここに収容するのは犯罪者でもなく無宿でもない。勤労意欲に欠ける「不行跡者」の農民を収容するのである。すなわち勧農所の制は、怠惰な農民を施設に拘禁して各種の強制労働に従事させるとともに、収容中には教化改善の処遇を施して勤労意欲を呼び起こさせ、一人前の農民として再び農村に送り出そうという政策なのである。勧農所の制の全体的構想は幕府人足寄場に学んでいるという（竹下喜久男「津山藩における家業督促策」『近世地方芸能興行の研究』平成九年、清文堂出版、初発表は昭和五十七年）。

（19）平松論文「刑罰の歴史」は「徒刑と寄場的施設との混淆は時とともに甚しくなっており」と述べるが（前掲書五七頁）、本書で指摘したように、津藩の「揚り者」、庄内藩の「人足溜場」、和歌山藩の徒刑策草案などは、熊本と幕府の両者を参照しているのであるから、両者の処遇法が混在しても不思議ではない。この現象を、異質なものが入り交じるという意味の「混淆」と捉えるべきではなかろう。

もっとも平松論文は、徒刑と寄場的施設の共通点についても言及し、徒刑には「授産、更生を促がす意図が含まれて」おり、「従って作業を有償にしたり、不定期刑的措置と結合されたりしているのである」から、この点では「寄場的施設と異なるところはない」と指摘する（前掲書五七頁）。

（20）平松義郎「刑罰の歴史―日本（近代的自由刑の成立）」前掲書五八～五九頁。なお、平松義郎氏は「藩法雑考（一）―壱　信濃国松代藩「御仕置規定」―」（名古屋大学『法政論集』二〇号、昭和三十七年）においても過怠夫に言及しておられる。

また、神崎直美氏も松代藩の過怠夫についての専論を発表され、「労働力の補塡という面が強」く、「社会復帰を目《（ママ）》した授産としての労働ではない」から報酬も与えられず、「その労働は、主として労働税としての夫役と同様」なのだと説く（「信濃国松代藩の過怠夫について」藩法研究会編『大名権力の法と裁判』所収三四五頁、平成十九年、創文社）。

神崎氏によるに、文政二年（一八一九）にはじまる浜松藩の「徒罪」は、施設に拘禁させることなく、所定の期間を通いの労働に従事させる刑罰であり、そこには「積極的に教育を施したという形跡が全く見られない」という。つまり、「労役に従事すること自体に重点がおかれている」刑罰なのだというのである（「浜松藩の徒罪―水野忠邦による藩政の一斑―」『法史学研究会会報』六号、平成十三年）。

（21）手塚豊「仮刑律の一考察」『明治刑法史の研究』（上）手塚豊著作集第四巻、昭和五十九年、初発表は昭和二十五年。

(22) 石井紫郎・水林彪校注『法と秩序』日本近代思想大系7、三頁、平成四年、岩波書店。
(23) 前掲の平松論文は、「仮刑律」の徒刑の「内容は旧幕期徒刑の実情を踏まえたもの」と理解している（前掲書六三頁）。
(24) 内閣記録局編『法規分類大全』第五十四巻、刑法門(1)、明治二十三年（昭和五十五年原書房覆刻一四頁）。
(25) 高塩博「新出の「刑法新律草稿」について―「仮刑律」修正の刑法典―」手塚豊編著『近代日本史の新研究』Ⅶ、平成二年、北樹出版。
(26) 同右一六四頁。
(27)「新律綱領」の編纂過程の詳細については、藤田弘道『新律綱領・改定律例編纂史』（平成十三年、慶応義塾大学出版会）参照。
(28) 中山勝「新律綱領の編纂の典拠について―新律綱領に与えた清律の影響を中心に―」『明治初期刑事法の研究』平成二年、慶応通信（初発表は昭和五十六年）。
(29) 前掲の平松論文は、「新律綱領」の徒刑について、「旧幕期寄場・徒刑に見られた実務や改過遷善の理念が継承されている」と記し（前掲書六四頁）、この小稿とほぼ同じ捉え方をしている。
(30) 懲役の採用は、左の太政官第一一三号布告をもってなされた（内閣官報局編『法令全書』明治五年、八六頁）。
今般懲役法被相設候条、今後笞杖罪ヲ犯ス者ハ、別紙懲役図ノ如ク笞杖ノ刑名ニ照シ之ヲ日数ニ折算シ懲役可致候、最懲役方法巨細ノ儀ハ追テ御達ニ可相成ニ付、夫迄ノ処各地方ノ便宜ニ従ヒ役使可致候事、
但、即今便宜ノ懲役難取計府県ハ、当分ノ内従来ノ笞杖実決シ不苦候事、
(31) 内閣記録局編『法規分類大全』第五十七巻、治罪門(2)、明治二十四年（昭和五十五年原書房覆刻七三頁）。
(32) 内閣記録局編『法規分類大全』第五十七巻、治罪門(2)、明治二十四年（昭和五十五年原書房覆刻五七頁）。
(33)「司法省指令録」刑事部第十号、『官令全報』第十号一八〜一九頁、明治十年、弘令社。
(34) 内閣記録局編『法規分類大全』第五十七巻、治罪門(2)、明治二十四年（昭和五十五年原書房覆刻六九頁）。
(35) 天保十五年（一八四四）三月、南北の町奉行所は寄場奉行よりの人足釈放の申請に対する対応を次の様に取り決めた。それは、追放者を期間満了前に釈放するについては、収容満三年以上を経過していることを原則とするというものである。南町奉行鳥居甲斐守（忠耀）が北町奉行鍋嶋内匠頭（直孝）に充てた文書は、このことを左のように記している（高塩博・神崎直美「旧幕府引継書「新撰要集別録（安政・文久）」」『國學院大學日本文化研究所紀要』八二輯二二三頁、平成十年）。

当人心底改候様子ニ候ハヽ、引渡遣候積ニ有之候処、右年限中ニても手業等格別出精致し候歟、又は部屋内役附等申付置、精実ニ相働候ものは、同所ぇ入候節ゟ両三年も相立、御構外住居之もの引立相願、実ニ心底改り候様子ニ候得は、引渡之儀寄場奉行ゟ掛合有之、無余儀相聞候分は、格別之訳を以引渡可遣旨及挨拶候仕来ニ有之、於其御役所も同様之御振合ニ候哉承知致し度云々、

右の「同所ぇ入候節ゟ両三年」について、鳥居甲斐守は別の書面にては「全三ヶ年相立候上引渡」と記している（同右二二四頁）。以後、南北町奉行所の判決によって寄場入となった追放刑者の刑期短縮は、この原則に従った（同右二二四〜二二五頁）。

なおこれより先、三年未満で釈放するという例外的事例も存した。それは天保八年（一八三七）八月のことである。寄場奉行小田又七郎が人足十四人の釈放を北町奉行大草安房守（高好）に申請し、そのうちただ一人、無宿辰五郎事金太郎の釈放を認めた事例である。金太郎の寄場入は天保六年十二月二十五日のことであるから、二年に満たない。釈放理由は、「人足部屋世話役申付置候処、多人数之人足共世話行届、別て神妙ニ出精いたし候ものニ有之候、外人足共教示之一助ニも相成」というもので、それは「無餘儀次第」なので「御構場所外之引取人」に引き渡して差し支えないというのである。北町奉行はこの件を南町奉行ならびに寺社奉行、勘定奉行に相談の上、右の結論を出したのである（「年限を定人足寄場ぇ差遣候もの、赦免之儀ニ付調之事」高塩博・神崎直美「旧幕府引継書「天保撰要類集（人足寄場之部）」」『國學院大學日本文化研究所紀要』八三輯三八九〜三九三頁、平成十一年）

このように、刑期短縮は幕府人足寄場においてもこれを実施していたのである。

(36) 「監獄則」は小原重哉の起草するところで、起草に際して小原は「日本における獄制の実情・遺産をよく体得したうえで、英国東アジア植民地の監獄を親しく「目撃」し、かつ「英人の口授する所を筆記」したものを主たる資料としてこの令規を作成した」という（平松義郎「近代的自由刑の展開―日本における―」大塚仁・平松義郎編『行刑の現代的視点』五頁、昭和五十六年、有斐閣）。

(37) 功労のある懲役囚が刑期を減じられた事例を紹介しておこう。明治九年十月二十三日、左の伺が司法省に提出された。

〇千葉県ヨリ懲役囚病囚ヲ看護ナス等ノ功労アルニ付、減等ノ儀伺

懲役囚大野惣左衛門義、入檻以来能ク獄則ヲ守リ専ラ工役ニ勉励スルノミナラス、病囚ノ介抱申付ル処、看護ノ厚キヨリ重症ノ病囚ヲシテ本復セシムル段、別紙獄司ヨリ具状之通ニ付、特典ヲ以テ減等ノ御処分相成候様致度、仍テ具状書及医師診断書共相添、此段申上候也、

懲役囚大野惣左衛門は、「獄則ヲ守リ専ラ工役ニ勉励スル」模範囚であるばかりか、病囚の介抱に功績があったので「特典ヲ以テ減等ノ御処分」を願ったのである。これに対する十二月四日付の司法省指令は「特典ヲ以テ本罪ニ一等ヲ減ス」というものであった（「司法省指令録」刑事部第九号、『官令全報』第十号九頁、明治十年、弘令社）。

(38)　幕府の人足寄場は、人足を収容する際、「寄場人足共へ申渡条目」なるものを読み聞かせた。この条目には、「厚御仁恵を以、寄場人足ニ致し、銘々仕覚候手業を申付候、旧来之志を相改、実意ニ立帰、職業出精致し、元手ニも有付候之様可致候」および「御仁恵之旨をも不弁、申付ニ背き、職業不精ニ致し候歟、或ハ悪事等於有之は、重き御仕置可申付もの也」という文言（『徳川禁令考』後集第一、五九〜六〇頁）が含まれている。左に示す「東京府懲役場規定」のうちの「入場之節告諭之事」（『法規分類大全』第五十七巻、治罪門(2)、五七頁）は、寄場の「申渡条目」の趣旨を踏襲したものである。

入場之節告諭之事

一其方懲役被仰付タル上ハ夫々職業申付ル間、法令ヲ確ク守、職業ヲ出精致シ、赦免後ノ元手金ヲ心掛ヨ、

一差図ヲ背キ職業出精不致、或ハ盗博奕喧嘩等ヲ致スモノハ、厳罰ヲ申付ルソ、

一火ノ元大切ニ慎ムハ勿論、外罪人ノ悪事ヲ見聞セハ早速ニ申立ヨ、譬ヒ同類ニテモ科ヲ免シテ褒美ヲ遣スソ、

右申聞タル事ハ夫々獄舎内ヘモ張出シ置タレハ、役付ノモノヨリモ能々承リ確ク相守レ、

「東京府懲役場規定」は年月不明とのことであるが、懲役場の呼称は明治六年二月より同八年十二月までの二年十箇月間だけであるから、この間の規定である。人足寄場は、明治三年二月に徒場と改称され、同六年二月にこれを懲役場と改め、明治八年十二月には警視庁懲役署と改まった。

第一章　松本藩の「溜」制度について

はじめに

信濃国松本藩は、戸田氏（譜代・六万石）治政下の寛政二年（一七九〇）、城下の西堀に「溜」という施設を創建した。「溜」には無宿や犯罪者を収容し、収容中は日々労働に従事させるとともに、「教諭」を加えて改善を促し、やがては出身の村や町の善良なる住人として更生させることを目指していた。この「溜」制度は、収容者の社会復帰を目的とすることにおいて、熊本藩の徒刑制度とその趣旨を同じくする。また、「溜」制度の具体的内容については、幕府の「人足寄場」との共通点、類似点が少なからず見出される。以下、松本藩の「溜」制度の内容、性格等について考察し、大方の御示教を仰ぎたいと思う(1)。

一　「溜」に関する諸説

「溜」の制度ないし「溜入」の者を収容する施設に言及する記事について、管見の及んだ範囲ではあるが一瞥しておく。まず、『東筑摩郡誌』（大正八年、信濃教育会東筑摩部会編）は、

> 旧藩当時は、松本町上土町《あげつち》（現在開明座位置）に牢屋《らうや》幷に揚屋《あがりや》ありて、牢屋には庶民、揚屋には士分の法規に触れたるものを別ちて拘禁す。外に溜屋《たまりや》あり、乃西堀《にしぼり》町にして傭役に服せしむ。（ルビは原史料のまま、以下同じ）

という簡略な記述を掲載し（五一六頁）、この記事を継承した『日本監獄教誨史』上巻（昭和二年、真宗本願寺派・真宗大谷派両本願寺編輯兼発行）は、「西堀町に溜屋と称する獄舎あり。其の囚徒は番人之を監督して各種の傭役に就かしめたり」と記す（五五三頁）。さらに『松本市史』第二巻歴史編Ⅲ近代（平成七年、松本市編集発行）は、「松本藩の時代には……西堀に囚人の溜屋があって、かれらを傭役に服させた」という記述を載せるが（九九頁）、この記述もまた『東筑摩郡誌』に依拠したと考えられる。平成六年より同十年にかけて刊行された『松本市史』全五巻十一冊中、「溜入」「溜屋」等、「溜」制度に関する言及は、この箇所が唯一である。

一方、昭和八年刊行の『松本市史』上巻（松本市役所編纂兼発行　以下、本書を『旧松本市史』と略称する）は、二つの記事を掲載し、ここには『東筑摩郡誌』とは異なった独自の内容が見られる。すなわち、「溜入」の施設については、

> **溜《たまり》部屋**　南北の二棟に分る、西堀町南より二軒目に在り、寛政二年の設置に係はる。未決囚罪人及び特別の罪人を収容す。

という記述があり（六三三頁）、また「溜入」の制度については、

> 寛政二年西堀西側（今の市有長屋の前）に溜《タマリ》を建築し、不良浪徒を禁錮して之を懲治す。蓋し一般仕置方には今の懲役様の事なく、重軽罪共に前記の通り即決処置す。然るに軽き乍らも罪を重ね、毫も改悛の状なき者に限り、已むを得ず此溜へ入れ之を訓懲す。而して身元ある者は其食料を自便自炊とす、平居藁細工又は曲輪内の掃除等に当らしめ、其改悛を認むるに至り放免す。

という記述を見出せる（六三七頁）。この記述にもとづいて『角川日本地名大辞典』20長野県（平成二年、角川書店）は、松本市西堀町の項の説明文の一節として、「寛政二年西堀町の南から二軒目に溜部屋が造られた。未決囚や罪人のうち改悛の情なく、重ねて悪事を為す者を収容して教諭し、改過遷善させる所であった」と記す（八六五頁）。

近年、松本藩の刑罰とその執行手続等を考察した専著が刊行された。松本市出身の藤井嘉雄氏（元岡山地方検察庁検事正）の著されたもので、『松本藩の刑罰手続—藩領・預所の刑罰権と幕府法—』（平成五年、山麓社（長野県豊科村））という。同書は第四章松本藩の捜査第六節牢屋に溜牢という項目を立て、ここに「溜」制度に関して左のように記す（一〇三頁）。論述の便宜上、内容に即して番号を附して掲記する。

(1)溜牢《ためろう》は寛政二年（一七九〇）、西堀町西側に東面して建てられ、南北の二棟に分かれており（前掲『松本城の歴史』所載の図版七七—維新前松本藩士族敷地割図参照）、溜牢番人を置いた。

(2)溜牢は牢屋とは異なり、主として刑の執行を終了した虞犯の無宿者・牢屋に入牢中に病気に罹った病囚および十五歳未満の幼年者の囚人等を収容した。

(3)平素は藁細工または廓（曲輪）内の清掃等の労役に従事させ、その賃金は各自の収入とし、改悛の情顕著なる時は放免した。

(4)溜牢設置の時期が、江戸の石川島に人足寄場を設置した時期と符号しているところから、溜牢としないで、「徒《ず》刑《けい》所」と表記している著作が見受けられる。一般的には徒刑所（徒刑場）とは、「徒罪《ずざい》」に処せられた者を収容する場所を意味するが、松本藩は水戸藩等の如く徒罪の規定を設けなかったから、溜牢を「徒刑所」と表記するのは適切ではない。

右の記述中、(1)の溜牢の創建年次と溜牢が二棟であること、および(3)の平素の労働として藁細工と城郭内の清掃等に就役することは、『旧松本市史』に依拠していると考えられ、(1)の溜牢が東面して建てられていることは、藤井氏の参照した『松本城の歴史』（平成元年、日本民俗資料館・松本市立博物館編集発行）所載の城下町絵図を根拠としている。また、(3)の労役による賃金を収容者各自の収入とするという見解は、おそらく『東筑摩郡誌』に見られる「傭役に服せしむ」という記述に基づくものであろう。しかし、収容者の種類を記した(2)は、『東筑摩郡誌』『旧松本市史』に見られない内容であり、今、その依拠史料を明らかにすることが出来ない。なお、(4)は藤井氏の見解であろうと思う。

以上に見たように、松本藩の「溜」制度に関する記述は、大正八年刊の『東筑摩郡誌』と昭和八年刊の『旧松本市史』とが基礎となっているのである。この両書の記述が何らか信頼のおける史料に依拠したものなのか、あるいは執筆者が幕末頃の「溜」の様子を知識として持ち合わせていたものなのか、いずれとも判別しがたい。しかしながら、「溜入」の制度が寛政二年（一七九〇）に確かに始められたことは次節に掲げる史料が語るところであり、――創始以降、時代の推移とともにどのような変容を遂げたかは徴する史料に恵まれないが――後述するように、この制度が明治時代を迎えて廃藩直前まで存続したことも確実である。

二　「溜」制度創設の通達

寛政二年十二月、松本藩は「溜」制度創設の「御達」を郡所役所を通じて領内の村々へ通告した。この通達は、前文と本文八箇条から成る左のようなものである。（〔　〕内の数字は引用者が与えた条文番号）。

寛政二庚戌年十二月郡所御達

御領分の者悪事致し、御咎め仰付られ候ても、相改候者は稀にて、御城下払等仰付られ候者も、間もなく立戻り、或は御他領に於て悪事致候者多分之れあり候、右体悪事致候者教諭致し、心底相改候様成され度御詮議に付、西堀に溜　仰付られ、以来心得違悪事致候者は、男女共に其罪に依り、溜入仰付られ候、仍て心得の為め左に申達候、

一〔1〕村方の者溜入仰付られ逃去候節は、尋其村へ　仰付らるべく事、

一〔2〕惣て溜入　仰付られ候者、食事自身にて仕立給候様、道具類御渡置かれ候、在方の者溜入　仰付られ候節、食物薪等溜番人へ御渡置かれ、取賄申べく候間、追て代銀上納仕るべき事、尤入牢の者同様、一日両度支度の割合を以て差出べき事、

一〔3〕溜入　仰付られ候者、夫々召使はれ候儀これあり候節は、一日三度の扶持米　上より下置かれ候間、村方より差出に及ばず候事、

一〔4〕溜入　仰付られ候者、親類より溜中へ蒲団等入度旨相願候はゞ、御詮議これあるべき事、

一〔5〕溜入の得手候藁細工致させ候儀、勝手次第の事、細工道具藁等村方より指出、右細工の品村役人取揃、売払代銭御預置き、追て帰住　仰付られ候はゞ相渡すべき事、久離帳外の者へは、細工道具藁、上より下され候、右細工の品、元村の役人預り置、追て村方へ引渡相成候はゞ、相渡すべき中《ママ》事、

一〔6〕御追放者、久離帳外の者、溜入　仰付られ候節、元村役人共教諭致し、心底相直り候段申出候上は、元村へ御引渡成さるべく事、

一〔7〕村方の者悪事致し、刑罪入墨敲等に　仰付られ候上、溜入　仰付られ候節は、其村の庄屋組頭、出川或は揚土牢屋へ罷出、罪人召連参り、溜へ入れ申すべき事、

但、御追放幷に久離帳外の者、本文の通り　仰付られ候節は、元村の庄屋組頭召出すべき事、

一[8]溜入の者、月代相互に摘入申すべく候、若差支の節は、当人幷に雑類《〔ママ親〕》共願の上は、溜外へ出し置き、月代摘せ候様　仰付らるべき事、御追放者、久離帳外の者にても、忍び難く存じ親類共より相願候はゞ、是又同様の事、

この郡所達は、『松本六万石史料』中巻（大正十四年、飯沼源次郎編纂兼発行）に収載の第四編「松本領風儀取締法」のなかに採録されたものである。編纂者の緒言によると、「松本領風儀取締法」は、戸田氏が享保十一年（一七二六）に松本藩に再入部して以来、明治維新を迎えるまでの期間について、大庄屋の御用日記や庄屋の御用書留帳から領内の風儀改良に関する幕府法令、松本藩法令をはじめ組法、村法を摘出したものであるという。この郡所達は、『長野県史』近世史料編第五巻　中信地方（一）～（三）（昭和四十八～九年、長野県編集）や前述の『松本市史』全五巻十一冊にも採録されておらず、今日、『松本六万石史料』が依拠した原史料も確認できない。従って、本稿はもっぱら『松本六万石史料』にもとづき、松本藩の意図した「溜」制度の趣旨とその内容について考察を加えることとする。

三　「溜」制度の内容

前掲した郡所達の前文によるに、寛政二年（一七九〇）、松本藩は、「悪事致候者」を「教諭致し、心底相改」めさせて出生の村に帰住させることを目的として、城下の西堀に「溜」という施設を創建したのである。[2]

名称と位置　この施設の名称は、天保六年（一八三五）十二月完成の「松本城下図」には西堀御家人長屋の一郭に「徒刑所」と見える（絵図①）[3]。ところが、これより十九年後の嘉永七年（一八五四）三月改の「家中名前附図」には、同じ位置に「溜」およびその両側の二棟に「溜小屋」の文字が記されており（絵図②）[4]、慶応三年（一八六七）四月の

松本城および城下の様子を描いたとされる「維新前松本藩士族地割図」には、同じ位置ではあるが「溜牢」と表記されている（絵図③）[5]。また前掲の『東筑摩郡誌』は「溜屋《たまりや》」、『旧松本市史』は「溜《たまり》」（六三七頁）、「溜《たまり》部屋」（六三三頁）、「溜牢」（八九八頁）と表記する。このように、「溜入」のための施設は、「溜」「溜屋」「溜牢」「溜小屋」「溜部屋」あるいは「徒刑所」など区々の名称で呼ばれている。しかし、施設の総称としては、達の前文に見える「溜」が本来の名称であろう。［その訓みは『東筑摩郡誌』以来「たまり」とされているが、江戸時代にあっては「ため」という呼び方もされていたらしく、後掲の寺島家文書（史料2）は「溜小屋」を「御為屋」と表記する。］また、本稿は「溜入」の者を収容する建物を「溜小屋」と称することにする。

「溜」は西堀に創設されたのだが、その位置は前記三種の城下町絵図がいずれも同じ場所に描いているので、少なくとも天保六年（一八三五）以降、慶応三年（一八六七）まで移転することなく存続したと言える。その現在地は大手二丁目の西堀通に東面した有林堂書店近辺ではなかろうか〔補註1〕。

天保六年の絵図には「溜」の区域のみが描かれているが、嘉永七年（一八五四）の絵図には「溜」の南北の端に各一棟の「溜小屋」が描かれている。また慶応三年の絵図においては、西堀に添って南北に走る道に東面した一棟の建物が描かれている。従って、「溜小屋」は安政より慶応の間に建替えられた可能性がある。

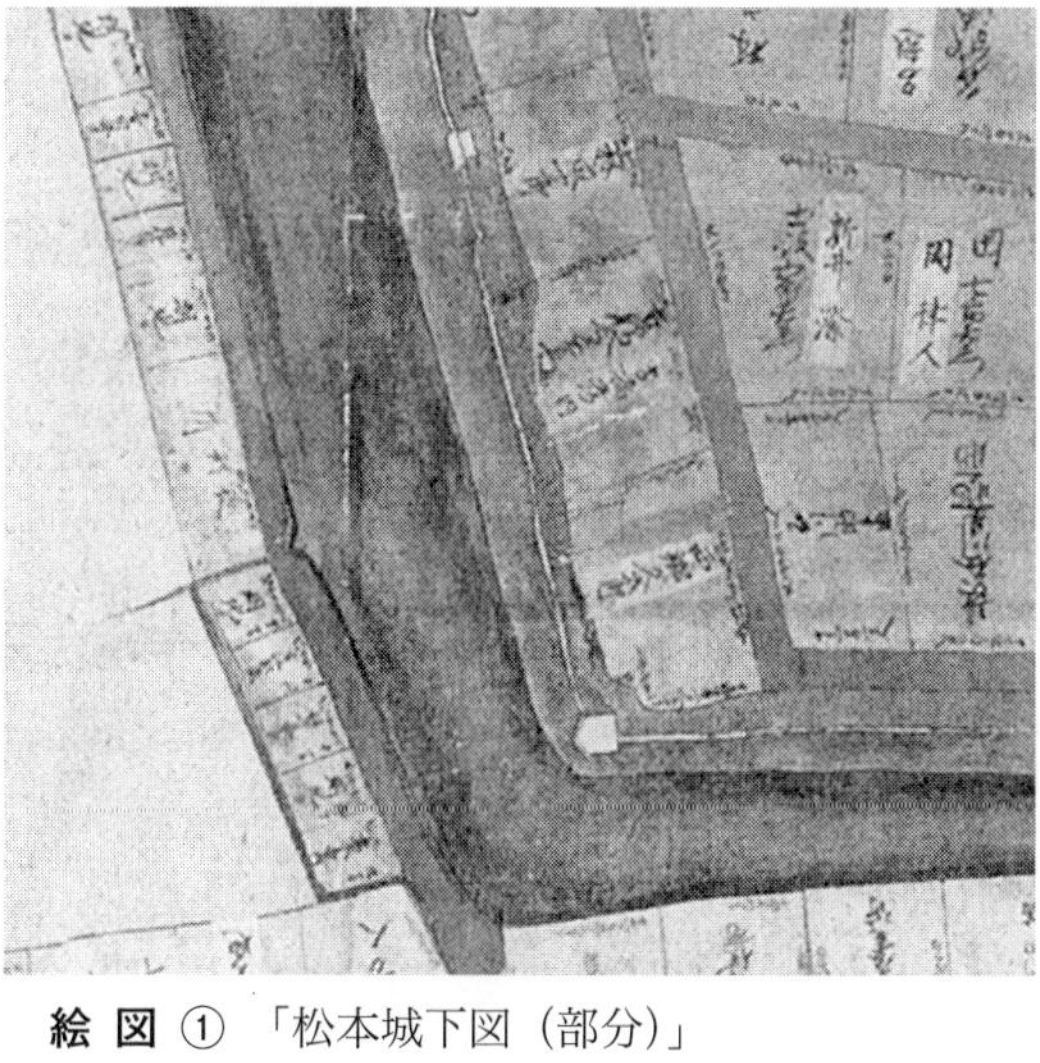

絵図① 「松本城下図（部分）」

次に、郡所達に示された「溜」制度の内容についてながめてみよう。

収容者　「溜入」の者について、松本藩は⑴現に追放刑に処されている者が立帰りの罪や追放先の他領において罪を犯して逮捕された場合、⑵失踪によって人別帳から外されている者が何らかの理由によって逮捕された場合、⑶入墨や敲などの刑に処された場合を想定している。

郡所達の第六条に「御追放者、久離帳外の者、溜入　仰付られ候節云々」と見えるが、ここに言う「御追放者」と

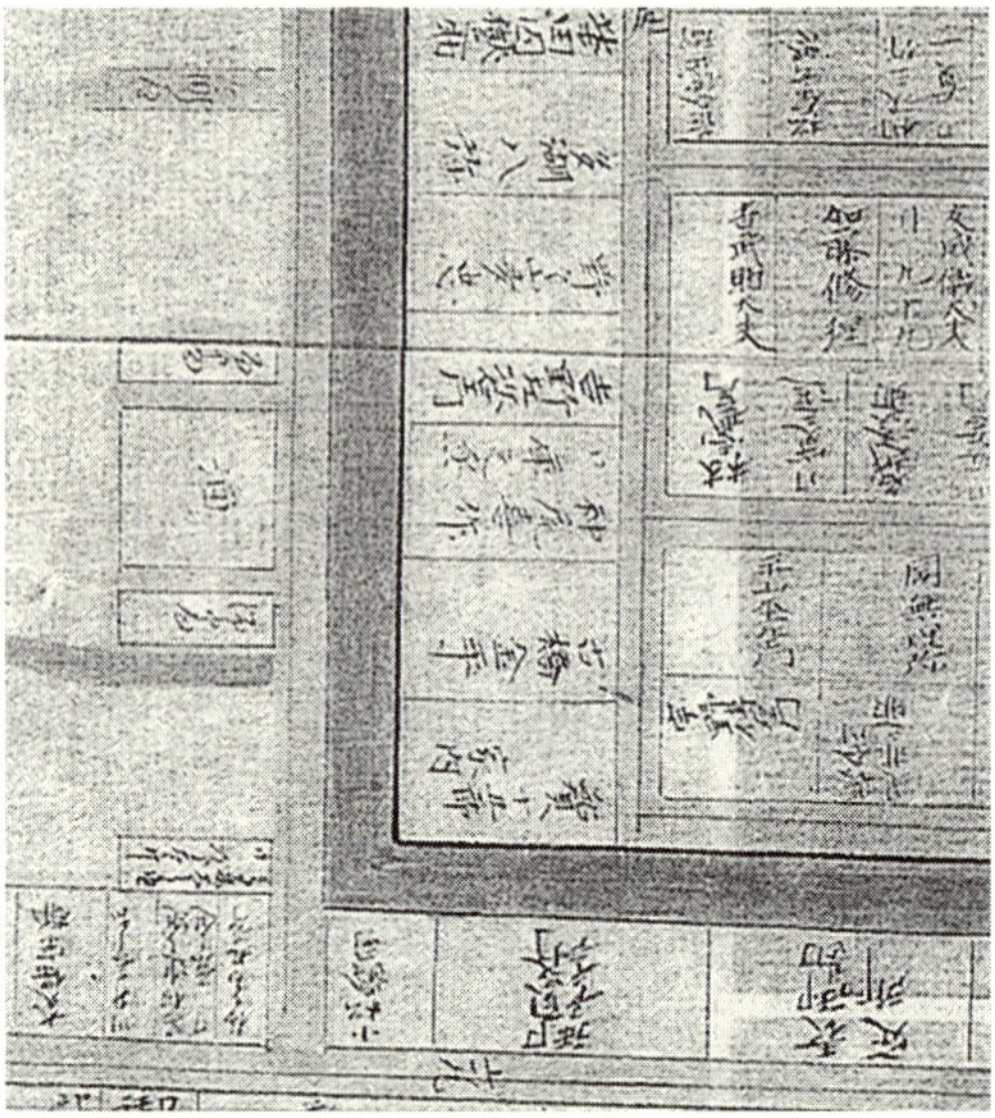

絵図②「家中名前附図（部分）」

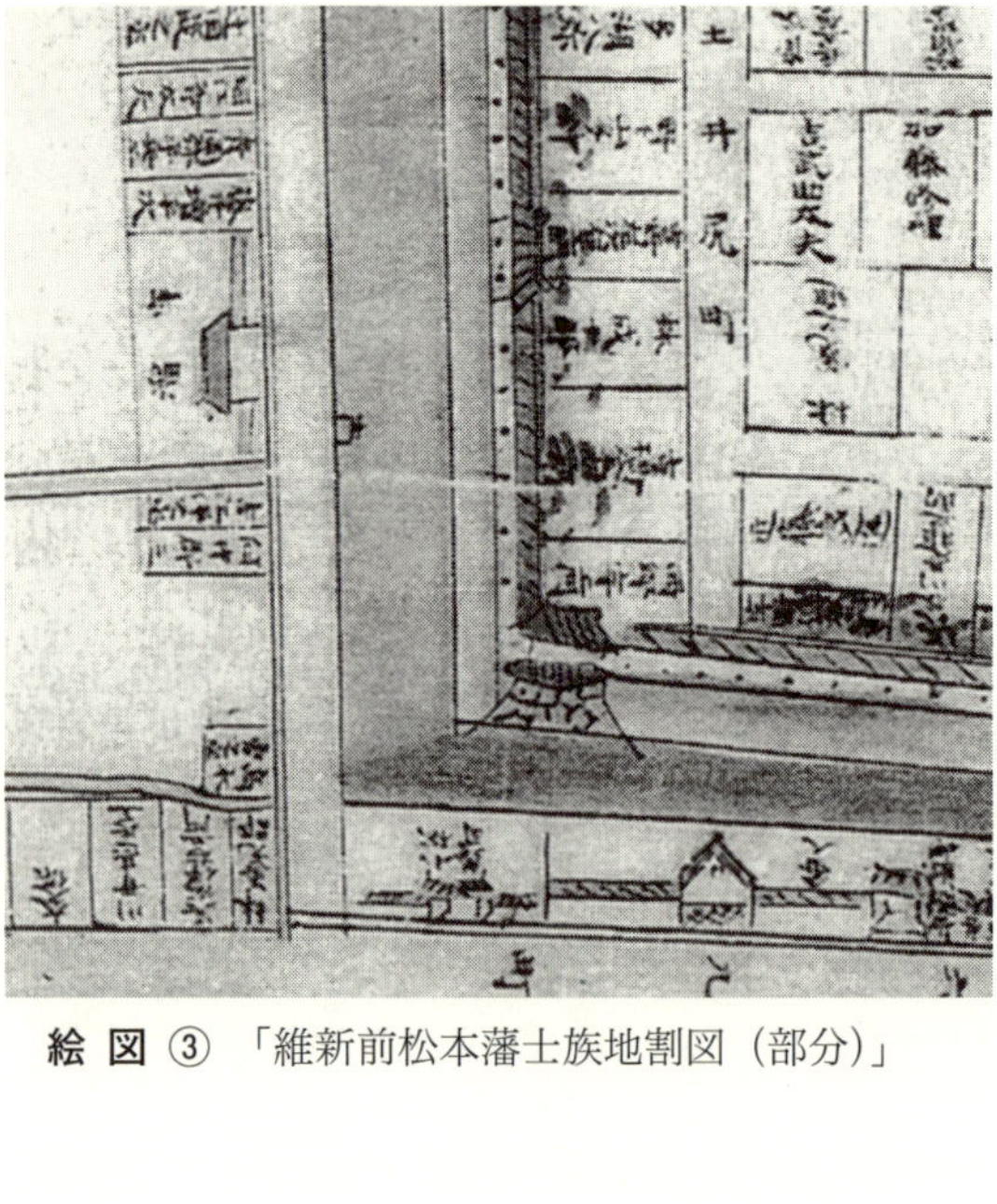

絵図③「維新前松本藩士族地割図（部分）」

は、具体的には達の前文に「御城下払等仰付られ候者も、間もなく立戻り、或は御他領に於て悪事致候者」と記された者のことであろう。つまり、現に追放刑に処されている者が再犯に及んで逮捕された時に「溜入」となるのである。また、「久離帳外の者」とは、失踪によって戸籍（人別帳）から外された無宿を意味する。この者が何らかの理由――おそらくその多くは犯罪――で逮捕された場合に「溜入」となるのである。

「溜入」については、達第七条にも「村方の者悪事致し、刑罪入墨敲等に　仰付られ候上、溜入　仰付られ候節云々」と見えており、入墨・敲等の刑罰に処された者もまた「溜入」となるのである。左に示す史料1は、「溜入」となった者の身柄引き取りの請書である。文化十一年（一八一四）六月の日付を有する。永隆坊借屋の助右衛門は、同年五月十八日、「御仕置之上溜入」となったが、まもなく大病に罹ったため、大屋永隆房と五人組のもとに身柄が引渡され、そこで療養することになったのである。

史料1　下横田町市川家文書（日本民俗資料館〔現、松本市立博物館〕所蔵）（判読できなかった文字は□で示した。以下同じ）

差上申一札之事

永隆坊借屋助右衛門義、不埒之筋有之、当五月十八日御仕置之上溜入被仰付置候所、至て大病ニ相惟（ママ罹）候ニ付、御願□□御下ヶ渡被下置、難有奉存候、然上ハ一同申合介抱仕、快気次第可申上候、仍而一札差上申処如件、

文化十一甲戌年
六月

大屋 永隆坊㊞
組合 次助㊞
〃 佐助㊞
〃 重右衛門㊞

〃源左衛門 印
〃惣兵衛 印
〃孫左衛門 印

平林五左衛門 殿
肝煎 新右衛門 殿
同　新　蔵 殿

右文書の宛名の平林五左衛門は松本城下の下横田町の名主[6]、二人の肝煎はその補佐役である。従って、「溜入」の助右衛門は下横田町の住人であり、その身柄引渡しは名主、肝煎を介してなされたと考えられる。

史料1の旧蔵者市川氏は、文化年間（一八〇四～一七）から明治初年にかけて下横田町の名主を四代にわたって勤めた家柄である[7]。その市川家旧蔵の文書類は、今日、日本民俗資料館（現、松本市立博物館）に所蔵されているが、同館には本稿に寄与する史料として「戸田藩書例集」と題する書冊も「一般之部」に所蔵されている（一冊）。本書は、著者がその仕事を遂行する必要から著録した書例集であると考えられ、書類作成の手続、書面の内容、書式の雛形などが記録されている。その成立年代は、天保末年（一八四三）の頃と思われる。本書には弘化年間以降、安政二年（一八五五）までの記事が見られるが、これらはいずれも追筆である。

「戸田藩書例集」の中巻之部には「敲之上追放溜入之事附 敲計之事」という項目が存し、ここに記されている書式の雛形には「敲之上溜入」「重敲之上溜入」という文言が見られる。中巻之部には「御預所ニて敲并入墨追放溜入之事」という項目もあって、預領（幕府領五万三千石を預って治めていた）の住人に対しても本藩同様に「溜入」を適用していたことが知られる。以上を要するに、「戸田藩書例集」は、敲を科した者に対する「溜入」を実施していたことを証するのである。又、「盗致候科ニ付、敲之上溜入」という文言も存するので（同書「敲之上追放溜入之事」）、盗犯に対して「敲之上溜入」の適用されることのあったことが知られる。なお、史料1の助右衛門に科された「御仕置」が敲であったという明証は無いが、助右衛門は「御仕置」執行後間もなく大病に罹ったのだから、敲であった可能性は高いと思う。

次に示す史料2は、「不埒之筋有之……御上様、蒙御呵、其上御為屋〔ママ溜〕」に収容された者についての釈放嘆願書である。文化三年（一八〇六）三月の日付を有する。「溜入」となった忠五郎は、「御呵」を蒙った後に溜小屋に収容されたのである。したがって、「溜入」の前に科される刑罰は——郡所達に「入墨敲等」と記されているように——入墨と敲だけに限定されてはいなかったと考えられる。史料2は長文であるが、「溜」制度実施に関わる貴重な文書であるから左に前文を掲記する。

史料2　寺島家文書（松本城管理事務所所蔵）

乍恐奉願口上之覚

私躮忠五郎、不埒之筋有之、去年ゟ御上様　蒙御呵、其上御為屋〔ママ溜〕被　仰附難有奉存候、然ル所ニ私当寅八十余年ニ罷成、不身上者故、以甚夕相歎居申候ニ付、病気差起リ養生等難相叶、及命終ニ候も難計り存候、只今ニてハ御呵間も無御座奉存候得共、御上様　格別之以御慈悲ヲ、御赦免も被成被下置候ハヽ、露命も繋安堵可仕候間、何卒世悴御為屋〔ママ溜〕御免ニ相成候様ニ奉御願上度、五人組合衆中ゑ拝〔相カ〕歎申候得は、組合衆中私同様ニ相歎承知被下候て、幷五人組合中一統同心之上御願上候儀、右忠五郎母親ゑ日頃随ひ等も宜躰御座候者故、殊之外老亡仕相歎居申候、何分御上様　今度格別之以テ御慈悲ヲ蒙本人御免、老母ゑ介抱為致度奉存候、尤本人此上不埒成儀無之様ニ五人組合中ニて慇々異見等差加ゑ、実躰ニ御百姓為相勤、致出精候様ニ可仕候、若此上本人不埒之筋御座候ハヽ、五

人組合中ゟ御訴へ可奉申上候、右忠五郎母幷五人組合同心ニ相歎難渋至極ニ奉存候、右之段恐多ハ奉存候得共、御願出申候御事、御上様　以御慈悲ヲ乍恐忠五郎御免被　仰附被下置候ハ、難有仕合ニ奉存候、幾重ニも奉御願上候、此段御許容被成被下候様ニ宜被　仰上可被下候、以上、

文化三丙寅年
三月　日

保高組牧村願主
忠五郎
母　とめ
組合
杢兵衛
後家　まち
槌右衛門
友右衛門
弥治右衛門
新右衛門
梅右衛門
直右衛門
五人組頭
弥久治
組頭
覚蔵
庄屋
弥八

等々力孫右衛門殿

右の史料2は、老齢の母親が病気となって介護もままならないため、「溜入」後間もない悴忠五郎の釈放を願い出たのである。従って、収容者の改善という釈放要件が満たされての申請ではない。釈放歎願書と称する所以である。

名宛人の等々力孫右衛門は、保高組大庄屋である。(8)

なお、郡所達の前文に「以来心得違悪事致候者は、男女共に其罪に依り、溜入仰付られ候」と記されるように、女性の収容をも想定していることは注意すべき点である。

処遇法　収容中の食糧と調理のための燃料は自弁であり、貸与の道具類を用いて自炊する定めである。食事の支度は一日に二度である（第二条）。ただし、藩の仕事に就く日は一日三度宛の「扶持米」が支給されることになっている（第三条）。また、「溜入」の者の月代は収容者相互に剃らせるのを原則としていたが、そうすることが不都合な場合、あるいは当人や親類の希望によっては「溜小屋」の外に出して剃らせることもある。月代剃りについては、追放者、久離帳外者も同様に扱うとする（第八条）。

前述のように、収容中の労働として藩の労役にも従うが、それのない日の作業として藁細工を採用している。各自の得意な藁細工作業に従事させ、そのために必要な道具類と材料の藁などは村方が用意する決りである。出来上った藁細工製品は村役人が預って売却し、その収益は「溜」役所に蓄えておいて釈放の際に支給すると定める。また、久離帳外の者に対しては細工道具や藁などを藩が用意し、その製品はその者の本貫地の村役人が預っておき、釈放の際に本人に渡すべきことと規定する（以上第五条）。「溜入」の者には差し入れが認められており、親類から蒲団などの差し入れがあるときは検査の上これを許した（第四条）。

処遇法の中でとりわけ括目すべきは、収容者に対する教化改善の方策を考慮していることであろう。このことは、前文に「悪事致候者教諭致し、心底相改候様成され度御詮議に付」と記して教化改善主義を標榜しており、第六条に「溜入」の者の出身村の村役人が教諭の実地を担当すると定めている。左に掲げる史料3は、「溜」を創設してから約十年を経過した寛政十二年（一八〇〇）九月の日付を有する釈放申請である。この史料には「溜御定番へ組合由緒参り異見仕候」と見えており、収容者に教誨を加えたのは五人組の人々と「由緒」の者であり、かつ釈放の申請もこれらの人々が連名で行っている。松本城管理事務所の研究専門員中川治雄氏の御教示によれば、「由緒」とは親類を意味するという。なお、宛名の吉野儀兵衛は保高組吉野村の庄屋と思われる。

史料3　寺島家文書（松本城管理事務所所蔵）

奉願上口書之覚

一私組合吉蔵義、蒙御咎候以後家内之者共甚難義仕、殊ニ老衰之母親弐人介抱仕候へハ、必至と難儀仕候様私共へ折々歎出候、気之毒存候ニ付、溜御定番へ組合由緒度々参り異見仕候処、吉蔵義骨髄〔ママ髄〕ニ承知仕候様相見へ候、何卒御上様以御慈悲ヲ溜中御救免被下置候ハヽ、当人は勿論、私共迄有難仕合奉存候、幾重ニも奉願上候、

寛政十二庚寅年
九月

五人組 幸八㊞
〃 伊右衛門㊞
〃 伊助㊞
〃 庄八後家㊞
由緒 善吉㊞
勇吉㊞

吉野儀兵衛殿

次に示す史料4は、天保二年（一八三一）十二月の日付を有する釈放申請である。この史料には町方の者が「溜入」となった事例が記されており、この場合、溜小屋に出向いて教誡を加えたのは町役人である。左記の史料には、

「町役人度々参上仕、異見指加ぇ候」と見えている。

史料4　下横田町市川家文書（日本民俗資料館〔現、松本市立博物館〕所蔵）

乍恐奉願口上之覚

当下横田町吉重倅重四郎義、去丑年不図心得違仕、御咎被　仰付重〻不届至極、申上候様無御座奉恐入候、御上様以御慈悲禁籠御咎之儀も一夜ニて溜中ぇ御下被下置候得ハ、町役人度〻参上仕、異見指加ぇ候得は、前悲〔ママ非〕悔後悔仕、　御上様御慈悲ニ緒〔ママ〕度本心立戻り落涙仕、下横田町之町人家業励度旨相願候ニ付、何卒　御上様御憐愍之上、稀以御慈悲為蒙　御免可被下候、以後ハ町役人互ニ心付、越度無之様ニ可申候、且ハ当夏類焼ニて家財不残焼失仕候、殊ニ老人弐人ニて一日之渡世も難暮御座候得は、乍恐由緒・組合・町役人一統連印ニて奉願上候、此段御許容被成下置候様奉願上候、以上、

天保二辛卯年

十二月

下横田町　親　吉重㊞

由緒惣代小池町　喜七㊞

組合　幸左衛門㊞

〃　勝右衛門㊞

紋四郎㊞

喜野吉㊞

肝煎　弥曽右衛門㊞

新蔵

右之通吟味仕候所、相違無御座候、以
御慈悲溜入御免被下置候様奉願上候、以上、

名主　新　七㊞
大名主　笹井新助

御町所様

なお、史料4に見える名主新七は下横田町名主の平林新七、笹井新助は下横田町の親町である東町の大名主である。(9)釈放については、教諭を担当する村役人が収容者の改善を見定めた上、釈放を申請すると郡所達は定める（第六条）。史料1〜4をもって釈放の申請手続の実態を探るに、それは二段構えになっていたようである。まずは親、五人組、親類当の人々が庄屋、大庄屋（町方は名主、大名主）に宛てて釈放を申請し、これを受けた庄屋、大庄屋（名主、大名主）は申請書の内容を審査した上、郡所役所（町所役所）に釈放を申請するのである。

郡所達には収容期間についての規定が見られない。収容者の改善が釈放の要件であったとすれば、「溜入」の期間をあらかじめ定めなかったのかも知れない。

村方の負担　「溜」を運営するについては、「溜入」の者の本貫地の村方の負担が少なくなかった。すでに見たように、(1)村方は藁細工のための材料や道具類を用意する義務を負い、(2)村役人は藁細工製品の売却と保管を引き受け、また(3)収容者の教諭筋と釈放申請の役割を担った。その他、(4)村方は「溜」より逃走した者の捜索逮捕の義務が課せられ（第一条）、(5)入墨や敲等に処せられた者の身柄を出川《いでがわ》あるいは揚土《あげつち》の牢屋から「溜」へ連行する役割が庄屋・組頭に課せられ、同様に追放者と久離帳外者の身柄を「溜」に連行することもその者の本貫地の庄屋・組頭の役目であった（第七条）。

郡所達は村方に発した通達であるから町方に関した事項が一切記されていない。しかし、史料1・4に見るように、「溜」には町方の者も収容したのであって、町方に対しても郡所達と同じ内容の通達がなされたことと思われる。

「溜」の管理者　郡所達第二条に「溜番人」の名称が、「在方の者溜入　仰付られ候節、食物薪等溜番人へ御渡置かれ、取賄申べく候」と出てくるのが唯一である。その後、文化十二年（一八一五）の「戸田光年家中知行・軍役人数留書」には、無格の職掌として「溜牢番人」の名が見える。「御厩部屋目付」に次ぐ役目柄である。[10]松本藩家臣の格は、右「留書」の「御家中末々迄役分之事」によると、諸士、中小姓以下、無格に三分されている。中小姓以下が徒士、無格が足軽に該当するであろう。つまり、「溜」には無格ながらも士分の管理責任者が任命されていたのである。

松本藩は安永八年（一七七九）以降、郡奉行が町奉行を兼帯し、同年に郡所と町所の両役所が合併したから、[11]溜牢番人は郡奉行の指揮下にあったと思われる。

四　「溜」制度の性格

松本藩の「溜」制度は、改善主義の考え方に立脚した刑事政策である。収容者の社会復帰を目的とするという点において、宝暦五年（一七五五）四月、熊本藩に誕生した徒刑制度の精神に一致する。また収容者の処遇に関しても、「溜」制度は藁細工作業の労役を有償とし、その製品の売却益は「溜」役所が蓄え置き、釈放の際にその収益を合算して支給することにより、当座の生活費や就業のための資金に充当させるという方策を備えている。これらの処遇法は、熊本藩「徒刑」が採用した⑴作業有償制、⑵強制積立の制、⑶元手の制という一連の措置とその趣旨を同じくする。[12]

しかしながら、松本藩の「溜」制度は幕府の人足寄場制度により類似している。周知のように、幕府の「人足寄場」は老中松平定信と火附盗賊改加役の長谷川平蔵との連携によって創建された施設であり、寛政二年（一七九〇）二月、隅田川河口の石川島に設置された。松平定信は人足寄場を構想するにあたり、熊本藩徒刑制度から多くを学んでいる。したがって、幕府人足寄場は収容者の社会復帰を目的とし、その目的を達成するために右の(1)〜(3)の措置を採用している。つまり、寄場の趣旨とその根幹をなす処遇法は、熊本藩徒刑に同じなのである。[13]

一方、熊本藩徒刑と幕府寄場との間には次のような大きな差異が存する。第一の差異は、熊本藩徒刑は犯罪者に対する刑罰として「定小屋」と称する拘禁施設に徒刑囚を収容したのに対し、幕府寄場は江戸市中に徘徊する無宿対策として考案された施設であるから、寄場には主として「無罪之無宿」を収容したということである。「無罪之無宿」とは、敲や入墨および入墨の上敲などの刑に処された刑余の無宿、ならびに逮捕はしてみたものの何の罪も犯していなかった無宿であって、いずれも身元引受人の無い者である。

第二の差異は、次のような点である。熊本藩は徒刑を採用することによって追放刑を原則として廃止したが、幕府は「公事方御定書」下巻に定める重追放以下所払に至る追放刑を廃さなかった。このことは寄場が「無罪之無宿」を対象とする施設であるから、当然と言えば当然であるが、文化三年（一八二〇）、江戸払以上の追放刑の判決を受けた者を寄場に収容するようになってから以後も、幕府は「公事方御定書」下巻の追放刑の規定を改廃することはなかった。[14]

第三の差異は、熊本藩は「定小屋」に女性を収容しなかったが、[15]幕府は寄場に女性を収容したことである。[16]

前述したように、松本藩の「溜」は、(1)追放刑や久離帳外の無宿が立帰りやその他の罪を犯して逮捕された場合、(2)村人（おそらく城下の町人も）が入墨や敲等の刑罰に処された場合に、それらの者を収容する施設である。無宿を

収容し、刑余の者を収容するという点では幕府の寄場に類似する。(17)

松本藩は幕府と同様、「溜」制度創始後も追放刑を廃さなかった。このことは、寛政九年（一七九七）十二月、松本城下の下横田町仁助の娘きよに対する町追放の事例を見出すことが出来るし、(18)前述の「戸田藩書例集」に「敲之上追放溜入之事」「御預所ニて敲并入墨追放溜入有之節事」という項目の存することからも明白である。また、次節に掲記する史料からも判明するように、松本藩は明治初年まで追放刑を温存している。このように、「溜」制度と追放刑とが併存するという点も幕府の刑事政策と軌を一にするのである。

松本藩の「溜」制度は、前述したように女性の収容を想定しており、この点も幕府の人足寄場に共通している。松本藩の「溜」制度と幕府の「寄場」制度とで最も注目すべき共通点は、収容者に対する積極的な教育を考慮していることである。周知のように、松平定信は寄場人足の改善を促すために心学を採用し、月三回の寄場休業日に心学道話を聴かせている。片や松本藩では、「溜入」の者を出した村の村役人が「教諭」を加えることにより、収容者の改善効果を狙っている。史料3・4に記された実例によれば、寛政十二年（一八〇〇）の釈放申請においては五人組と親類の者が溜小屋に出向いて「異見」を加え、天保二年（一八三一）の釈放申請においては町役人がたびたび「異見」を加えている。このように、収容者の更生を目的とする積極的な教育措置を採り入れたことは注目しなければならない。

以上にながめた類似点、共通点からすれば、松本藩は幕府の人足寄場に触発されて「溜」制度を創設したと推察されるのである。

ところで、「溜」制度創設の寛政年間は、戸田氏の松本再入部後第六代目の藩主光行《みつゆき》の治政時代である。光行は、幕府において松平定信が享保改革を模範として寛政改革に着手した例にならい、寛政三年（一七九一）に改革を開始したという。光行は同年五月、大庄屋、町役人、惣町人、村役人、惣百姓および婦女に向けた六編の条目（「寛政条目」「新御条目」などと称される）を発布し、それぞれの生活上の心得を示した。ついで同五年には藩校崇教館を設立して学問振興をはかっている。松本藩の寛政改革はこのように文教主義的改革が主流であったという。[19]「溜」制度を考案し、その実施を推進した人物について、目下、何らの知見も持ち合わせていない。ただ言えることは、松本藩の寛政改革が幕府の寛政改革に見習う点があったとすれば、「溜」制度もまた、発足したばかりの幕府人足寄場を参考として考え出したものであって、その創設は藩政改革の一環であったと解されるべきであるということである。

五　幕末頃から明治初年にかけての「溜入」

寛政二年（一七九〇）十二月に創始された「溜」制度は、恐らくその後中絶することなく存続し、明治維新を迎えたことと思われる。文化十二年（一八一五）の時点において「溜」が存在したことは、「溜牢番人」の名が前掲「戸田光年家中知行・軍役人数留書」に見えることによって確認できる。また第三節でながめたように、三枚の城下町絵図——天保六年（一八三五）十二月の「松本城下図」、嘉永七年（一八五四）三月の「家中名前附図」、慶応三年（一八六七）四月の「維新前松本藩士族地割図」——には、それぞれ同じ場所に「溜」の施設が描かれている。さらに、寛政十二年（一八〇〇）、文化三年（一八〇六）、文化十一年（一八一四）、天保二年（一八三一）の年紀を有する釈放申請書、釈放歎願書などを確認することができた（史料1〜4）。したがって、松本藩の「溜」は廃止されることなく明治時代に至ったと見做してよいであろう。〔補註2〕

左に掲記する「長野県史料」第三冊所載の記事は、明治初年における「溜」制度の有り様を示している。「長野県史料」第三冊は、国立公文書館内閣文庫所蔵の「府県史料」全二一六六冊中の一冊である。[20] 同書は、長野県の地域に存在した旧竜岡藩以下の十三の旧藩・旧陣屋の明治初年（廃藩置県以前）における刑法を略述した「刑法」の項目を立て、旧松本藩について次のように記している。この記事は、明治初年における松本藩の刑罰体系を知る貴重な史料なので、左に全文を掲載する。

松本藩ハ、旧政府ノ法度ニ由ルナリ、蓋シ士卒ニ施スモノハ特ニ家制ノ法律アリ、平民ニ施スモノハ公制秘鑑・聴訟秘鑑等ニ由リ、以テ処断ス、曾テ維新ノ時ニ膺リ士官ヲ置カルヽニヨリ、以来民事ニ属スルモノハ行政官ニ伺ヲ遂ケ、死刑以上ハ刑法官ニ伺ヲ経テ処断ス、明治四年新律綱領ヲ頒布セラルルニ付、刑事皆之ニ由リ処断ス、

従前士卒へ施ス刑名

遠慮　五日・二十日・三十日、居宅門戸ヲ閉チ、家族共ニ謹慎ナサシム

閉門　五十日・七十日、一百日、門窓ヲ鎖シ家族一同幽閉ス

永ノ暇　士名ヲ存シテ他郵〔ママ邦〕ニ放逐ス

追放　族名ヲ剝キ帯刀ヲ褫ヒ他邦ニ放逐ス

匣入　但禁錮ノ類ナリ、居宅又ハ親族ノ宅ニ獄ヲ造リ、犯罪ノ者一人ヲ幽閉シ、親類等ニ主守ナサシム

揚リ屋入　獄中畳敷ニ入置ナリ、匣入ノ罪一等重キモノ該刑ニ処ス

割腹　死刑ナリ

死罪　刎ナリ、神職僧侶格アルハ凡士卒ニ同シ、無位ハ凡平民ニ同シ

従前平民ニ施ス刑名

町村預ケ

手鎖ノ上町村預ケ　三日以上五十日以内位、手鎖ハ縄ニテ小手ヲ鎖シ、町村又ハ旅舎ニ預ケ、宿主親族伍々組合ノモノニ主守ナサシム
過料　銭三貫文・五貫文・十貫文廿貫文・三十貫文
戸〆　居宅門戸ヲ鎖シ、一家一同幽閉ス、叨リニ他人ノ出入ヲ許サス、該刑ハ商ニ施シ、農ニ施サヽルナリ
敲　笞刑ナリ、笞二十三十、五十
重敲　杖刑ナリ笞一百
入墨　左ノ腕ニ入墨ヲナシ又ハ耳ヲ刵グナリ
溜入　徒刑ナリ、六ヶ月、一年、二年、三年五年、十年、終身
追放　流刑ナリ、軽追放ハ居町村、中追放ハ組合町村、重追放領内一円、右三等ニ放逐ス、而テ其身一人ヲ追放スルアリ、又本人戸主ナレハ一家族トモニ追放スルアリ、因テ戸主ノ追放ハ財産ヲ官没ス、之ヲ欠所ト云フ
永牢　一種ノ流刑ナリ、終身入獄ナサシム
下手人　死刑ナリ、但シ死罪斬罪ハ様シ切ニ出シ、下手人ハ様シ切ニ出サス
死罪　斬ナリ、剄ナリ、市中又ハ居町村ヲ引廻シニスルアリ、又否ラサルアリ、罪ノ軽重ニ由ルベシ、戸主ナレハ財産ハ欠所ニスルナリ
獄門　市中又ハ居町村ヲ引廻シ、財産ハ欠所ニスルナリ
火罪
磔

右維新前ハ、死罪・獄門迄戸田氏手限ニテ処分シ、磔・火罪ハ臨時旧幕府ヘ稟議ノ上処分セシナリ、

右の「長野県史料」は、あくまでも明治初年（廃藩以前）の事柄を記述することを眼目としている。しかし、文末に「右維新前ハ、死罪・獄門迄戸田氏手限ニテ処分シ云々」と記されているように、右の記事は、明治初年のみならず幕末頃の松本藩の様子をも示していると見做される。

この記事によるに、「溜入」は「従前平民ニ施ス刑名」として「入墨」と「追放」の間に配される。つまり右の記事は、「溜入」を半年に始まって一年、二年、三年、五年、十年、さらには終身に至る七等級の刑期を有する「徒刑」として扱っているのである。

前述したように、創設期の「溜入」は、改悛の情が顕著であって、村の構成員としての生活が可能であると世話役の村役人が判断した時に釈放を申請するのである。したがって、最長で何年というような目安が存したとしても、収容者個々に対するそれぞれの収容期間があらかじめ定められていたとは思われない。史料2の文化三年（一八〇六）三月の釈放歎願の場合は、老齢の母親がその病気を理由として、前年（何月かは不明）に「溜入」となった息子の釈放を願い出ている。

また、創設期の「溜」制度は、犯罪者のみならず入墨や敲などに処された刑余者をも収容し、その処遇は作業有償制や元手の制などを備え、教育的配慮をも加味している。つまり、収容者の改善を促して社会に復帰させることを目的とする刑事政策なのである。しかしながら幕末頃から明治初年にかけての「溜入」は、右の記事を見る限り、七等級の刑期を有する純然たる刑罰である。収容者の社会復帰を目指すという趣旨とそれに基づく処遇法が、幕末以降の「溜入」という刑罰にどの程度継承されているのか、その具体的な内容を解明すべき史料を目下持ち合わせていない。しかし、終身刑や十年という長期刑を採用しているところを見ると、幕末頃から明治初年にかけての「溜入」には犯罪者を社会から隔離するという意味合いや懲戒という要素が色濃く入り込んでいたことが看取されるのである。

ともかく、「溜」制度はその内容を変化させつつも存続し、明治四年（一八七一）二月、明治新政府の全国統一刑法典である「新律綱領」が松本藩内に施行されるに及んで廃止された。前掲の「長野県史料」に「明治四年新律綱領ヲ頒布セラルルニ付、刑事皆之ニ由リ処断ス」と記されている如くである(21)。

この点につき、『東筑摩郡誌』は「之と同事に西堀町なる旧来の溜屋には已決の囚人を拘禁し、之を懲役人と称し㊟の印を着衣の背部に縫着し置けりと言ふ」と伝えている（五一六頁）。「之と同事に」というのは、伊那県が筑摩県に合併された明治四年十一月を意味する。しかし、明治政府が「懲役」という名称の刑罰を採用して徒刑を廃止するのは明治六年五月のことであるから、右の記事は明治時代の刑罰の実情を語る貴重な記述ではあるが、いささか正確さに欠けると言わざるを得ない。「……と言ふ」と結ばれているから、おそらくは伝聞による記述なのであろう。いずれにしても、明治四年中には「新律綱領」の適用による徒刑囚が「溜小屋」に収容されることになったと思われる。

むすび

松本藩の「溜」制度は、その運営に村方が大きな役割を果していたことが特徴として指摘できる。つまり、村方の大きな負担のもとに「溜」が運営された訳だが、このことは換言すれば、村人の更生には村方が責任を負うという意味にも解される。松本藩統治に果たす村方のこのような寄与の仕方は、転封によって領主がしばしば交替したということとも恐らく関連を有するであろう。これらの事情は、町方においてもまた同様である。

ともあれ、松本藩の「溜」制度は、幕府の人足寄場の制度が逸早く影響を与えた事例として、近世刑事法史上に特記されるべきであろう。「溜」制度が寛政二年十二月に創始されて以降、どのように運営されたのか、本稿はその具体的内容をほんの少し知り得たにすぎない。「溜」制度の全貌の解明は、郷土史家の今後の研究に期待することとしたい。(22)

註

（1）松本藩の「溜《たまり》」は、江戸の浅草と品川とに設置された幕府の「溜《ため》」とはその趣旨を異にする。浅草溜と品川溜とは、病囚、行倒れ、無宿等を収容する療養所の性格を有し、小伝馬町牢屋敷の囚獄石出帯刀の管轄下に非人頭の車善七（浅草）と松右衛門（品川）が管理運営した処であった。

（2）西堀とは松本城の総堀の西側を指し、総堀の西側に添って南北に続く武家屋敷町を西堀町と称した。「溜」は西堀町の南端近くに存した。

（3）「松本城下図」『松本・中部の城下町』太陽コレクション城下町古地図散歩3の巻末附録（平成八年、平凡社）。

（4）「嘉永七年三月改・家中名前附図」『お城がすき　まつもとが好き—松本城をめぐる文化財』文化財の知識シリーズ第三集収蔵の図版一一三（松本市教育委員会編集発行、平成五年）。

（5）「維新前松本藩士族地割図」『松本城の歴史』収載の図版七七（日本民俗資料館・松本市立博物館編集発行、平成元年）。

（6）「松本町方歴年諸役人表」『松本市史』上巻六五六頁（昭和八年、松本市役所編纂発行）。

（7）市川準一編『（信州松本郷土史料）市川家文書』あとがき（昭和三十九年、知新社）。

（8）『南安曇郡誌』第二巻下九六頁（昭和四十三年、南安曇郡誌改訂委員会編幷発行）。松本藩は郡奉行のもとに領内農村部を十五の組に分ち、各組は複数の村を管掌した。組には大庄屋、村には庄屋を置いて管内を統治させた。

（9）「松本町方歴年諸役人表」前掲『松本市史』上巻六四五・六五六頁。松本藩の町方には本町、中町、東町という三つの親町があって、それぞれ複数の枝町を管掌しており、親町に大名主、枝町に名主が任命されていた。

（10）『長野県史』近世史料編第五巻⑴中信地方一九七頁（昭和四十八年、長野県）。なお、『松本市史』所載の「戸田氏時代の職制」表には、「溜牢番人」が掲載されていない（同書第二巻Ⅱ近世一六四〜一六五頁、平成七年、松本市編集発行）。

（11）『松本市史』上巻六二六〜六三一頁（昭和八年、松本市役所編纂兼発行）。

（12）熊本藩徒刑制度の内容については、高塩博「熊本藩徒刑と幕府人足寄場の創始」（小林宏・高塩博編『熊本藩法制史料集』所収、平成八年、創文社）、同「熊本藩に誕生した近代的自由刑」（『刑政』一〇七巻七号、平成八年〔後に『江戸時代の法とその周縁—吉宗と重賢と定信と—』平成十六年、汲古書院に収載〕）等参照。

（13）熊本藩徒刑と幕府の人足寄場との関係については、高塩博「熊本藩徒刑と幕府人足寄場の創始」（前掲書）参照。

また、幕府人足寄場の内容については、辻敬助『日本近世行刑史稿』上　第二十二章第四節人足寄場（昭和十八年、刑務協会）、丸山忠綱「加役方人足寄場について」㈠～㈣完（『法政史学』七～十号、昭和三十～三十二年〔後に『丸山忠綱遺稿―加役方人足寄場について―』昭和五十六年、丸山忠綱先生追悼集刊行会編刊、非売品として刊行〕）、人足寄場顕彰会編『人足寄場史―我が国自由刑・保安処分の源流―』（昭和四十九年、創文社）等参照。

(14)「公事方御定書」下巻の追放規定が改廃されずに残されはしたが、幕末の文久二年（一八六二）から慶応元年（一八六五）にかけての時期、小伝馬町牢屋に収監された者のうち、追放刑の判決を受けた者の多くは人足寄場に送られており、実際に追放刑に処されたのは少数であった（平松義郎『近世刑事訴訟法の研究』一〇九五頁、昭和三十五年、創文社）。

(15)「刑法草書」の例書編婦女犯事の条には「一女ハ都て刺墨・徒刑・追放を除」という規定があって（前掲『熊本藩法制史料集』三六〇頁）、熊本藩では女性に対して徒刑を適用しなかった。

(16) 幕府の人足寄場では、女性を収容するために男性人足とは別棟の建物を用意した（平松義郎「人足寄場の成立」㈢名古屋大学『法政論集』三五号五二頁、昭和四十一年）。女性人足を収容する小屋は、大田南畝が書き残した「加役方人足寄場絵図」に、「女置場」という名称で寄場敷地内の南端に描かれている（「一話一言」巻三十七、『日本随筆大成』別巻五、二五五頁、昭和五十三年、吉川弘文館）。もっとも、人足寄場はやがて女性を収容しなくなったらしく、享和元年（一八〇一）七月、原則として女性を収容しないことに決した（『徳川禁令考』後集第一、二七頁）。

(17)「溜入」という措置を入墨や敲などに併科する刑罰と捉えるならば、熊本藩の徒刑に類似することになる。宝暦十一年（一九六一）施行の熊本藩「刑法草書」は、八等級の徒刑（笞六十徒一年、笞七十徒一年半、笞八十徒二年、笞九十徒二年半、笞百徒三年、刺墨笞百徒三年、額刺墨笞百徒三年、額刺墨笞百雑戸）を定め、いずれも笞刑を併科する。重い三等級の徒刑は、笞刑のみならず入墨（熊本藩では刺墨と称す）をも併科する。

しかしながら、松本藩の「溜入」は、比較的軽微な犯罪によって入墨、敲等の刑に処された者のうち、再犯や累犯に陥る虞のある者を収容し、これに教育的処遇を施すことによって更生の道をさぐるという制度ではなかったか。

(18) 市川準一編『（信州松本郷土史料）市川家文書』二八頁（昭和三十九年、知新社）。なお藤井嘉雄氏の前掲著書『松本藩の刑罰手続』二七四頁参照。

(19)『松本市史』第二巻歴史編Ⅱ近世四二六～四二八頁（平成七年、松本市編集発行）。

(20)「府県史料」については、福井保「『府県史料』の解題と内容細目」(『北の丸―国立公文書館報―』二号、昭和四十九年)参照。

(21)松本藩における「新律綱領」の施行開始は、明治四年二月以降のことである(手塚豊「新律綱領の施行に関する一考察」『明治刑法史の研究(上)』同氏著作集第四巻六九頁、昭和五十九年、慶應通信)。

(22)松本藩の刑法および刑罰に関して若干附言しておく。前掲した「長野県史料」の記事は、松本藩の刑法についての重要な証言である。それによると、士分を対象とした刑法については松本藩の定めた成文法を有していたが、庶民に対しては「公制秘鑑」「聴訟秘鑑」等に依拠して刑罰を科していたという。

ところで、松本市立中央図書館には松本に関わる古文書、旧記、系図、分限帳、検地帳等を蒐集整本した「松本史料叢書」が所蔵されている(「松本史料叢書総目録」によると五十五種五十四冊)。「松本史料叢書」は、昭和八年に松本市史編纂部の事業として成しとげられた。右の「総目録」には、それ以前の目録案とおぼしき「松本史料叢書目録」(松本市役所十三行罫紙にペン書)が添付されている。この目録は、「松本史料叢書第一編」の第四十一に「聴訟秘鑑」、第四十二に「公制秘鑑」を著録している。ところが、この両書には抹消の傍線が引かれており、完成した「松本史料叢書」にもこの両書が採録されていないのである。抹消の理由が、この両書を入手できなかったことにあるのか、あるいは他の事情に求められるのか、今や知る由もない。いずれにしても、松本市史編纂部は「公制秘鑑」「聴訟秘鑑」が重要文献であると認識していたのである。

このたび本稿を草するにあたり、松本市を訪れてこの両書についても調査したが、見い出すことが出来なかった。しかしながら、『国書総目録』を見ると、八機関が「公制秘鑑」を、五機関が「聴訟秘鑑」を所蔵している。これらが「長野県史料」に言う「公制秘鑑」「聴訟秘鑑」に同じ書であるのか、あるいは同名異書であるのか、いまだ検討の機会に恵まれない。今後の課題である。なお、『旧松本市史』には、「刑は民事と共に幕府より発令せる、公事訴訟取捌と題する四百十ヶ条の条目に依り処断す」という記述が存する(六三六頁)。「公事訴訟取捌」は「庁政談」の系統に属する幕府法であるが、本書と前記二書との関係如何についても今後の課題とする。

次に入墨刑について、藤井嘉雄氏は松本藩に入墨という刑罰は存在せず、代替刑として敲刑を執行したと指摘される(前掲書二五五頁)。しかしながら、前掲「長野県史料」に徴するに明治初年には左腕に施す入墨刑の存したことが知られ、また寛政二年の「溜」制度創始の郡所達を見ても、入墨刑に処した者を「溜入」とする場合のあることが記されており、前述の「戸田藩書例集」(中巻之部第六)にも「入墨之上重敲」という刑名が見えている。したがって、松本藩においては寛政二年以降明治初年に至るまで入墨刑が存在したと考えるのが穏当であろう。

続いて敲刑について、藤井氏は松本藩の敲に言及するものの、敲刑の種類に関しては指摘するところが無い（前掲書二四三〜二四五頁）。しかしながら、「戸田藩書例集」ならびに「長野県史料」は、松本藩に「敲」「重敲」の二種類の敲刑の存したことを伝えている。「長野県史料」によれば、「敲」は打数によって二十、三十、五十の三等級に分かれ、「重敲」の方は幕府法に同じく打数が百であった。なお、藤井氏は松本藩に戸〆の刑罰は存しなかったとされるが（前掲書二八八頁）、「長野県史料」は戸〆を記す。「長野県史料」は明治初年の実際を記したものであるけれども、右にながめたように、その記事は松本藩刑罰の江戸時代の状況をうかがう絶好の史料なのである。

附記　本稿を草するにあたり、中川治雄（松本城管理事務所）、福島紀子（松本市文書館）、内山美紀（松本市立博物館）の各氏には史料の所在と利用に関して御教示御高配を忝くした。記して深謝の意を表する次第である。

補記　原稿提出後の補充調査により、左の二点を確認したので補っておく。まず、「溜入」者の釈放申請についてである。すなわち、日本民俗資料館所蔵の市川家文書の中に、弘化二年（一八四五）十二月の日付を有する釈放申請書を見出したのである。左に史料5として紹介しておく。

史料5　下横田町市川家文書（日本民俗資料館（現、松本市立博物館）所蔵）

奉願口上之覚

下横田町留七義、博奕致候ニ付、去辰五月入牢之上溜入被　仰付、難有奉存候、然ル処、町役人幷組合之者、度〻溜ぇ罷越、異見仕候処、面目も無之段申聞、先非悔、心底取直候旨申聞候、然ル上は何卒格別之以
御慈悲、溜入御免被成下置候様、町役人幷由緒組合之者一同奉願上候、此段宜被仰上可被下候、以上、

下横田町留七
由緒　勘　蔵㊞
同　与　吉㊞
組合　□□□㊞

弘化二年乙巳年十二月

同　弥三郎㊞
同　とめ㊞
同　紋左衛門㊞
同　藤兵衛㊞
同　金五郎㊞
肝煎　丸山八五郎㊞
同　九兵衛㊞

市川八十右衛門殿

右之通吟味仕候処、相違無御座候、以
御慈悲溜入御免被下置候様奉願上候、以上、

名主　市川八十右衛門㊞
大名主　笹井新助㊞

御町所様

留七の罪状は博奕行為であり、入牢の後に「溜入」となったのである。釈放申請の理由は、留七の教誨に町役人および五人組の人々が溜小屋にたびたび出向き、その結果本人が改悛したことにある。釈放申請の手続きは、親類、五人組、肝煎の都合十人の連名連印にて下横田町名主市川八十右衛門に宛てて申請し、市川八十右衛門はこの申請の真偽を審査の上、東町の大名主笹井新助と連名にて町所役所に上申するという形式を踏んでいる。この文書の袖の部分には、留七の釈放が十二月四日であったことが注記されている。従って、留七の収容期間は一年七箇月余ということになる。

確認事項の第二は、松本藩が刑罰の適用にあたって依拠したという「公制秘鑑」「聴訟秘鑑」の二書についてである。すなわち、今回の調査により、この両書が日本民俗資料館（現、松本市立博物館）に所蔵されていることが判明したのである。この両書は各々一冊本である。奥書によると、両書はいずれも百瀬元という人物が天保十年（一八三九）八月、千国番所（松本藩の口留番所）において筆写したものである。［松本藩士には百瀬姓があるから（拙蔵「松本城下町御役目録」）、百瀬元はおそらく松本藩士であろう。］「公制秘鑑」は、幕府の「公事方御定書」下巻に近似する内容を備えている。一方の「聴訟秘鑑」は、「関八州御料私料より訴出候出入之事」

以下「戌年質地御触之事」まで一六〇項目に及び、これらの事書による限り、その内容は「聞訟秘鑑」に同じである。「聞訟秘鑑」は江戸幕府の地方役人の手になる法律実務書と見られており、「聴訟秘鑑」という書名の写本を含めて多数の伝本が知られている（牧英正・安竹貴彦『聞訟秘鑑』その諸写本について」㈠～㈤完、大阪市立大学『法学雑誌』三四巻一号～三六巻一号、昭和六十二年～平成元年）。なお、日本民俗資料館は別本の「公制秘鑑」一冊も所蔵している。

右のことから、戸田氏時代の松本藩おいては、「公制秘鑑」「聴訟秘鑑」および恐らくは「公事訴訟取捌」を含めた幕府法が、様々な紛争処理のための準拠として重要な役割を果したと考えられる。

〔補註1〕　本稿執筆後、後藤丈二氏（名古屋刑務所首席処遇官）の「信州松本藩牢獄跡―刑罰史跡探訪⒆―」が発表された（『刑罰史研究』二〇号、平成十三年四月）。同論文は、「溜小屋」の位置を大手二丁目の「大手観光」という会社のあたりと比定している。なお、後藤氏には、松本藩の出川刑場と勢高刑場とについて記した「松本藩刑場跡―刑罰史跡探訪⒇―」も存する（前掲誌二一号、同年七月）。

〔補註2〕　松本市立博物館には松本藩士が筆録したと覚しき「要用書抜」と題する備忘録が所蔵され（中川義雄氏寄贈、縦一四・〇、横一九・〇糎）、その中に「御用箪笥入品左之通り」という項目があって藩庁保管の帳簿類が列挙されている。その「右三」の箪笥に収納していた中に「溜入之者札相渡帳」なる帳簿が存する。これは溜小屋の収容者名簿というべき性質のものであったろうか。記して後考を俟つ。「要用書抜」は慶応元年（一八六五）五月までの記事を載せるが、「溜」制度が明治を迎えるまで存続したとすれば、「溜入之者札相渡帳」も継続して藩庁に保管されたと考えられる。

第二章　丹後国田辺藩の「徒罪」について

はじめに

田辺藩は、譜代大名牧野氏が丹後国加佐郡に三万五千石を領有した小藩である。寛文八年（一六六八）、田辺城主の外様大名京極高盛が但馬国豊岡に移封されたのにともない、牧野親成《ちかしげ》が河内国高安からこの地に入り、以後、明治を迎えるまで牧野氏が十代にわたって治めた。

第七代藩主牧野豊前守以成《もちしげ》の文化七年（一八一〇）、田辺藩は「徒罪」という名の刑罰制度を創設した。徒罪は、犯罪人を施設に拘禁し、所定の期間を労働に従事させる自由刑である。本稿は、田辺藩の徒罪がどのような趣旨にもとづいて創設され、どのような内容をもつ刑罰であったかを考察するものである。諸賢の御批正が得られるならば幸いである。

本稿が用いる主たる史料は、「御条目之事」（舞鶴市西図書館蔵の複写本）、「博奕はた商其外徒罪入牢一件」（香川大学附属図書館神原文庫蔵）、「刑罪筋日記抜書」（京都府立総合資料館寄託谷口家資料）および「公事出入吟味物進達留」（綾部市資料館蔵）の四点である。「御条目之事」はもっぱら徒罪に関する記事を収録した書であり、文化八年九月もしくはそれから程なくの頃にまとめられたと考えられる。すなわち、この史料によって徒罪創設時の諸相を知ることができるのである。

「博奕はた商其外徒罪入牢一件」（以下、「徒罪入牢一件」と略称する）は、表題に示されるように、博奕、はた商い、徒罪、牢に関する記事で構成され、全三二項目にわたる。徒罪記事はそのうちの第十一項から第二十二項までであり、文化七年から嘉永四年（一八五一）にいたる記事を採録する。従って、この史料は嘉永四年ごろの徒罪制度の内容を伝えていると考えられるから、「御条目之事」と比較することによって、徒罪制度の変遷の幾分かを知ることができる。

「刑罪筋日記抜書」は、罪種ごとに類集した刑事判例集である。田辺藩の郡奉行役所に備え付けられていたもので、「盗賊」一冊、「博奕」一冊、「掟背」四冊など、現在十種十七冊が伝えられる。この判例集に徒罪判決を少なからず見出すことができるのであり、もって徒罪という刑罰と犯罪との関係がおおいに明らかとなるのである。

「公事出入吟味物進達留」は、郡奉行所公事方が上申し下達をうけた一件書類の控である（表題を「公事出入吟味物進達扣」とする簿冊も存する）。この一件文書から判決の部分を抄出し、罪種等に分類編集したのが「刑罪筋日記抜書」である。それぞれのより詳しい史料解題は前稿「丹後国田辺藩の博奕規定と「徒罪」」(1)（本書第三章）を参照していただければ幸いである。なお、論述の都合上、前稿と重複する記述が若干存することをお断りしておく。

一　「徒罪」制度の創設

文化七年（一八一〇）正月、田辺藩は徒罪という刑罰制度を設けることを決定した。徒罪制度創設の提案とそれを裁可した旨の記事が、「御条目之事」の冒頭に左のように記されている（「徒罪入牢一件」第十九項および第二十一項にも同じ記事が存する）。

博奕其外御領分追払等被　申付候者不少候、追放は於他国居所幷無縁を苦ミ、及積年本心ニ立帰り悔先非、御慈悲相願、御赦免被　仰付候ものも間々有之候得共、多分艱難ニ苦ミ、其罪増長シ、生涯身ヲ持兼可申、強て死刑ニ及候者モ可有之、尤生国ニて難誡迚猥ニ他領ゑ追放候て、於他国其罪犯ス時ハ終ニハ餘人ゑも押移候様可相成、他国ゑ其罪を譲り候道理有之間敷、殊ニ享保七寅年被　仰出候御書付ニも、近年於　公儀ハ追放先ハ無之間、於国〻所〻ニも其旨を存、猥ニ追放有之間敷旨、然とも品ニより追放申付却て可然者も可有之、其段ハ格別之旨被仰出候、雖然罪之軽重ニ依て夫々御仕置被　仰付候儀、博奕筒取等家業同前之族も有之、不軽は追放遠島相当り之者も可有之候、追放遠島を省キ令永牢も畢竟無益被存候、右等之者ハ不拘軽重、成丈徒罪申付、年齢強弱ニ順ヒ日中日傭ニ使之、最（ママ尤）天気晴雨ニ応、内外之拵為致、其賃料を量貯置、夫〻定数日を経て帰村申、農業之手段無之者共へハ、少分之田畑求之候価下ケ遣候ハヽ、為ニも可相成哉、常産相定候時ハ自然ト犯罪相減候道理ニも相当り可申歟、依之於嶋崎畑之内ニ徒人小屋と名付建之候上ハ、為取〆中間定出人壱人差添、昼之内相詰、暮六ツ時ゟ明六ツ迄錠〆切置為引取候積リ、今般評議之上相伺之候処、其通被　仰出候事、

文化七庚午年正月

この記事によると、田辺藩の徒罪は次のように提案されている。すなわち、(1)「博奕筒取等家業同前之族」については、罪の軽重にかかわらず「成丈徒罪」に処すようにすること、(2)刑期中は年齢や身体の強弱に応じて、晴天には日雇い労働、雨天の際には屋内作業に従事させること、(3)これらの徒役には「賃料」を支払ってこれを貯蓄させること、(4)刑期を終えて帰村するとき、「農業之手段無之者共へハ、少分之田畑求之候価下ケ遣」すこと、(5)徒罪囚の収容施設を「徒人小屋」と名付け、これを嶋崎畑の内に新築すること、(6)徒人小屋の現場監督として中間一人を常駐さ

せ、夜間は施錠して中間を退勤させることなどである。

徒罪制度を創設する背景として、右の記事はその前段に「追放は於他国居所幷無縁を苦ミ（中略）多分艱難ニ苦ミ、其罪増長シ、生涯身ヲ持兼可申、強て死刑ニ及候者モ可有之」と述べ、さらに「生国ニて難誡迚猥ニ他領ヱ追放候て、於他国其罪犯ス時ハ終ニハ餘人ヱも押移候様可相成、他国ヱ其罪を譲り候道理有之間敷」とも述べて、領分外追放が矛盾と弊害をはらんだ刑罰であることを指摘している。指摘するにあたって、提案者は「殊ニ享保七寅年被　仰出候御書付ニも、近年於　公儀ハ云々」として、幕府の触書を引き合いに出している。その触書は、享保七年（一七二二）二月の「科人追放之事」のことで、それは領分外追放の刑罰を原則禁止とするように諸領主に指令したものである。[2]九十年近く前の幕府触書ではあるが、それを持ち出すことで提案の正当性を権威づけたのである。

右の提案は、その末尾近くに「常産相定候時ハ自然ト犯罪相減候道理ニも相当り可申歟」と述べ、釈放後、農業などの生業に就いて「常産」を得れば、犯罪が減少すると指摘している。すなわち田辺藩は、追放刑の矛盾と弊害を抑制するという目的に加え、博奕犯罪者の社会復帰という、より積極的な目的をもって徒罪の創設を決断したのである。

二　徒人小屋の建設と運用の開始

徒罪制度の制定を決めた翌月の二月四日、三奉行の林六三郎と庄門堅蔵の両人は、下僚どもをひきつれて嶋崎新畑に赴き、収容施設の建設用地を接収し、その用地に同月二十日より水戸浚渫の土を盛ることを指令した。同年六月《（マヽ）》三日には、収容施設に通じる道を拡幅するように指示し、小屋建設の場所を確定して建築を命じた。このことが「御条目之事」に左のように見えている。

一文化七午年二月四日、三奉行林六三郎・庄門堅蔵、下役関根□介、同心佐野六郎右衛門・河田惣右衛門・□野廉八、水戸筋見分之節、嶋崎新畑之内ニて右新建小屋地之場所引上ケ、同廿日ゟ水戸浚上ケ土申付、六月〔ママ〕三日、小屋へ之道幅広ク申付、右歩畝之儀ハ建仕廻、地面相極候後改可遣旨申達、場所相定、間数　間　間之小屋新建申付候事、

右の史料では、徒人小屋の間数の数字が空白となっているが、嶋崎新畑に建築した小屋の規模は、後掲する「徒罪入牢一件」第十九項によると、梁二間半、行〔ママ桁カ〕六間の大きさで、これに長さ三間、幅一間の前庇がついていた。徒人小屋の完成は文化七年六月七日のことであり、この日さっそく入牢者一人を徒人小屋に移した。このことが「御条目之事」に、

文化七午六月七日

一右徒人小屋出来ニ付、入牢もの壱人今夕ゟ差遣ス、食事等先当分是迄之通中屋敷より為差出候事、

と記されている。「中屋敷」とは牢屋敷のことであろう。徒人小屋の完成した六月七日に徒人一人を収容したから、徒罪制度の運用開始日は文化七年六月七日のことである。

なお、徒人小屋は運用開始から約二十年後の文政十二年（一八二九）になって、長さ六間に幅一間の瓦葺きの庇が西側に増築された(3)。

徒人小屋の役人　また同日、水戸懸り同心三名を「徒人小屋懸り」に任命するとともに、徒人の処遇について左のように指示した（「御条目之事」）。

一水戸懸り同心三人、右徒人小屋懸り申付候、尤是迄之入牢之者トハ取扱少ゝゆるめ、紙張ふとん等入遣シ、親類之者等逢度趣申出候ハヽ、懸り之者承り届為逢遣シ候様申達候、其外諸事取計等之儀為申聞置、

徒人小屋を管理監督する役割は、同心身分の者三名が担当したのである。この同心に対しては同年十一月六日にも、その勤務について、

文化七午十一月六日

一同心之内、博奕幷盗賊方掛り勤方之儀ハ、類勤之旨申合ニ不及、身分ェ引請存寄通り銘々ニ相勤候事、

との通達がなされた（「御条目之事」、「徒罪入牢一件」の第二十一項「軽徒罪日数定之事」）。徒人小屋の現場においては中間が看守役を勤めた。[4] 徒人を初めて収容した日、中間の勤務内容について左のような通達が発せられた（「御条目之事」）。

文化七午六月七日

一中間壱人御勘定奉行ゟ請取、徒人小屋取〆番旁諸事為働方等心得之儀申付、猶懸り之ものゟ差図可承旨相達ス、尤用事有之、外ェ罷出候節ハ錠おろし鍵ハ懸り之者方ニ可預置候、其外朝六ッ時ゟ暮六ッ時迄小屋へ罷出、夜分ハ錠おろし置、可引取様申付候、

徒人小屋懸りという役職が田辺藩の行政機構中、どの役所の管轄下に置かれたかは不明である。後述するように、徒人小屋の施錠と解錠は町同心が出向いてこれを行なうので、徒人小屋懸りについても町奉行所が管轄したかも知れない。識者のご教示を乞う次第である。

三　「徒罪」の種類と刑期

「御条目之事」は、「徒罪」の種類と等級などについて、

文化八未九月六日極

一徒罪之事、重中軽三段ニ定、各五等アリ、左ニ記ス、

　軽徒罪　　小屋不入

一六ヶ日　一十二ヶ日　一十八ヶ日　一廿四ヶ日　一三十ヶ日

　中徒罪　　小屋入

一二ヶ月　一四ヶ月　一六ヶ月　一八ヶ月　一十ヶ月

　重徒罪　　小屋入

一壱ヶ年　一壱ヶ年半　一二ヶ年　一二ヶ年半　一三ヶ年

罪之依軽重、如右徒人遣シ、然共至テ罪之軽キものハ小屋へは不遣、用儀之節召呼、六ヶ日ゟ卅ヶ日迄、日数罪ニ応シ徒役為相勤、勿論重科之者ハ重徒罪、猶品ニゟ重キハ追放ニも申付候事、

と記す〔補註〕。田辺藩の徒罪は軽徒罪、中徒罪、重徒罪の三種類であり、軽徒罪は日数、中徒罪は月数、重徒罪は年数による、それぞれ五等級の刑期があった。六日間がもっとも短期で、三ヶ年がもっとも長期である。ただし、軽徒罪の者はこれを徒人小屋へ収容しなかった。右の記事は軽徒罪に「小屋不入」と注記し、また「然共至テ罪之軽キものハ小屋へは不遣、用儀之節召呼、六ヶ日ゟ卅ヶ日迄、日数罪ニ応シ徒役為相勤」と説明する。軽徒罪は判決申渡ののちその者を自宅に戻し、藩当局は必要に応じて呼び出して判決の日数だけ使役したのである。左の判例は、軽徒罪の判決を受け、指定された作業場へ自宅から通ったことが分かる事例である(5)。

文化九壬申年七月四日　　田中村百姓

一　　与八

其方儀、御林ぇ立入、牛繫置候段、不埒ニ付、軽徒罪申付ル、

同村　同
次兵衛

其方悴才次郎儀、御林へ入込、下草苅候段、畢竟平日示し不相届故之儀、不埒ニ付、遠慮申付ル、

但、右与八儀、軽徒罪申付候間、小屋ぇは不差遣候ニ付、明五日ゟ毎日正六時、伊佐津川御普請所ぇ罷出、川方差図之通相働可申候旨、御代官へ相達ス、

七月十日、次兵衛差免ス、

同月廿五日、与八差免ス、

田中村百姓の与八は軽徒罪の判決を受け、その翌日から毎朝六時に伊佐津川御普請所に通ったのである。働き始めてから二十一日目の同月二十五日に赦免となったから、与八の刑期はおそらく十八日であったろう。このように、軽徒罪は自宅から作業場に通って強制労働に従事したのである。その点で、徒人小屋に拘禁する中徒罪・重徒罪とは刑罰の性格をやや異にする。

中徒罪と重徒罪の判例は、前稿において少なからず掲出したのでここでは省略するが、田辺藩にはそのほかに「永徒罪」という刑罰が存した。恩赦によって死刑を減軽する場合、「永徒罪」という刑罰を科すのである。左はその事例である。(6)

文化九壬申年八月九日

丹波町海老屋

一（貼紙）「小屋を抜出行衛不相知、追て吟味之上記スコト」　未十一月朔日入牢　孫兵衛

其方儀、徳兵衛・藤助・惣兵衛と同意いたし、森村大家・伊佐津村藤右衛門・高野由里村嘉右衛門・倉谷村市

左衛門後家方へ罷越、鋸又は錐等ニて壁戸を切り破り忍入、衣類金子等盗取、其外物取ハ不致候得共、万願寺村久右衛門・吉原町兵五郎方ぇ罷越候始末、盗賊ニ相決、重〻不届ニ付、可被処死刑之処、此度松樹院様重御法事之赦ニ、以御宥免、から剃之上永徒罪被　仰付者也、

　但、文化十一甲戌年九月六日

　　竹千代君様御誕生之依赦、永徒罪御免、重徒罪ニ被仰付候、

丹波町海老屋の孫兵衛は、盗賊の罪で死刑判決を申し渡される筈の処、松樹院（第六代藩主宣成《ふさしげ》）の「重御法事之赦」に遭い、「から剃之上永徒罪」に減じられたのである。(7) 孫兵衛は、その二年後には竹千代誕生の祝儀の赦にも遭遇し、さらに減じられて「重徒罪」となった。(8)

なお、徒罪の等級を定めた前掲規定の末尾に「猶品ニ而重キハ追放ニも申付候事」と記す点に注意する必要がある。田辺藩は、徒罪の採用によって博奕犯罪に適用する追放刑を抑制したものの、全廃した訳ではないのである。(9) おそらくこの点は、享保七年の幕府触書がその末尾に、「然とも（中略）品ニより追放被申付、却て可然趣も可有之候間、其段は格別之事」(10) と記した幕府の方針に準拠したのであろう。前掲した徒罪創設の提案書は、幕府触書のこの文言を引用している。

刑期中は強制労働に従事させた。徒罪提案書に「年齢強弱ニ順ヒ日中日傭ニ使之、最《ママ尤》天気晴雨ニ応、内外之拵為致」とあるように、強制労働には「外働」と「内働」とがあった。「外働」はいわゆる構外作業で、日雇い稼ぎとして小屋外の作業場へ出かけるのである。時には田辺城内に入っての労働もあり、米蔵の俵直しに出役することもあった。このことが「御条目之事」に、

　文化八未八月十六日

一徒人之者、御城内御普請之節も遣ひ候事ニ付、罪人御門出入事故、御足軽頭へも御沙汰有之、其節ハ懸り同心召連罷越候事、
但、御蔵俵直シ等ニて出人入用之所差支候節、徒人差出シ相弁シ候事も有之、尤中間十人申立之所へ十弐人出ス、

と見えている。「中間十人申立之所へ十弐人出ス」とは、中間十人分の仕事を徒人十二人で処理するという意味であろうか。「徒罪入牢一件」の第十九項「徒人小屋出来、諸道具渡物并同所定目、其外徒罪之もの之儀ニ付、諸事附込之事」もまた、同日の決定として左の記事を掲載する。

文化八未年八月十六日
一徒人之者、以来御城内御普請所ぇも遣ひ候付、罪人之儀ニ付、御門入之儀御用番ぇ申上候て、御足軽頭へ御沙汰有之候事、
(朱筆)「但、御蔵俵直シ等ニて出人中間入用之所差支候節、徒人差出シ相弁候事も有之、尤中間拾人申立之処、十弐人出ス、」

両方の記事は文言がやや異なるものの、同じ内容である。「徒罪入牢一件」がこの記事を載せたのは、嘉永年間においても、文化八年の決定通りに実施していたからであろう。

田辺藩は、「内働」の作業に藁細工を採用した。文化八年の博奕規定は、博奕宿の連坐として徒人の収容中、月々二十束の藁を納入することを五人組ならびに村に科した(11)。これは、徒人の「内働」の「遣ひ藁」に用いるためである。前掲の徒罪提案書に「内外之挊為致、其賃料を量貯置」と記すように、「外働」「内働」ともに労働の対価として賃金を支払い、その賃金は蓄えさせたのである。その額は「外働」が多く、「内働」の方が少ない(第四節参照)。

四　徒人の処遇法（その一）

徒人の処遇につき、前掲した文化七年六月七日の徒人小屋懸りへの指示には「是迄之入牢之者トハ取扱少〻ゆるめ」と見えており、入牢者よりも寛容な処遇法として紙張り蒲団の使用および親類などとの面会の許可という具体的な指示を与えている。徒人小屋の設備と調度品ならびに徒人の処遇に関し、「徒罪入牢一件」第十九項に左のような記事がみえている（(1)〜(7)は引用者の与えた番号である）[12]。

文化七午年六月

(1)一徒人小屋新建所ハ嶋崎新畑、

梁弐間半　長三間

行〔ママ桁カ〕六間　前庇　幅壱間

右之通出来ニ付、寺内町永牢揚り屋ニ入有之諸道具、幷飯釜壱ツ新規相調、小屋へ相渡ス、

平鍋　壱ツ　茶釜　壱ツ

大釜　壱ツ　壷　壱ツ

杓大小　弐本　米洗桶　壱ツ

たらい大小　四ツ　擂鉢　壱ツ

飯櫃　壱ツ　水担荷　壱荷

居風呂桶　壱ツ　汲風呂釜ニ成、

此外米入箱、追〻増候品有之、
(2)一同所ニ堀貫壱ヶ所拵候事、
(3)一右小屋朝六時暮六時、町廻り同心之もの罷越錠前〆明致候事、
但、小屋幷近所変儀之節は、町廻り之もの早速罷越、其節ニ応シ明置可申心得、
(4)一徒人飯米賄之儀、玄米ニて御番屋奉行ゟ下役印形之通ニて請取候、依之出入之節は御番屋奉行へ申遣候事、
但、米番之儀は徒人ニ番セ候、受取米之儀は、壱人一日ニ五合ニ付、外働之節は其働ニ応し六合或は八合も給させ、足し米は同心之方ニて米屋ゟ買入、其外味噌塩之類も買寄、徒人共働候は、者〻ニゟ日雇之積勘定仕立、毎月帳面差出させ、川掛り銀札之内より相渡賄候事、大体外働日雇之割、一日壱匣以上之働致候ものハ壱升扶持、以下之ものは七合五勺・八合位、内働は都合六合、病人は五合位と相賄候事、
(5)一徒罪之もの初て小屋入之節は本縄掛、御免之節は腰縄掛ヶ候得共、心得違も有之ニ付、文化十三子年四月ゟ出入共腰縄ニ相極候事、
(6)一小屋入之内、百日迄ハ小屋扶持一日ニ付玄米五合も御免之上、其暮村方ゟ致上納、百日過候得は百日餘之分不及上納候事、
(7)一徒罪之もの正月三ヶ日幷五節句・盆三日休日為致、闕所銀之内ゟ壱人ニ付弐分ツ、菜料差遣候処、文化十酉年入牢者極之節ゟ、正月三ヶ日・盆三日、両度共壱人ニ付菜料百文ツ、差遣候事、

右の記事(1)によると、徒人小屋にて日々用いる諸道具は、寺内町の永牢揚り屋より運び込んだ。それらは平鍋・茶釜・大釜・壷が各一個、杓大小二本、米洗桶一個、たらい大小四個、擂鉢一、飯櫃一、水担荷一、居風呂桶一（汲風呂釜）などであり、飯釜一個が新調された。「御条目之事」によると、そのほか、寝子駄、古莚なども代官を通じて

納入させ、徒人小屋に敷かせている。[13] (2)によると、徒人小屋に掘り抜き井戸を造ることを命じた。飲料や煮炊きをする水の便に供するためであろう。(3)は徒人小屋の管理に関する規定である。小屋の開閉は朝夕共に六時に行い、町廻り同心がこれを担当する。徒人小屋およびその周辺に異常事態の発生した場合は町廻りの者が駆けつけることとし、事態によっては徒人の安全を確保するために切放の実行を想定している。

食糧と有償の強制労働　徒人の食糧についての規定が(4)(6)に存する。(6)に定める処遇法については、「御条目之事」にも、

文化七午十二月二十七日極

但、牢扶持上納之儀、入牢中ハ是迄之通り、徒罪申付百日迄ハ小屋扶持在方ゟ為相納、其余ハ何百日ニ至り候ても、此方ゟ飯料差出ス、尤徒人小屋入長短ニかゝわらす、以来右之通り相定候事、

と見えている。この記事によるに、徒人小屋収容百日までの食糧は出身の村から納入させ、それ以降については徒人小屋がこれを支給することとした。(6)の規定もこれに同様の内容であるから、この取り決めは文化七年十二月に決定して以降、変更がなかったことになる。徒人の食糧を定めた(4)は、きわめて重要な記事である。徒人の飯米にあてる米は、一人一日五合として、番屋奉行から玄米で受け取った。しかし、「外働」の場合はその労働量に応じて六合から八合を支給することにしたので、不足分は米屋より買い入れることとした。注目すべきは、但書のなかに「大体外働日雇之割、一日壱匣以上之働致候ものハ壱升扶持、以下之ものは七合五勺・八合位、内働は都合六合、病人は五合位と相賄候事」と記すことである。すなわち、徒人の強制労働は只働きではなかったということである。「外働」による日雇いで一匣以上の働きをする者には玄米一升を、それ以下の働きの者には七合五勺から八合くらいを、小屋内の「内働」に従事する者には六合を、病人には五合くらいをそれぞれ支給する。一日五合を食糧と生活費に宛てるな

らば、残りが徒人の収入となるのである。但書に「日雇之積勘定仕立、毎月帳面差出させ、川掛り銀札之内より相渡賄候事」と記すように、労働による収入は日々帳面に記入して、毎月、「川掛り銀札」のなかから支給する。労働時間は、後掲する「小屋内掛ヶ札」に「朝六時ゟ暮六時迄相働可申事」と記すように、日の出から日没までの長時間にわたった。

なお「御条目之事」によると、徒罪制度の草創期には徒人の食事を上賄いとすることができた(14)。

休日　(7)に休日に関する記事がある。それによると、正月の三ヶ日、盆の三日間および五節句であり、年間に十一日が徒人の休業日である。この日は、菜料として徒人一人あたり二分の銀を支給することとした。菜料支給はしかし、文化十年（一八一三）の改正によって正月と盆のみに減り、その金額は百文である。徒罪制度の開始から翌年にかけての休日については、「御条目之事」に、

一徒人之もの休日之事　文化七午十二月卅日 正月三ヶ日　文化八未閏十二月廿八日 三月三日　文化八未九月七日 九月九日

但、正月三ヶ日之間、為菜料一日壱人ニ付弐分ツ、差遣ス、尤欠所銀之内ゟ払之、

と見えており、正月三ヶ日、三月三日、九月九日の五日間に過ぎなかった。休日は、その後順次増えたものと思われる。

取調べ中の拘禁と収容手続き　取調べの際は被疑者を牢屋に拘禁するのが従前からの方法である。しかし、容疑が博奕犯罪のみで徒罪判決となることが明白な者については、牢屋に拘禁せずにただちに徒人小屋に収容することにした。「御条目之事」はこのことを、

従前之例

一都て吟味筋之者召捕候得ハ、一通り吟味之上先入牢申付、追〻召出、日数不懸様吟味を詰、裁許可申付候事、

附り、召捕候節、吟味之上直ニ及白状、外ニ疑敷筋も無之徒罪申付候罪之者ハ、直ニ小屋へ差遣候儀有之、

文化七午十二月二日

但、徒罪申渡、役所ゟ小屋へ差遣候節ハ腰縄ニて差遣ス、又ゝ呼出し候節も同断、尤品ニゟ手鎖懸ヶ遣候儀も有之、

と記す（「徒罪入牢一件」の第十五項「村役人不届有之、役儀召放徒罪被　仰出候事」にも同じ記事が見られる）。上漆原村の喜助と仁兵衛は、博奕犯罪の容疑で逮捕され、文化八年二月二十日、喜助は「吟味中入牢」となり、仁兵衛は「博奕いたし候趣ニ付令吟味候処、若キ時分ハ折ゝ仕候得共、近年は不仕旨申ニ付、吟味中徒人小屋へ差遣ス」となった(15)。仁兵衛に対する手続きは、右の「附り」の規定に基づくものであろう。この場合、徒人小屋は未決拘禁の場として機能したのである。

右の但書は、徒罪判決ののちに徒人小屋に収容する際、腰縄を施すとしている。しかし、前掲記事(5)は、収容の際は「本縄掛」、釈放の際は「腰縄掛」と記すので、右の但書と齟齬する。前掲記事(5)は、縄掛け法を文化十三年（一八一六）四月に変更し、収容時も釈放時も共に「腰縄」によると記す。

なお、「徒罪入牢一件」第十九項は、年次を欠く左の記事を載せ、ここでも腰縄をかけての収容とする。

一徒罪申付候ものハ、凡て腰縄ニて小屋へ同心召連、尤空剃之ものハ、於小屋前町方髪結ニ為剃候事、

五　徒人の処遇法（その二）

徒人小屋へは男性のみを収容したと思われる。それは、博奕宿の罪を犯した女性に対し、「押込」という刑罰を申

し渡しているからである。夏間村久兵衛の母きのは、悴が出稼ぎに出た留守中、人集めして度々縄引博奕を催した罪を問われて押込の判決を受けた。きのの犯罪は博奕宿にあたるから、重徒罪が科されるべきである。しかし、きのは押込一ヶ月で済んでいる。[16]

徒人小屋掛札　「徒罪入牢一件」第十九項は、前掲の七項目の記事に続いて、徒人小屋入口と小屋内との二つの掛札の文言を載せている。

文化八未年四月、徒人小屋入口掛札、左之通

定

一無用之もの一切立入申間鋪もの也

未四月

小屋内掛ヶ札、左之通

一火之元入念可申事

一高咄等不致、諸事相慎可申事

一酒、多葉粉停止之事

一朝六時ゟ暮六時迄相働可申事

一働場所之外、堅徘徊致間鋪事

右堅可相守もの也

「徒罪入牢一件」は、右に続いて

右之通ニ候得共、御普請場へ罷出候外、飯米請取ニ罷出候儀、并日々仕事積り諸事案内等ニ、川掛り其外同心之

方へ罷出候儀は有之、

と注記する。すなわち、徒人は小屋内で過ごすことが原則なのだが、構外作業のために普請場へ出掛けるほか、川掛り役所や徒人小屋懸り同心のもとに用事で出向く場合があるというのである。

着衣と頭髪など　次に「徒罪入牢一件」第十九項は、徒人の着衣や頭髪等について左の四項目の処遇法を掲載する。

一徒罪之もの外働ニ罷出候節は、布渋染筒袖之半てん、寒キ時分別物下ニ着いたし候儀勝手次第、股引之類不渡、自分持合せ着致シ候儀勝手次第、右筒袖却て働ニ不宜候故相止、幷〔ママ並〕袖ニ相成候、

但、暑気之節は渋団扇壱本ツヽ遣候事、

一夜具蚊帳ニ至迄、幷膳椀之類大鉢、居宅ゟ差出、同心之者ヱ申出、親類致持参候、宿無之ものハ蒲団壱枚、夏向ハ紙帳幷□椀板折鋪、闕所銀ゟ調遣候事、

一壱通り重中軽共、徒罪之もの髪元くゝり計、

一壱度博奕致シ徒罪ニ相成候もの、差免候後何年相立候共、又博奕致徒罪ニ相成候節は髪から剃、差免候迄坊主ニて入置、剃人髪結、

但、徒罪ニて壱度小屋入ニ相成候もの也、

構外作業時の服装は、当初は「布渋染筒袖之半てん」であったが、筒袖はかえって作業に支障をきたすのでこれを並袖に変えた。下着や股引は自分のものを着用することは自由であった。蒲団、蚊帳をはじめとして食器類は自宅から差し入れさせた。つまり、個々人の使用する日用品は自弁なのである。しかし、無宿の徒人に対しては、これを官給とした。髪型については「元くゝり計」とあるので、髷を結わずに総髪としたのであろう。しかし、博奕再犯で徒人小屋に再入したものについては、髪結い職人に剃らせて坊主頭とした。坊主頭を「から剃」と称している。から剃

をする場所は、徒人小屋の前である。(17)収容中の頭髪剃りについては、「徒罪入牢一件」第十九項が、左の記事を載せる。

文政二卯年極月十九日

一徒罪小屋入坊主之もの、月代剃候儀、月ニ四度、定日左之通相極、町廻り之もの罷越為剃候様、下役共ゟ同心へ相達ス、

朔日　七日　十五日　廿二日

但、初て剃候節計髪結ぇ申付、其後ハ同小屋入之もの有之候得は為剃候得共、坊主計小屋入ニ候得は、剃人無之故、定日之内も相減、髪結ニ為剃候、依之小屋へ剃刀幷砥石等、小屋賄之内ゟ渡置遣候、

この記事によると、髪結い職人の手を煩わせるのは収容時ばかりであり、収容中は月に四度、有髪の徒人が頭剃りを担当した。三年後の文政五年（一八二二）になって、から剃に関して新たに左の規定を設けた（「徒罪入牢一件」第十九項）。

文政五午年二月廿一日

一是迄科人空剃ニ申付候もの、後て差免候段ハ不相違振合ニ候得共、銘〻存念も有之ニ付趣意申上候て、以来たとへハ徒罪之ものニても、徒罪ハ差免候てもからそり之儀ハ、別段御免不達内ハ為剃候事、

刑期満了と同時にから剃を免除するのではなく、から剃免除は別途にこれを許可することとしたのである。(18)

薪の採取ならびに野菜畑について、「徒罪入牢一件」第十九項は次の記事を載せる。

一薪之儀、御立山或は宮木船着近キ所ぇ、枯木徒人之もの取ニ遣し候得共、船着近キ所も少く相成候付、大体日〻薪方同心之方ニて為積候上、御席へ申上、文政五午年閏正月ゟ御勘定奉行より、一日ニ入木壱人ニ付壱束

ツヽ、暑寒無差別、人数ニ合郡奉行手形を以請、

右正月十七日極

一小屋汁之実も無之ニ付、出来之後新畑之内壱畝計雑事畑付置、徒人ニ為作候事、

徒罪創設当初、伐採禁止の藩有林あるいは宮木の船着き場近辺において枯れ木を採取して薪としていたが、採取すべき枯れ木も少なくなったので、文政五年（一八二二）閏正月よりは勘定奉行から徒人一人につき一束の薪を仕入れることとした。又、野菜を栽培するために徒人小屋の建つ嶋崎新畑に「雑事畑」を設けた。耕作するのはむろん徒人であり、その野菜は汁の具に用いるのである。

病囚に対する措置　病気に罹った徒人には医者の診察と服薬を認めた。「御条目之事」はこのことを、

文化七午六月七日例

一徒人小屋入之者、病気之節入牢者同様医者ニ為見、服薬為致候事、

と記し、病囚の看護ならびに下痢をともなう伝染病の場合の対処については、

同（文化七午六月七日例—引用者註）

一壱人小屋ニ罷在、病気之節ハヽ、取〆番中間夜分も小屋ニ罷在致世話遣候事、

文化八未八月十六日

但、痢病等之様子ニ相見へ候間、服薬為致度旨懸り同心申出事、痢病等ハ外之者へも気を請候ものニ付、町宿へ下ケ遣シ、服薬ハ勝手ニ為致候事、

と記す。病囚が出た場合は取締番の中間が夜勤して看病に当たり、伝染性の病気に罹った病囚については、感染を防ぐために「町宿」に預けて治療させた。徒人の病状が重くなって、徒人小屋に収容しがたくなった場合の措置につい

ては、左のように記す。

文化七午六月十四日

一小屋入之者病気差重り、掛り之者申出、村方へ下ケ遣候節ハ、御代官へ相達シ、村役人幷親類之者駕籠持参候得は、下役幷掛り之同心、小屋へ罷越引出シ、快気次第可申出旨申達ス、引渡遣ス、

「徒罪入牢一件」第十九項は、病囚の対処法を左のように記す。

一徒罪之もの病気之節は町医師ぇ申付、同心之者差添罷越見せ候上、服薬為致候事、薬料入牢もの同断壱帖三分ツ、、

一小屋入之もの病気差重り候得は申上、其所之役人ぇ預ケ居宅へ下ケ療治為致候儀、在方ハ御代官、町方ハ下役ゟ夫ミ役人へ相達、請取ニ罷出候得は下役ゟ申達、同心之方ゟ為相渡候事、

面会と親の大病、死去の際の配慮　面会に関しては、すでに述べたように徒罪創設時、徒人小屋懸り同心にこれを認めるように指示したが、「徒罪入牢一件」第十九項にも、

一小屋入之儀は入牢とハ訳違候ニ付、在町共親類之もの用儀有之、逢度旨同心之方へ願候得は逢セ遣候様心得、下役ゟ達置、

と見え、「小屋入之儀は入牢とハ訳違候ニ付」という理由をもって面会を認める。面会の許可は後々まで変更がなかったようである。

親の大病あるいは死去の際の徒人への配慮について、「御条目之事」は左の記事を載せる。

文化八未九月十二日

一徒人之者親大病ニ付、存生之内ニ為逢遣度候間、少之内村役人へ徒人御預ヶ被下度旨村役人願出候得は、伺之

上承届、為逢候上、村役人召連罷出候得は、又ゝ小屋へ入置、尤承届遣候段懸り之者へ申達、掛り同心ヨリ村役人へ相渡シ遣ス、

文化八未九月廿四日

但、親大病之処、介抱致し候者も無之、殊之外及難儀候ニ付、為看病右徒人之者村役人へ御預ヶ被下候様願出候時、難相成儀ニハ候得共、実ゝ難渋無相違趣ニ候哉得と遂吟味、評議之上相伺、御聞届之上村役人へ預ヶ遣候事、尤少ニても快候ハ、申出候様申付下ケ遣ス、

臨終の床に伏せる親への面会、ならびに大病の親の看護のために徒人の手が必要な場合、村役人の責任において徒人を預け、自宅に戻ることを許容したのである。「徒罪入牢一件」第十九項もほぼ同趣旨の記事を載せる。左の通りである。

一小屋入之もの親大病、末期為逢遣度儀、或は病死等致し候節、居宅下ケ之儀、其所之役人、在方ハ御代官、町方ハ下役を以願出候得は申上、末期は大体一弐宿、相果候節は同両三日、急度此通と申候も無之候得共、見計ニ其所之役人ぇ預ケ申付、承届下ケ遣候、渡方之儀下役ゟ同心へ達、同心ゟ村役人ぇ相渡候事、

但、親重病、或は近親も無之、親長煩ニて無餘儀有〔ママ看〕病之儀、親・村役人ゟ願出候得は、与得承糺申上、少ゝ及快方候迄下ケ遣候儀も有之、

縁坐など　徒人に対する処遇が入牢者よりも緩やかなことはすでに見たとおりであるが、徒人の家に対する処遇もまた寛大であった。入牢者を出した家については戸〆という謹慎処分を科したが、徒人を出した家の場合は戸〆とはならなかった。「入牢トハ訳違候事故」という理由をここでも述べている。「御条目之事」は、このことを左のように記す。

文化八未閏二月廿二日例
一町方之もの入牢申付候得は、家内之もの戸〆相慎罷在候事ニ候、然ル所徒罪申付候者も右振合を以、家内挊相止メ戸〆慎罷在候得共、貧窮者等難渋之趣相聞候得は、入牢トハ訳違候事故、戸ヲ為明ケ候事、

「徒罪入牢一件」もまた同じ記事を載せるので（第十六項「町方之者入牢申付候得は家内之もの慎之事」）、この処遇法はその後も長く続いたのである。

村の経理に精通する村役人が徒罪に処された場合、村の会計処理にあたらせるために徒人を一時的に帰村させることがあった。そのことが、「徒罪入牢一件」の第十五項「村役人不届有之、役儀召放徒罪被仰付候事」に、

文化八未十月六日例
一村役人不届有之、役儀召放徒罪申付候処、村勘定之儀ニ付掛合之筋有之ニ付、村方ヱ御下ケ被為下候様役人相願候得は、申上届レ承、村役人ヱ預ケ遣候事、尤勘定相済次第早ミ召連罷出候様申付候事、

と見えている。徒人に対する処遇が比較的寛大であったことは、ここにも看てとれる。

恩赦の手続き　徒人はしばしば赦の恩典に浴した。「御条目之事」は恩赦の手続きを左のように記録している（「徒罪入牢一件」第十七項「重キ御法事有之、徒罪之もの為赦御免、其節見樹寺おゐて役人席付絵図之事」も同じ記事）。

文化八未五月十五日例
一重キ御法事有之、徒罪之者為赦御免之節ハ、小屋ゟ見樹寺下迄朝六ツ時前腰縄ニて引出置、呼出シ候節ハ縄をとき呼出シ、三奉行・御目附立会、在方ハ御代官出席ニて朝六ツ時過申渡ス、尤見樹寺も御目付之次ヘ罷出ル、此方申渡候跡ニて人別御赦之難有旨為申聞候、
但、村中五人組過役等差免候節ハ、御代官ヘ申達シ、於役所御代官ゟ相達候事、

御赦之節、町年寄・大庄屋等御目見ヘ之者共、於見樹寺拝礼仕候節ハ、麻上下之儘ニて罷出ル、定例之通り也、

恩赦を申し渡すのは見樹寺においてである。見樹寺は山号を海岸山と称す浄土宗の寺で、藩主牧野家の菩提所である。「御条目之事」は、見取図をもって恩赦申渡の席に臨む人々の配置を示しているので、左に掲げよう（「縁」の文字は、「徒罪入牢一件」第十七項によって補った）。

文化八未六月晦日之例

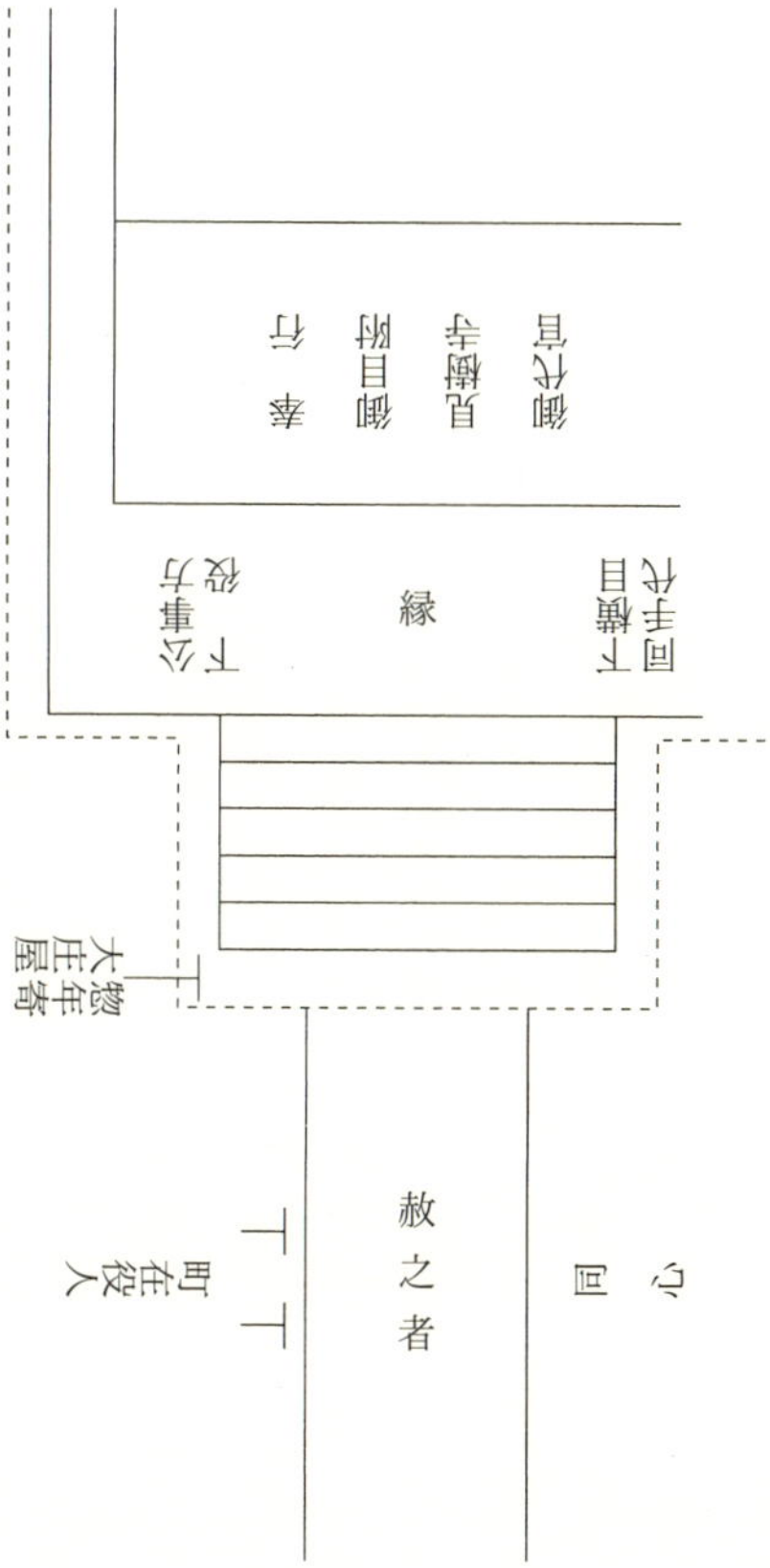

右の配置図は、文化八年（一八一一）六月晦日の事例であるが、この日、第六代藩主宣成《ふさしげ》の没後百日の法要（「松樹院様御百ヶ日」）が営まれ、そのときに「重キ御法事」の赦が出されたのである。徒人三人、領分外追放の者三人をは

じめとして総勢十七人、およびこれらに縁坐、連坐の者が恩典に浴した。(19)

六　盗犯に適用の「徒罪」と懲治等のための「徒罪」

徒罪創設の提案書が「博奕筒取等家業同前之族（中略）ハ不拘軽重、成丈徒罪申付云々」と記すように、徒罪は博奕犯罪に適用することを目的とした刑罰である。(20)各種の博奕犯罪にどのような徒罪を適用したかについては、前稿において詳述したところである。しかし、徒罪が博奕犯罪のみに限定した刑罰であったかといえば、そうではない。他の犯罪にも適用したのである。文化七年十二月二日の徒罪判決に、但書をもって左の注記が施されている。(21)

但、嶋崎徒人小屋、文化七庚午年六月七日出来ニ付、此以来博奕打幷小科之者等小屋入被　仰付候、

徒罪は第一義としては博奕犯罪に適用することであったが、その他の「小科之者等」に対してもこの刑罰を用いたのである。軽徒罪の判例を第三節に紹介したが、それは藩有林のなかに牛を繋ぎ止めたという、いたって軽微な犯罪に適用した事例である。(22)また田辺藩は、天保十五年（一八四四）六月二十九日、次の違法行為に対して軽徒罪を科すと定めた。それは人別改の際、「他国出」すなわち他領に出ていて十一日以上戻らなかった場合、および無許可で「他所稼」をしていた場合とである。(23)

徒罪は時としてこれを盗犯に適用することがある。竹屋町金物屋の長左衞門に厄介となっている熊次郎は、欠落して行方をくらまし、その最中に盗みを働いた。文化十一年（一八一四）六月の左の判決は、その罪によって熊次郎に徒罪を申し渡したものである。(24)

文化十一甲戌年六月十一日　竹屋町金物屋

長左衛門厄介

一　文化七午年十二月欠落届、尋中之者　四月四日入牢　熊次郎

其方儀、城屋村五郎作方ニ於て財布壱ッ盗取、内ニ銭十八銭・銀札壱分有之を遣ひ捨、扨又智忍院軽（ママ経）蔵ニおゐて経文壱巻・懸物七幅・硯石壱ッ幷多ば粉等可盗取所存ニて風呂敷ニ包置逃去り、其上両日も右経蔵ニ忍入罷在候始末、盗賊之仕業ニ相聞、不届ニ付、徒罪被仰付者也、

但、文化十二丙子年四月四日差免ス、

熊次郎は、入牢日からちょうど二年後に釈放となっている。未決拘禁の期間を刑期に算入するならば、その刑は重徒罪二年である。

続いて同年七月、寺内町白杉屋喜兵衛の悴与三吉もまた盗みの罪によって徒罪に処された[25]。

寺内町白杉屋
喜兵衛悴

文化十一甲戌年七月十九日

一　五月朔日入牢　与三吉

其方儀、当三月以来両所ぇ忍入、品〻盗取内、袷壱ツ・白木綿壱反・傘壱本は知音之者ぇ預置、残品〻は引土新町利八相頼、塩屋善左衛門、丹波屋嘉右衛門方ぇ質物ニ取遣ニ銀札借請落、きもの共付合入用ニ不残遣捨候始末、不届ニ付、徒罪申付ル、

但、此訳同心秋田蔵介・牛田俊蔵合宿長屋ニ関根藤三郎預ケ置候品幷居町隣家井筒屋利介方ぇ這入、衣類雑物品〻盗取、知音之者ぇ預ケ置、又は質物ニ置候者、

文化十三丙子年四月四日差免ス、

与三吉の刑期は入牢の期日から約二年ほどであるから、その刑もまた重徒罪二年であろう。
盗犯に適用した徒罪判決は、文政四年（一八二一）にも存する。それは、西神崎村元右衛門悴靏松の一件である。(26)

文政四辛巳年十月四日　　　　　　　　　　　西神崎村元右衛門悴
　　　　　　　　　　　　　　　　　　　　　入牢　　靏松

一　其方儀、去ル寅年三月以来、於村方ニ人家又は浜辺ニ繋キ有之船ヘ参り折節、人も不居合ニ付、与風悪心出、白米壱斗九升計り、銭壱貫弐百文・銀札六十匁五分、其外雑物等度々ニ盗取、都合十四度ニおよひ候始末、不届ニ付、から剃之上徒罪申付ル、
　　但、翌午四月十三日、から剃差免ス、同年八月十三日御赦、

靏松は都合十四度の盗みが罪に問われ、「から剃之上徒罪」の刑を申し渡された。判決から一年一ケ月後の文政五年八月十三日、「峯樹院様弐百五拾回御忌御法事之赦」の恩典に浴して釈放となった。(27)従って、靏松の場合も刑期は不明ながら重徒罪である。このように、盗犯に対して徒罪を科す場合があったのである。
徒罪は刑罰としてのみならず、行状悪しき者に対する懲治という目的のためにこれを適用することもあった。文化十五年（一八一八）四月九日落着の左の判決は、由良村の伊三郎に「徒人小屋へ遣置」と申し渡した一件である。

文化十五戊寅年四月九日　　　　　　　　　　由良村松下
　　　　　　　　　　　　　　　　　　　　　年十四才　伊三郎

一其方儀、御法度を背小博奕致シ、打負候銭返済之手段ニ差支候迚、度々小盗致候段、不届ニ付、急度可申付処、幼年もの之儀、別て弁なき者相聞候ニ付、格別之御慈悲を以徒人小屋へ遣置候間、難有奉存、心底相直候様可致、

但、翌卯年十一月十八日差免候、

伊三郎は十四歳の年少者である。それ故、藩当局は「幼年もの之儀、別て弁なく相聞候ニ付、格別之御慈悲」をもって徒人小屋へ収容する旨を、村庄屋および年寄を介して家の者に伝達した。(28) 右判決の表題中には「為懲之徒人小屋へ遣置候者」という文言が見え、判決文は「心底相直候様可致」と結んでいる。判決はまた、「徒罪」といわず「徒人小屋へ遣置」と記している。この判決は小博奕、小盗に対する徒罪としてではなく、幼年者に対する懲治として徒人小屋収容を申し渡したものと言えよう。(29)

文政四年（一八二一）七月二十三日落着の左の一件は、吉坂村の百姓惣左衛門に「懲しめ之ため徒罪」を申し渡した判決である。惣左衛門は耕作を親類任せにする怠け者であり、これを懲治するために徒罪を科した事例である。(30)

文政四辛巳年七月廿三日　　吉坂村百姓

惣左衛門

一作方之儀は、身分年之届候程可致耕作筈之処、人数之多少強弱之儀も無弁、年々不作いたし、親類共之任助力ニ不働いたし候段、不埒ニ付、懲しめ之ため徒罪申付候、

文政五壬午年十二月廿日

一　　右同人

其方儀、家業不精之趣相聞候付、為懲徒罪申付置候処、此度諸親類村方一同御憐愍之儀相願候ニ付、徒罪御免被成、然共存寄も有之ニ付、居村之外徘徊差留置、以後心底を相改、村役人親類之申旨ニ随ひ家業出精可致、

惣左衛門は、特段の罪を犯したのではなく、勤労意欲を著しく欠いているだけなのである。その性根を立て直すべく、徒罪処分としたのである。したがって、この徒罪処分は親類村方一同の申請によったと考えられる。一年五ヶ月

間の徒人小屋収容の後、親類村方一同の歎願によって釈放された。その際、居村外への徘徊禁止を命じられるとともに、「以後心底を相改」めて家業に励むことを申し渡された。このように、懲戒を加えて前非を悔い改めさせるという役割を徒人小屋に負わせることがあったのである。

徒人小屋はまた、懲戒をもっぱらの目的として利用されることがあった。文化八年三月、八田村仙右衛門の親類五人（甥三人、従弟二人）および五人組の者三人は、日常は勿論、仙右衛門宅に葬儀があろうとも彼との交際をすべて拒絶したために、「徒人小屋入」の処分を受けた。親類五人は日数四日、五人組の三人は八日で免じられたが、放免の際に彼らを「役人共猶又親類、睦敷可為致」と誡めている。[31] このように、不心得者を誡めるために徒人小屋に収容する場合が存したようである。

盗犯に徒罪を科した事例中、竹屋町熊次郎一件ならびに寺内町与三吉一件とについては、「公事出入吟味物進達留」[32] 壱に一件書類の控えが遺されており、そこに記された判決案と判決文とに注目する必要がある。すなわち熊次郎（年齢未詳）については判決案、判決文ともに「敲可申付処、手離候ては追々悪事増長可致趣ニ付、徒罪」というものである。[33] 一方、与三吉（十八歳）の判決案は、

敲相当之者ニ可有御座哉ニ奉存候得共、手放シ候てハ心底相改候程無覚束ニ付、徒罪被仰付置、聢と相改候て御免御座候様仕度候、

というものである。判決はこれに基づいて、「敲可申付処、手放候ては心底相改候程無覚束候ニ付、徒罪」となった。[34] 熊次郎および与三吉に適用すべき本来の刑罰は敲なのである。敲という刑罰は、執行後ただちに釈放となる。しかし熊次郎や与三吉の様子から判断するに、ただちに自由の身としたのでは、盗みをはじめとする悪事を重ねるのが目に見えている。そのため、敲の換刑として徒罪を適用したのである。[35] 徒罪に換える理由は、――右の判決案に「徒罪被

仰付置、聢と相改候て御免御座候様仕度候」と見えているように――服役中に人間性が改まることを期待するからである。

文政四年の西神崎村靏松一件については、「公事出入吟味物進達扣」三に一件書類の控えが存する。それによると、靏松は二十歳であり、彼を徒罪に処する理由について、この一件を担当した堀豪介・宇慶恭介は「御仕置附」に「敲相当と可相伺之処、手放候ては心底相改候程も無覚束奉存候ニ付」と記している[36]。敲に換えて徒罪を適用する理由は、熊次郎や与三吉の場合に同じである。注目すべきは、堀、宇慶が「御仕置附」の別紙に述べる次の記事である。

御家ニ軽キ盗いたし候もの徒罪被　仰付候儀御座候付、其例ニ見合可相伺処、徒罪は博奕又は身持不埒之ものニ被仰付候得は、軽ク候共、盗賊之義、徒罪と被　仰付候ては難相当哉ニも評議仕候ニ付、別紙之通相伺候、

この記事によると、徒罪は博奕犯罪と「身持不埒之もの」に適用するために設けた刑罰であった。つまり、前掲の由良村伊三郎および吉坂村百姓惣左衛門の一件は、まさに「身持不埒之もの」に適用した事例である。しかしながら、敲に該当する者であっても「手放候ては心底相改候程も無覚束」き場合、これに徒罪を適用し、刑期中に人間性を立て直そうと試みたのである。それ故、改善の見込みの大きい若年者（与三吉十八歳、靏松二十歳、熊次郎は未詳）に適用しているのである[37]。

七　「徒罪」の目的と幕府「人足寄場」

右に見たように、盗犯に適用する徒罪にしても、また「身持不埒之もの」に用いた徒人小屋入にしても、収容者の人間性を改善することを目指した刑罰であり懲治であった。博奕犯罪に適用する徒罪も、やはり前非を悔い改めさせ

て、再びもとの社会に戻すことを目指した刑罰であった。それだからこそ、徒罪の労役に賃金を支給してこれを蓄えさせたのである。

恩赦の適用によって徒罪を免ずる際、生計が成り立たないほどの困窮はなはだしい者に、当座の生活資金を給して釈放する場合がある。南山村の浅右衛門以下十三人は文化九年三月十九日、「松樹院様」すなわち第六代藩主宣成一周忌の赦に際し、その恩典に浴して釈放された。[38] 彼らは、いずれも博奕犯罪による徒罪囚である。釈放に際して、十三人中五人に二十匁から八十匁の銀札を支給した。「刑罪筋日記抜書」は、このことを「右之者、甚難渋人ニて村方へ帰り候ても難渋之趣相聞へ候ニ付、徒罪働を致差引、過札之内つまミニ右之通被下候」と記している。

また、文化十二年四月十日、「究竟様御法事」の赦においては、堂奥村の惣次郎をはじめとする徒罪囚五人が免じられ、その内の二人に生活資金を支給した。[39] 支給額とその理由について、「刑罪筋日記抜書」は「堂奥村惣次郎へ百匁、同村与兵衛へ七拾匁、右甚難渋ニて村方へ帰り候ても難渋之趣相聞候ニ付、徒罪働を致差引、過札之内つまミニ被下候」と記す。支給額は、徒役の稼ぎや困窮度を考慮して決定したのだろうか。ともかくも、貧窮者が困らないようにと、当座の生活費を給与したのである。その経費は、「過札之内」すなわち過料銭として徴収した銀札のなかから支出した。前掲した徒罪提案書は、「農業之手段無之者共へハ、少分之田畑求之候価下ケ遣候ハ、為ニも可相成哉」と述べて、釈放後の生活保障を提言している。二十匁から百匁という支給額は、「少分之田畑求之候価」にはほど遠い。あくまで「つまミ」に支給する額なのである。徒罪判決に注記された釈放記事を通覧するかぎり、釈放時に「少分之田畑求之候価」を給与したという注記を見出すことはできない。ともあれ、釈放後の生活についての配慮がなされたのである。

ところで、文政元年（一八一八）二月中、倉谷村町分の百姓伊平次の悴石松（十八歳）は、博奕の罪で徒罪の判決を受け、その服役間もない三月十日、徒人小屋の塀を乗り越えて逃走した。その足で自宅に帰ったが母親の説諭をうけ、ひそかに徒人小屋に戻った。しかしこの件は発覚し、石松は罪一等を加重して重徒罪三年に処された。この事件を裁いた吉田藤九郎・庄門堅蔵・高田織衛の三人（おそらく郡奉行）は、石松の刑罰について「此石松儀、博奕いたし候依科徒罪御仕置ニ成候処、働愁気難儀ニ候迚、囲を抜出候始末、不届ニ付、重徒罪可申付候哉」という伺を提出すると共に、左の「御仕置附」を添えてこの判決案を導いた根拠を説明した。

御仕置附之儀

倉谷村町分
百姓伊平次悴
石　松

右寄せ場被遣候もの、寄場逃去候ハヽ、元之通寄場ぇ被遣、品ニより敲之上最前之通、且悪事有之候得は死罪ニも相成、逃去候義度〻ニ及ひ候得は佐州ぇ水替人足ニ可被遣哉之趣ニは候得共、差当例は難相知候、牢抜出候もの本罪ニ相当より一等重可申付御定ニ見合、徒人小屋之義は番人等も無之、御手薄之場所ニて牢屋とは品違ひ、別紙御条目ニ見合、
御仁恵を以被立置候ハ同様ニ付、寄場ニ准シ御仕置可申付哉ニ候得とも、御当地徒人之義は当罪之百姓被遣候間、無罪無宿之取計ニてハ有之間敷、殊ニ再犯之趣意も御座候間、徒罪之内ニて一等重く重き徒罪と御仕置附仕候、

この伺が承認され、石松は中徒罪より一等重い重徒罪三年の判決に決した。[40] 右の「御仕置附」は、田辺藩の徒罪を考察する上に重要な内容を含んでいる。すなわち、田辺藩の実務家が幕府の「公事方御定書」や人足寄場について、十分な認識を持っていたということを窺わせる内容なのである。「御仕置附」に「牢抜出候もの本罪ニ相当より一等

重可申付御定」とみえるが、ここに言う「御定」とは、幕府の「公事方御定書」のことであり、「牢抜出候もの本罪ニ相当より一等重可申付」という文言は、同書下巻の法文である（第八十五条牢抜手鎖外シ御構之地ぇ立帰候もの御仕置之事の第一項）。又、「御仕置附」に「別紙御条目ニ見合」と見える別紙の文言は左の通りである。

寄場御条目写

其方共儀、無宿之ものニ付、佐州ぇ可差遣処、此度厚
御仁恵を以寄場人足ニいたし、銘〻仕覚有之手業を申付、旧来之志を相改、実意ニ立帰り、職業出精いたし元手ニも有付候様可致候、身元見届候得は年月之多少ニ無構、右場所を差免、百姓素人《（性）》之ものは相応之地所被下置、江戸表出生之ものは出生之場所へ店を為待《（持）》、家業可為致候、尤従
公儀も職業道具被下置候歟、又ハ其始末ニ而相応之御手当可有之候、若又
御仁恵之旨をも不弁、申付ニ背キ職業不精ニいたし候歟、或ハ悪事等有之ニおゐては重キ御仕置可申付者也、
一此度人足ニ申付候上は、銘〻職業出精いたし、渡世相続可致躰ニ相成候ものハ、寄場差免し、家業可相成程之手当差遣、身寄之ものぇ引渡、身寄無之ものハ出生之所名主或は地役人ぇ引渡、家業相続為致候事、

この「寄場御条目」とは、幕府の「寄場人足共へ申渡条目」のことであり、おそらく文化二年（一八〇五）六月制定のものであろう[41]。また、「御仕置附」の冒頭に「寄せ場被遣候もの、寄場逃去候ハ、元之通寄場ぇ被遣、品ニより敲之上最前之通、且悪事有之候得は死罪ニも相成、逃去候義度〻ニ及ひ候得は佐州ぇ水替人足ニ可被遣哉」と見えるが、これも幕府の「人足寄場御仕置書」などに基づく文言である[42]。つまり、石松の刑罰を導き出すために、幕府の「公事方御定書」「寄場人足共へ申渡条目」「人足寄場御仕置書」などを参照したのである[43]。

すでに述べたように、田辺藩の徒罪制度は収容者の改善を促して社会復帰を目指した施策である。この考え方は幕

府の人足寄場制度と軌を一にする。前掲の「御仕置附」が「御仁恵を以被立置候ハ同様ニ付」と述べるのは、このことを語っている。したがって、収容者の処遇法にも共通する点が存する。強制労働に賃金を支給する作業有償制の採用は、もっとも顕著な共通点である。このような状況から推察するに、田辺藩は徒罪制度を運用するにあたって幕府人足寄場の制度を参考としたばかりでなく、徒罪制度を創設するに際しても幕府人足寄場になにがしかの示唆を受けたと考えられる。

徒罪制度を採用した第七代藩主牧野以成は、江戸において心学を大島有隣に就いて修行し、藩内においては心学者薩埵徳軒を京都から招いて領内町村を巡講させた。その結果、文化元年（一八〇四）には城下の寺内町に求心舎、文化十一年には同じく大内町に立敬舎が創立されて、心学が隆盛となったという(44)。

幕府人足寄場では人足共の教化改善にこの心学を採用し、月三度の休業日には心学者を招いて道話を聴かせた。藩主以成が師と仰いだ大島有隣《おおしまうりん》（一七五五〜一八三六）は、中沢道二、脇坂義堂に続く三人目の心学者として人足寄場に出講した。有隣は文政二年（一八一九）九月一日、人足寄場の教諭方に任命され、以後十七年間にわたって人足の教諭に尽くした(45)。徒人教諭のため、田辺藩が心学を採用したかどうかは未詳である。しかし、田辺藩において心学が人々の教化に有用であると見られていたのは確かである。今後、徒罪制度を考察するにあたっては、心学との関係に注意を払う必要があろう。

むすび

田辺藩の徒罪制度が嘉永四年（一八五一）まで存続したことは、「徒罪入牢一件」の記事によって判明する。それは、「徒罪入牢一件」収載の徒罪記事が嘉永四年を下限としており、第二十二項の「御厄年ニ付徒罪之もの御赦之事」と題する記事を収録するからである。この記事は、嘉永四年、田辺藩が藩主の厄年に当たって御赦を発令し、徒罪および押込の者二十八人の刑期を半減したことを記す。恩典に浴した二十八人は、同年四月十七日、博奕の罪によって徒罪および押込の判決を受けた者たちである(46)。

田辺藩の徒罪制度は、その後明治時代を迎えてもなお存続し、新政府初の全国統一刑法典である「新律綱領」の徒刑にとって替わられるまで実施されていたらしい。このことは、綾部市資料館蔵の田辺藩裁判資料によって判明する。田辺藩裁判資料の件名目録を検索すると(47)、「御代官吟味同心吟味等咎申渡留」四（文久二壬戌当春ゟ）という冊子に「徒罪佐右衛門病死之事」という一件が存し、また「監獄捕亡方吟味咎申渡留」（従明治三庚午年、訴事寮）には、「佐波賀村与右衛門内久三郎放埒ニ付徒人小屋入申付候事」、「行永村久五郎悴久八徒罪申付候事」、「下東村又助身持放埒ニ付徒人小屋入申付候事」、「与保呂上村辰右衛門後家そま身持不宜候ニ付徒罪小屋入申付候事」という四件の徒罪案件が収録されている。この四件は明治三年（一八七〇）以降の事案であるから、徒罪はこの時期まで実施されていたのである。つまり、田辺藩の徒罪制度は、文化七年（一八一〇）創設以来、明治三年までの六十年間にわたって存続したということである(48)。

収容者を社会復帰させるという徒罪制度の趣旨がどの程度に功を奏したか、これを検証することははなはだ難しい。すでに見たように、寺内町白杉屋喜兵衛の悴与三吉の場合、十八歳で徒罪に処され、釈放後も悪事を重ねてついに死罪となった。このような事態の発生することもあったけれども、効果が上がらないことを理由をとして徒罪制度を廃することはしなかったようである。廃止こそしなかったが、嘉永安政の頃、徒人に対する処遇はかなり弛緩していたらしい。博奕犯罪者を収容する徒人小屋のなかで、こともあろうにその徒人が集団で博奕をしているのである。田辺藩裁判資料の件名目録によると、「公事出入吟味物進達控」（嘉永三戌年十月以来）に嘉永四年（一八五一）六月二十九日落着の「徒人宗太郎外拾弐人之者小屋内ニて博奕打候一件」、「公事出入吟味物進達留」（安政二乙卯年八月以来同四巳年二月迄）に安政二年（一八五五）十一月落着の「徒人弥三吉外四人小屋ニて致博奕候一件」を見出すことができる。[49]

ところで、丹波国の隣藩福知山藩は、朽木氏が三万二千石を支配する譜代小藩である。同藩では文化九年（一八一二）以前、博奕犯罪に適用する刑罰として「夫役」を採用した。夫役に処した者を「夫役部屋」と称する施設に収容し、所定の期間を強制労働に従事させた。夫役は博奕犯罪に適用する場合が断然多いものの、様々な軽犯罪にもこれを適用することがある。また、強制労働に賃金を支払う作業有償制を備え、教化改善主義も若干ながら垣間見られるという。博奕犯が女性の場合は夫役の適用を回避する傾向もあったらしいという。[50] 已上に述べた夫役の内容は、田辺藩の徒罪に類似する。一方、「三拾杖たゝきの上ニて夫役」というように、福知山藩の夫役には笞打ちの刑を併科する二重仕置の科刑法が見られ、この点は田辺藩徒罪と相違する。福知山藩の夫役は田辺藩の徒罪を参考として創設した刑罰なのか、あるいはその逆で、田辺藩の徒罪が福知山藩の夫役を参考としたものなのか、あるいはまた両者の間には何らの関係も無いのか、今後、解明すべき課題である。

丹後国の隣藩宮津藩は、本庄松平氏が七万石を領有した。宮津藩は、文化十四年（一八一七）、博奕犯罪ならびに軽犯罪に適用するために「溜入」という刑を創設した。田辺藩の徒罪に遅れること七年である。溜入は「溜小屋」と称する施設に拘禁して所定の期間を強制労働させる刑罰である。刑期は百日・二百日・三百日・四百日・五百日・六百日の六等級が存し、この労役を通じて「勤労意欲を身につけさせて教化・改善し、社会復帰をめざすものであった」という。女性の博奕犯罪には溜入を適用せず、過料や追込を科した。博奕犯罪の連坐として、五人組、村役人に科す刑は過料である。[51] 溜入に関する以上の事柄は、——刑期については差異が存するものの——田辺藩の徒罪にほぼ共通している。宮津藩の溜入は、はたして田辺藩の徒罪を参考としたのであろうか。この点も今後の課題として残る。

註

（1）高塩博「丹後国田辺藩の博奕規定と「徒罪」」『國學院法學』四九巻二号、平成二十三年（本書第三章）。

（2）高柳真三・石井良助編『御触書寛保集成』四十三御仕置者之儀ニ付被仰渡、二五〇九（昭和九年、岩波書店）。この法令は、「公事方御定書」にも採録されている（上巻第五十二条）。

（3）徒人小屋の増築について、「徒罪入牢一件」第十九項は「文政十二丑年六月四日、小屋狭候付、長六間ニ壱間、瓦葺庇西之方ニ付、大工・瓦屋、其外働之もの徒人」と記す。

（4）田辺藩は、牢屋の看守役である牢番中間を農民から雇用している。「刑罪筋日記抜書」掟背第四冊の第二十九「牢番相勤罷在、入牢者抜出候を不存罷在候者共」という判例によると、文政二年（一八一九）正月二十九日、牢番中間を勤める田中村源蔵と小倉村伊三郎の二人は、入牢者の脱走に気づかなかったために「村下ヶ之上、他所出留置」という処分を受けている。徒人小屋の中間についてもまた農民からこれに雇用したと推測される。

（5）「刑罪筋日記抜書」掟背第三冊の第四十二「御林ニ牛繋置又ハ下草刈取候者共」。

（6）「刑罪筋日記抜書」御赦第二冊の第七十八「所〻ニて致盗賊、可処死刑ニ之者」。

（7）海老屋孫兵衛以外にも「からそり之上永徒罪」が適用された者があった。それは、文化十一年九月六日、平野屋町大黒屋の喜兵衛こと又兵衛が松樹院三回忌法事の赦の恩典に浴し、「死罪」を減じられて「からそり之上永徒罪」となった事例である（「刑罪筋日記抜書」御赦第二冊の第八十四「馴合盗賊いたし死罪可申付之者」）。

（8）孫兵衛が右の喜兵衛とともに二度目の恩赦に遭った記事は、左の通りである（「刑罪筋日記抜書」御赦第二冊の第八十八「在所夫〻御仕置被仰付置候者、并勘当除名之者とも」）。

此孫兵衛義、文政三辰十月十四日、小屋を抜出致出奔行衛不相知、

永徒罪　孫兵衛
　　　　喜兵衛

其方共、先年不届之儀有之、から剃之上永徒罪被　仰付置候処、去冬於江戸表
竹千代君様御誕生御祝儀之赦ニ、から剃永徒罪御免、重徒罪被仰付者也、

(9) 博奕犯罪に適用した追放刑は、「刑罪筋日記抜書」博奕の冊に一例のみが見られ、その判例は前稿に掲出しておいた〔前掲誌五一～五二頁、〔本書第三章一四七～一四八頁〕〕。盗犯には追放刑を少なからず適用しており、「刑罪筋日記抜書」盗賊の冊にその判例を見出すことができる。

(10) 高柳真三・石井良助編『御触書寛保集成』四十三御仕置者之儀ニ付被仰渡、二五〇九。

(11) 高塩博「丹後国田辺藩の博奕規定と「徒罪」」前掲誌一〇～一二頁〔本書第三章一〇五～一〇七頁〕。

(12) 「徒罪入牢一件」の記事は、冒頭に「文化七年六月」とあって日にちを記さない。しかし、その日付は同年六月七日である。なぜなら、徒人小屋への鍋釜などの諸道具を納入する記事が「御条目之事」にも存し、ここに六月七日と明記されているからである。

(13) 「御条目之事」は諸道具の搬入につき、

同じ（文化七年六月七日―引用者註）
一右徒人小屋へ是迄永牢屋ニ有之諸道具差遣ス、
但、ねこだ、古莚等も御代官へ申達敷遣ス、

と前置きして、諸道具の品目を列挙する。

(14) 「御条目之事」は上賄いについて、

文化八未七月廿七日ゟ
一小屋入之上、上賄相願候得ハ、一日　合之積米ニて受取、小屋ニてたきわたし候事、

と記し、米の量については明記していない。

(15) 上漆原村の仁兵衛が取り調べ中、徒人小屋に拘禁された事案は、「刑罪筋日記抜書」博奕の第二十「博奕之儀ニ付吟味ニ相成候者とも」に左のように見える。

文化八辛巳年二月廿日
一上漆原村喜助ト申者、博奕集会之宿致候趣相聞候付、令吟味候処、私儀、壱度於宮ニ村若キ者共相集縄引仕候外覚無御座、
尤酒豆腐等商ひ家業仕候間、毎夕若キ者抔酒給ニ罷越、折〻寝時過迄も罷在候儀は御座候得共、博奕之儀ハ不仕候趣申之、

然共、其方宅ニ博奕道具等致所持候得は申分難相立、具ニ可申聞旨相尋候処、成程私方ニ前〻ゟさひ壱ツ御座候得共、私儀ハ相用ひ候儀無御座候趣申ニ付、吟味中入牢申付候、

一同村仁兵衛、博奕いたし候趣ニ付令吟味候処、若キ時分ハ折〻仕候得共、近年は不仕旨申ニ付、吟味中徒人小屋へ差遣ス、

取調べの際、上漆原村喜助は牢屋に拘禁し、一方の同村仁兵衛については徒人小屋に拘禁したのである。

(16) 夏間村久兵衛の母きのが博奕宿の罪を犯して、押込の判決を受けた判例は、

文政元戊寅年六月廿七日

右同人(夏間村久兵衛)母　きの

(中　略)

其方儀、五ヶ年以前悴久兵衛渡世ニ罷出候留守之砌、人集メいたし度〻縄引博奕為致候段、不埒ニ付、押込申付ル、

但、七月廿八日、押込差免ス、

というものである(「刑罪筋日記抜書」博奕の第四十四「当人并ニ罷出候留守中、縄引博奕為致候者」)。

(17) から剃の場所とその担当者について、前掲したように、「徒罪入牢一件」第十九項に「一徒罪申付候ものハ、凡て腰縄ニて小屋へ同心召連、尤空剃之ものハ、於小屋前町方髪結ニ為剃候事」という記事が存する。

(18) 徒罪の釈放とから剃の免除とを別の扱いとしたのは、「科ニゟから剃計申付候儀も有之候間、から剃と計一罪無之ては不相当故」という理由からである(「徒罪入牢一件」第十七項「重キ御法事有之、徒罪之もの為赦御免、其節見樹寺おゐて役人席付絵図之事」)。

(19) 「刑罪筋日記抜書」御赦第二冊の第六十三「村方相手取訴状差出候内不届有之、入牢之者とも」～第七十三「難渋ニ逼り致欠落候者」。

(20) 高塩博「丹後国田辺藩の博奕規定と「徒罪」」前掲誌(本書第三章)。

(21) 「刑罪筋日記抜書」博奕の第十九「博奕会合宿并同類之者とも」。

(22) 法令に違反して発砲した罪に対して、中徒罪を適用した事例が存する。それは、「刑罪筋日記抜書」掟背第四冊中の左の判例である(第四十八「鉄炮持扱玉抜等いたし候者」)。

文政五壬午年二月廿二日

桑飼上村与助悴

一　　　　　　　　　　　　　　　　　　　　手鎖町宿預ケ　又四郎
鉄炮之儀は堅御制禁ニて御免筒たり共厳御定有之処、少〻之口銭可有之迚猥ニ取扱、殊ニ山岸ェ向け玉抜いたし候段、不届ニ付、徒罪申付、
但、同年五月十四日差免ス、
又四郎は、判決日から三ヶ月弱の日数で釈放となっている。「手鎖町宿預ケ」の日数も刑期に算入したとすれば、又四郎の徒罪は中徒罪四ヶ月であろう。

(23)「徒罪入牢一件」の第二十項「村〻人別改之節、他国出いたし候もの御咎之事」は、軽徒罪を科す違法行為を左のように定める。
天保十五辰年六月廿九日
村々人別改之節、他国出いたし不罷出もの幷村役人共咎之儀、評議之上左之通相伺候処、伺之通相済御代官ェ書付相渡置、以来之儀は御代官ニて取調咎可被申付様相達ス、
一人別改之節、村役人ェ不相届、他国出いたし候もの、十日之内ニ引戻申付候事、
但、十日之内罷帰候ハヽ、急度叱り、
一十一日ゟハ定之通軽徒罪、
（中　略）
一不相願他所稼ニ出候ものハ、早〻引戻申付、軽徒罪申付、
一欠落いたし候もの、三十日限尋申付候事、

(24)「刑罪筋日記抜書」盗賊の第六十「致欠落尋中ニて致小盗候者」。
(25)「刑罪筋日記抜書」盗賊の第六十一「〆り無之所へ忍入致盗候者幷携候者とも」。
(26)「刑罪筋日記抜書」盗賊の第六十六「繋有之船抔へ這入度〻致盗候者」。
(27)「刑罪筋日記抜書」御赦第二冊の第百七「所〻ニて致小盗から剃徒罪之者」。
(28)「刑罪筋日記抜書」博奕の第四十三「子供ニて致小博奕、其上致小盗付、為懲之徒人小屋へ遣シ置候者」。
(29)幕府法においても刑罰適用上、十五歳以下を幼年者として特別扱いとする。この点については、高柳真三「江戸時代の幼年者の刑事責任」（『江戸時代の罪と刑罰抄説』昭和六十三年、有斐閣）、石井良助「わが古法における少年保護」（『日本刑事法史』法制

史論集第十巻、昭和六十一年、創文社）等参照。

(30) 「刑罪筋日記抜書」雑記第四冊の第五十六「作方之儀親類之任助力不働候者」。

(31) 「刑罪筋日記抜書」雑記第三冊の第五十三「村方ゟ相背候者之親類、村方同様不為立入幷五人組之者とも」。

(32) 「公事出入吟味物進達留」壱（綾部市資料館所蔵）。綾部市資料館は、田辺藩の郡奉行所の裁判関係資料を所蔵する。それは、訴状及判決書簿冊二〇五冊をはじめとして厖大な量に達する。「公事出入吟味物進達留」は、その中の資料である。綾部市資料館所蔵資料については、科学研究費補助金研究成果報告書『丹後田辺藩裁判資料の研究—英・独の裁判制度との比較を通じて—』（研究代表者井ヶ田良治、平成五年）参照。

(33) 「公事出入吟味物進達留」壱の「竹屋町金物屋長左衞門厄介熊次郎盗賊一件吟味伺書」（吉田藤九郎、庄門竪蔵、高田織衛懸）。

(34) 「公事出入吟味物進達留」壱の「寺内町白杉屋喜兵衛悴与惣《ママ》吉盗賊一件吟味伺書」（吉田藤九郎、庄門竪蔵、高田織衛懸）。

(35) 盗犯に科す刑罰は、「敲」や「敲之上御領分払」などである。「刑罪筋日記抜書」盗賊に見える「敲」の初見は、文化八年（一八一一）七月三日の判決であり（第五十八「所ゝニて盗いたし候無宿之者とも」）、「重キ敲」の初見は文化四年（一八〇七）四月四日の判決である（第五十五「町方ニて衣類盗取候在方之者」）。

(36) 「公事出入吟味物進達留」三の「西神崎村元右衛門悴竈松盗賊一件吟味伺書」（堀豪介、宇慶恭介懸）。

(37) しかしながら、与三吉の場合は改善の期待もむなしく、またしても盗みを働き、釈放から一年もたたない文化十四年三月二十五日、今度は「敲之上重キ追放」という判決を受けた（「刑罪筋日記抜書」盗賊の第六十三「御船小屋ニて大工道具盗取、其外ニても米盗取候者幷引合之者とも」）。この判決は「与三吉」のことを「与三之助」と表記する。与三之助は追放に処された後も行状改まらず、五年後の文政五年二月十一日、ついに死罪の判決を受けるに至る。すなわち、彼は立ち帰って詐欺を働いて逮捕され、牢破りまでしてしまうのである（「刑罪筋日記抜書」盗賊の第七十「御構之地へ立入致悪事、入牢申付置候処牢屋之ひごを切、合牢之者申合衣類等為盗取、其上抜出候者」）。

(38) 「刑罪筋日記抜書」御赦第二冊の第七十四「博奕之科ニ仍て徒罪之者とも」。

(39) 「刑罪筋日記抜書」御赦第二冊の第八十九「致博奕田畑取上、から剃徒罪其外同類之者とも」。

(40) 「公事出入吟味物進達控」弐の「倉谷村町分石松徒罪中小屋抜出候ニ付一件吟味伺書」（吉田藤九郎、庄門竪蔵、高田織衛懸）。

(41) 文化二年六月の「寄場人足共申渡条目」は、『徳川禁令考』後集第一、六一頁（司法省蔵版・法制史学会編、石井良助校訂、昭和三十四年、創文社）参照。

(42)「御仕置附」は、その文言に「且悪事有之候得は死罪ニも相成」と見えているから、「寄場逃去致盗候もの、死罪」という規定の存する寛政九年閏七月七日制定の「人足寄場御仕置書」（『徳川禁令考』後集第一、六四〜六五頁）に依拠したとおもわれる。

(43) 鬮松一件の「御仕置附」もまた擬律にあたって、幕府「公事方御定書」を引用する。「御仕置附」は左の通りである（「公事出入吟味物進達扣」三）。

御仕置附之儀　　西神崎村
元右衛門悴
鬮　松

右は御定書ニ軽キ盗いたし候者敲と有之、是ハ人不居合故、手元之品又は居合候もの所持之品等、盗能品ニて高ニも無之、至て軽キ盗いたし、盗之趣意軽キものハ五十敲と有之候処、此御定書之ヶ条ニて、御書物之類例ニ引合候得は、見世前或は揚り端又は家外ニ掛有之品等ニて、都て手之届能品盗取候例ニ相見申候、此者儀は、軽キ品なから家之内入、又は入物ニ有之品を盗取候義ニ候得は、御定書手元ニ有之品を与風盗取候類ニも相当り可申候得共、右盗方ニ差別有之儀聢とも難見定、其上盗之品も軽ク御座候付、敲相当と可相伺之処、手放候ては心底相改候程も無覚束奉存候ニ付、別紙附札之通御仕置附仕候、（傍点引用者）

右に引用する「公事方御定書」は、第五十六条盗人御仕置之事の第十一項ならびに第十六項である。田辺藩は、自前の刑法典を持たず、幕府の「公事方御定書」ならびに「御書物之類例」すなわち自藩の判例等を参照しつつ、擬律を行っていたようである。

井ヶ田良治氏は、田辺藩が判決の「典拠法として「御定書」を参照」することを指摘され（「丹後田辺牧野領の刑事吟味」藩法研究会編『大名権力の法と裁判』二〇七頁、平成十九年、創文社）、また「各藩などに流布されていた御定書が念入りに参照されていた姿を知ることができる」とも述べられる（「近世譜代大名領の裁許記録と進達書類の作成―丹後田辺牧野家領の公事出入を例として―」『同志社法学』五八巻一号二七頁、平成十八年）。井ヶ田氏はまた、田辺藩郡奉行所の裁許の特色を評して「服藤氏のいう幕府追随型であったといえる」とも述べておられる（「近世譜代大名領の裁許記録と進達書類の作成」前掲誌五頁）。

(44)『舞鶴市史』通史編（上）七二四頁（舞鶴市史編さん委員会編、平成五年、舞鶴市刊）。

(45) 石川謙『心学教化の本質並発達』一二八頁（昭和六年、章華社）、同『石門心学史の研究』一一六八〜一一七〇頁（昭和十三年、岩波書店）。

(46)「徒罪入牢一件」の第二十二項「御厄年ニ付徒罪之もの御赦之事」は、左のような記事である。

嘉永四辛亥年五月評議之上御席へ相伺候処、伺之通御下知有之候事、

御厄年之砌ニ付、

徒罪之もの共御弛之儀評議仕申上候書付、

田中求馬

円城寺市右衛門

御厄年ニ付、罪科之もの共御赦被　仰付候例ハ無御坐候得共、明和六丑年
御先代様御厄年之節、京田村之もの共切畠致候付、押込申付候処、在町八十八以上之老人共ぇ
御祝儀被下候儀ニ付、右押込御免被　仰付候趣記録ニ相見候、然ニ酉年以来博奕いたし、去月十七日徒罪申付幷押込申候もの都
合弐拾八人、夫〻定法に申付候者ニ御座候、然ル処、御赦之廉ニは無御座候得共、此度
御厄年ニ付、在町老人共ぇ御祝儀も被下候砌ニ御座候間、前書御免之例ニ見合、徒罪押込ニ申付候弐拾八人之者、見込之日(月)数幷
日数半高ニ相弛メ、此度
御上御厄年御祝儀之砌ニ付、格別之以
御仁恤、右積之日数相立候もの共、御免被仰付候段申渡、三十日ニ不満候日数残候者共は軽徒罪申付、其外日数相立候砌ニ前
書之趣を以、御免申渡候様仕度、此段奉伺候、以上、

亥五月

(47) 科学研究費補助金研究成果報告書『丹後田辺藩裁判資料の研究—英・独の裁判制度との比較を通じて—』五一頁(研究代表者井ヶ田良治、平成五年)。

(48) 四件の徒罪関係記事のうち、「佐波賀村与右衛門内久三郎放埒ニ付徒人小屋入申付候事」、「下東村又助身持放埒ニ付徒人小屋入申付候事」、「与保呂上村辰右衛門後家そま身持不宜候ニ付徒罪小屋入申付候事」の三件は、懲治を目的とする徒人小屋収容であろう。また、この時期は懲治の場合には女性をも徒人小屋に収容したことが知られる。なお、「監獄捕亡方吟味咎申渡留」は、そまの徒人小屋入に続いて「今田村久兵衛悴常蔵右道(ママ同)断之事」「魚屋町桶屋ぬい弟栄三郎右道(ママ同)断之事」という案件を著録する。これらも徒人小屋入の案件かもしれない。原史料を確認する必要がある。

(49)『丹後田辺藩裁判資料の研究―英・独の裁判制度との比較を通じて―』四四、四七頁。
(50) 神崎直美「丹波国福知山藩の労役刑「夫役」について」『地域文化研究』七号、平成十六年。
(51) 神崎直美「丹後国宮津藩の溜入について」『慶應義塾大学日吉紀要』人文科学一七号、平成十四年。

附記1　前稿「丹後国田辺藩の博奕規定と「徒罪」」(『國學院法學』四九巻二号、平成二十三年〔本書第三章〕)を公表した後、谷口家資料(京都府立総合資料館寄託)ならびに田辺藩裁判資料(綾部市資料館蔵)の伝来経緯について、舞鶴市在住の郷土史家加藤晃氏のご教示に接したので、以下に記しておく。

谷口家資料ならびに田辺藩裁判資料は、ともに加佐郡の郡奉行役所がその職掌柄備えた簿冊類で、それらが什器、道具類とともに藩主家牧野氏の控邸である審致舎(舞鶴市北田辺)に搬入され、その土蔵に長く放置されていた。その間に流出したり、昭和二十八年のいわゆる二八水害の被害をうけて、廃棄されたものも多いという。

田辺藩裁判資料は、当時小学校長であった村上佑二氏が旧審致舎の土蔵に放置同然に置かれているのを見出し、反故紙同然で買い取り、綾部市の庁舎に運び込んだ。しかし同資料は再び放置され、それを綾部史談会の梅原三郎氏(綾部市教育長)らが見出し、昭和三十二年(一九五七)七月、綾部市立図書館の蔵書となった。その後綾部市資料館に所蔵替えとなり、今日に至ったものである。

昭和四十一年、旧審致舎に収蔵の什器、道具類の売り立てが行われた。その際に残った簿冊類を、舞鶴市丹波町の古物商谷口房治氏が入手された。これが谷口家資料である。

附記2　京都府立総合資料館寄託の谷口家資料の閲覧と利用については、同館歴史資料課辻真澄氏ならびに関西学院大学名誉教授林紀昭氏のご高配を得、綾部市資料館所蔵の閲覧については同館館長近澤豊明氏のお世話になった。また、加藤晃氏は両資料の伝来についてご教示下さった。共に記して謝意を表するものである。

〔補註〕「徒罪入牢一件」もまた、第十九項に同じ記事を載せ、ここには「文化八未年九月、御席ェ書付ヲ以申上、定左之通」という表題が存する。

第三章　丹後国田辺藩の博奕規定と「徒罪」

はじめに

田辺藩は、譜代大名牧野氏が丹後国加佐郡に三万五千石を領有した小藩である。居城は現在の京都府舞鶴市北田辺の地にあった。寛文八年（一六六八）、田辺城主の外様大名京極高盛が但馬国豊岡に移封されたのにともない、牧野親成《ちかしげ》が河内国高安からこの地に入り、以後、明治を迎えるまで十代にわたって牧野氏が治めた。

田辺藩は牧野氏の第七代藩主豊前守以成《もちしげ》の治世下、すなわち文化七年（一八一〇）、「徒罪」という名の刑罰制度を創設した。徒罪は、犯罪人を施設に拘禁し、所定の期間を労働に従事させる自由刑である。翌文化八年、博奕犯罪についての規定を制定し、博奕犯罪を処罰する刑罰として徒罪を採用した。本稿は、田辺藩における博奕規定の変遷を跡付けるとともに、博奕犯罪と徒罪との関係について考察を加えようとするものである。大方の御批正が得られるならば幸いである。

一　博奕と「徒罪」に関する史料

本稿を草するにあたって用いた主たる史料は、「御条目之事」「博奕はた商其外徒罪入牢一件」「刑罪筋日記抜書」の三点である。

「御条目之事」は、表題が表紙中央に存し、その右側に「文化七庚午年」、左側に「田辺藩森下」と記されている。表紙を含めて一三丁の薄い写本である。本書発見の報が昭和四十五年六月十三日付の京都新聞夕刊に掲載されており、その記事によると、原本の所蔵者は舞鶴市吉坂《きつさか》の稲荷神社宮司の森本太郎太夫氏の由である。しかし、本稿の利用する「御条目之事」は、舞鶴市西図書館所蔵の複写本である。本書は徒罪に関する記事で占められており、その記事は文化七年正月にはじまって同八年九月に至る。したがって、本書の成立は文化八年九月もしくはそれから程なくの頃と考えられる。その記事は「博奕はた商其外徒罪入牢一件」に収録するのと同内容のものも少なからず存する。本書は舞鶴の郷土史家の手によってその全文が翻刻されたことがあり(1)、本稿を草するにあたって参考とさせていただいた。

「博奕はた商其外徒罪入牢一件」は、香川大学附属図書館神原文庫蔵の写本である(2)（墨付四七丁）。表紙には右の表題とともに、その右上に「嘉永四辛亥年五月改」、左下に「岡野重慎（花押）」と記されるから、本書を筆写したのは岡野重慎という人物である。目録の右上に「清芥堂」「岡埜重印」という朱印（陰刻）が捺してある。岡野重慎の号印と蔵書印であろう。岡野はおそらく田辺藩士であって、その職掌柄から本書を書写して所持したと推測されるが、その伝は未詳である(3)。識者のご教示を乞う次第である。本書の内容は、表題に記されているように、博奕、はた商い、徒罪、牢に関する記事で構成される。本書冒頭の「目録」に全三二項を録するが、そのうちの第一項から第九項までが博奕に関する記事、第十一項から第二十二項までが徒罪に関する記事である。[4] 博奕記事は、享保十九年（一七三四）正月から文化二年（一八〇四）四月までが編年に収録されており、徒罪に関する記事は、文化七年（一八一〇）正月から嘉永四年（一八五一）五月までが採録されている。徒罪に関する記事は、必ずしも年代順には並んでいない。徒罪記事のうち、文化七年から同八年にかけての記事には、「御条目之事」に内容を同じくするものも見られる。

「刑罪筋日記抜書」は、京都府立総合資料館寄託の谷口家資料中に存する史料であり、判決文を罪種ごとに類集した判例集である。[5]「火附・人殺・強訴・不孝・喧嘩・密通」一冊、「盗賊」一冊、「博奕」一冊、「御赦」二冊、「雑記」四冊、「掟背」四冊、「偽カタリ」一冊、「不敬」一冊、「不行跡」一冊、「穢多」一冊の十種十七冊を存し、そのほかに各冊の表題を列記した「総目録」一冊が存する。各冊の表紙右下に「郡奉行役所」と記した紙片が貼付されており、巻末にも「郡奉行役所」という墨丸印が捺されているので、本書は田辺藩の郡奉行役所に備え付けの記録であったと思われる。[6] 本来、「出家沙門」と題する一冊も存した筈であるが、谷口家資料中にこれを見いだすことが出来ない。

「総目録」によるに、「刑罪筋日記抜書」の各冊に収録した判例は、享保十年（一七二五）から文政五年（一八二二）までの約一〇〇年間のものであり、その成立は文政六年正月のことである。「総目録」には、宇慶恭介、中島源八郎と旧記方役人の臼井忠之丞の名が記される。編纂の実務担当が臼井であり、宇慶・中島の両人はおそらく時の郡奉行であろう。本稿が主として用いるのは、「博奕」の冊（一五七丁）である。[7]〔補註〕

二 「徒罪」制度の創設と「徒罪」の種類

文化七年（一八一〇）正月、田辺藩は徒罪という刑罰制度を設けることを決定した。「御条目之事」は徒罪制度創設の提案とそれを裁可した旨の記事を載せており、(8) 提案は徒罪の内容について次のように述べている。すなわち、(1)「博奕筒取等家業同前之族」については、罪の軽重にかかわらず「成丈徒罪」に処すようにすべきこと、(2)刑期中は年齢や身体の強弱に応じて、晴天には日雇い労働、雨天の際には屋内作業に従事させること、(3)これらの徒役には「賃料」を支払ってこれを貯蓄させること、(4)刑期を終えて帰村するとき、「農業之手段無之者共へハ、少分之田畑求之候価下ヶ遣」すこと、(5)徒罪囚の収容施設を「徒人小屋」と名付け、これを嶋崎畑の内に新築すること、(6)徒人小屋の現場監督として中間一人を常駐させ、夜間は施錠して中間を退勤させることなどである。

徒罪制度創設の背景について、徒罪提案の記事はその前段に、「追放は於他国居所幷無縁を苦ミ……多分艱難ニ苦ミ、其罪増長シ、生涯身ヲ持兼可申、強て死刑ニ及候者モ可有之」と述べ、さらに「生国ニて難誡迚猥ニ他領ヱ追放候て、於他国其罪犯ス時ハ終ニは餘人ヱも押移候様可相成、他国ヱ其罪を譲り候道理有之間敷」とも述べて、領分外追放が刑罰としての効果に乏しく、それがいかに矛盾と弊害をはらんでいるかを指摘している。この指摘をする際、幕府が享保七年（一七二二）二月に発した「科人追放之事」という触書を引用する。この触書は、領分外追放の刑罰の原則禁止を全国の諸藩に令したものである。(9) すなわち、徒罪を採用することにより、博奕犯罪に適用する追放刑の不都合をできるだけ少なくしようと意図したのである。

また徒罪提案の記事が「常産相定候時ハ自然ト犯罪相減候道理ニも相当り可申歟」と述べていることは注目に値する。釈放後、農業などの生業に就いて「常産」を得れば、犯罪が減少するというのである。田辺藩が徒罪という刑罰を制定した主旨は、追放刑の適用を抑制し、博奕犯罪者を社会復帰させ、もって博奕犯罪を減らすことにあったと言えそうである。

徒罪の種類と刑期　徒人小屋は文化七年六月七日に完成して、同日に一人を収容したから、(10) 徒罪制度はその日から運用されたといえよう。ところが田辺藩は、文化八年九月六日になってようやく徒罪の種類と刑期を定めた。徒罪の運用開始から一年三箇月が経過してからの制定である。それによると、徒罪を軽徒罪・中徒罪・重徒罪の三種類とした。刑期は、軽徒罪が六日・十二日・十八日・二十四日・三十日、中徒罪が二ヶ月・四ヶ月・六ヶ月・八ヶ月・十ヶ月、重徒罪が一年・一年半・二年・二年半・三年の各五等級とした。このうち軽徒罪の場合は徒人小屋に収容することなく、出身の村や町から通って徒役に就いた（「博奕はた商其外徒罪入牢一件」第十九項）。「御条目之事」は、徒罪の種類と等級などについて、

　　文化八未九月六日極

一徒罪之事、重中軽三段ニ定、各五等アリ、左ニ記ス、

　　軽徒罪　　小屋不入

一六ヶ日　一十二ヶ日　一十八ヶ日　一廿四ヶ日　一三十ヶ日

　　中徒罪　　小屋入

一二ヶ月　一四ヶ月　一六ヶ月　一八ヶ月　一十ヶ月

　　重徒罪　　小屋入

一壱ヶ年　一壱ヶ年半　一二ヶ年　一二ヶ年半　一三ヶ年

罪之依軽重如右徒人遣シ、然共至テ罪之軽キものハ小屋へは不遣、用儀之節召呼、六ヶ日ゟ卅ヶ日迄日数罪ニ応シ徒役為相勤、勿論重科之者ハ重徒罪、猶品ニゟ重キハ追放ニも申付候事、

と記す。軽徒罪の者は、右の記事にも「小屋不入」と見えるように、判決ののち自宅に戻ったと考えられる。藩当局は必要に応じてその者を呼び出し、判決の日数だけ使役したのである。したがって、軽徒罪は労役刑そのものという

べき刑罰であり、徒罪とは称するものの、中徒罪、重徒罪とは刑罰の性格がやや異なる。

なお、右の規定の末尾に「猶品ニ寄重キハ追放ニも申付候事」と記す点に注意する必要がある。田辺藩は、徒罪の採用によって追放刑の適用を抑制はするものの、追放刑を全廃した訳ではないのである。おそらくこの点は、享保七年の幕府触書がその末尾に「然共（中略）品ニより追放被申付、却て可然趣も可有之候間、其段は格別之事に候」[11]と記した幕府の方針に準拠したのであろう。前掲した徒罪創設の提案書は、幕府触書のこの文言を引用している。

三　博奕規定の制定

田辺藩は、博奕禁止の法令をしばしば出したが[12]、博奕犯罪と刑罰との関係を明文化したのは、文化二年（一八〇五）四月の法令がおそらく最初であろう。この博奕禁止の法令は、「博奕はた商其外徒罪入牢一件」の第九「博奕致候もの入牢被　仰付候処、御大礼之赦ニ出牢之事」に左のように見える。

文化二乙丑年四月

博奕之儀は、毎度被　仰出候得共、兎角不相止候、畢竟五人組は不及申ニ、役人共申付不行届故之儀ニ付、自今御国之儀ハ勿論、他国たり共博奕いたし候もの於有之ハ召捕、髪を剃夫役可被仰付候、宿いたし候ものは欠所追放、向三軒両隣五人組之者過料可被　仰付、若又不召捕以前訴出候ニおゐてハ、過料御免被　仰付もの也、右之通被　仰出候間、在町之子供ニ至迄不洩様可被申付候、

右の法令を、以後、「文化二年規定」と呼ぶこととする。博奕の罪に対して「髪を剃夫役」、博奕宿の罪に対して「欠所追放」、その連坐として「向三軒両隣五人組」のものに「過料」を科すことを宣言している。文化二年規定は、

田辺藩における博奕規定の出発点として重要な位置を占める。

田辺藩は、早速この規定を適用した判決を下した。同年五月六日のことである。「刑罪筋日記抜書」博奕の冊に左のように見える判決がそれである（第十三「博奕宿幷同類之者とも」）。

田中村
入牢　与　八
安岡村
同　藤右衛門

其方共儀、致博奕候段相聞へ、御吟味被　仰付候処、有体及白状、毎度被仰出候儀不相用、御法度犯候段不届至極ニ候、依之御定法之通から剃之上夫役被　仰付もの也、

引土新町
入牢　与　七
同町
入牢　嘉　七
朝代町
同　伊　八

其方共儀、致博奕候段相聞へ、御吟味被　仰付候処、有体及白状、毎度被　仰出候儀不相用、御法度犯候段不届至極ニ候、依之御定法之通から剃之上夫役被　仰付者也、

但、夫役之儀ハ御用之節可罷出候、平生は宿ニ罷在、何成共勝手次第家業可致旨申付、村へ戻ス、右博奕打五人之者

へ、今日ゟ以来右様御法度相犯候者を見付候ハヽ、聢と証拠を取早ゝ可申出候、其次第ニよつてハあたまを剃候儀も
　御免可被　仰付候儀も可有之旨申渡、尤与七・伊八ハ同年十二月廿四日差免ス、

田中村の与八以下の五人は、博奕の罪に問われ、「御定法之通から剃之上夫役」という判決を受けた。文化二年規定の「髪を剃夫役」が、判決では「から剃之上夫役」となっており、但書に「次第ニよつてハあたまを剃候儀も御免」と見えるので、「から剃」とは頭髪を坊主頭に剃りあげることである。「から剃」は、博奕の罪によって夫役に処された者の目印なのである。右の判決は、但書が「夫役」を説明して、「夫役之儀ハ御用之節可罷出候、平生は宿ニ罷在、何成共勝手次第家業可致旨申付、村へ戻ス」と記す。自宅から通って強制労働に従事する点は、軽徒罪の就役方法に同じである。右の但書は、五人うちの二人を同年十二月二十四日に釈放したことを注記する。判決ののち七ヶ月半ほどの日時が経ってからの釈放であるが、夫役に従事した日数は不明である。

田辺藩は、文化八年（一八一一）に至り、十二箇条の博奕規定を制定した（「御条目之事」。「博奕はた商其外徒罪入牢一件」第十一項も同じ記事。語句の異同は傍注として（　）で示した。⑴〜⑿の番号は引用者が与えたものである。以下も同じ）。

⑴　文化八未八月十一日
一博奕宿　　田畑取上ケ
　　　　　　　徒罪
　文化八未八月廿三日
　但、田畑無之者ハ、　過料或（ママ衍）ハ三貫文

⑵　文化八未九月五日
一右宿致候者、宗門帳面等ニモ本人ニ不出懐者ニ候得ハ、

たとへ宿致候者、別木屋等致住居候共、本人之者
平生等閑ニ致置、不埒ニ付、
本人之者
過料三貫文
但、当人ハ御定之通申付、尤当人・五人組名前ニ不出ニ付、五人組
者も不及過料、村役人等ハ定之通遠嶋（慮）可申付候事、
(3) 文化八未七月廿七日
一博奕打候もの　　徒罪
文化八未八月十一日
但、村役人ニ候ハヽ、田畑取上ケ徒罪、尤役儀ハ召捕候節直ニ召放、

(4) 文化八未八月二（十一）日
一博奕宿之五人組　　組合中ニして 過料三貫文
但、過料ハ三日之内ニ為納、

(5) 同
一右宿致候もの村役人　　七日 遠慮
但、宿致候時分役儀不相勤者ハ、裁許之節役儀相勤候ても勿論不及咎、

(6) 同
一右宿致候組之大庄屋　　叱
但、差扣伺出候へハ、不及其儀旨申達ス、

(7)一〔同〕右宿致候もの之村方　　宿致候者徒罪中月々藁弐拾束ツヽ、
　　但、大高之村方ハ三拾束も申付ル、

(8)一〔文化八未三月五日例〕酒興之上ニて与風軽キかるた慰ハ仕候得共、早ゝ本心ニ
　立帰り、勝取候銭、連中へ相返シ候儀無紛ニおゐてハ、　　遠慮

(9)一〔同〕博奕打相集メ宿致懸候処、博奕未始内召捕候ニ付、博奕宿ニハ雖不決、（文化七年十二月二日例）
　集り候者共不残博奕打ニて、殊ニ及深更人集り致候得は、
　可致様無紛ニ付、　　徒罪

(10)一〔同〕右集り候もの共、博奕ハ不致共、平生博奕打候
　者ニ候へハ、可致博奕約束ニて罷越候儀ニ付、　　徒罪

(11)一〔同〕右宿致懸候者之五人組、　　宿致掛ヶ候者徒罪中月々藁拾束

(12)一〔同〕同村中　　右同断　右同断

右の(1)〜(3)が博奕犯罪とそれに対する刑罰を定めた規定であり、(4)〜(7)は連坐の規定である。(9)〜(12)は博奕宿、博奕についての未遂罪、および博奕宿未遂罪の連坐を定めた規定である。(8)は酒の勢いで博奕の席に加わったもののす

ぐにその非に気づき、勝銭を返却してその場を退いた者の罪を定めた規定である。(1)〜(12)の法文を総称してこれを「文化八年規定」と呼ぶこととする。後述するように、法文の右肩の年月日は、その法文を成文化するにあたって根拠とした判例の日付である。この日付は(2)の文化八年九月五日がもっとも新しいから、博奕規定の成立はそれ以降、同年中のことである[13]。

文化八年規定は、博奕犯罪に科す刑罰として「徒罪」を採用した。徒罪は所定の期間を強制労働に従事させる刑罰であるから、その限りでは文化二年規定の「夫役」を継承したと言える。文化二年規定は博奕宿の罪に「追放」を適用したが、文化八年規定はこの罪についても「徒罪」を科すことにした。すなわち、博奕犯罪には追放刑を適用しないことにしたのである。文化二年規定は、博奕宿の罪に「欠所」を併科し、「向三軒両隣五人組之者」に連坐を及ぼした。文化八年規定においては、「田畑取上ヶ」を併科することとし、連坐の及ぶ範囲を五人組、村役人、大庄屋および村方とした。要するに、文化八年の博奕規定は文化二年規定の基本を継承しつつ、これを改正しかつ詳細な規定を設けたのである。最大の改正点は、博奕犯罪に適用する刑罰を「徒罪」に統一し、追放刑を原則として廃したことであろう[14]。すなわち、この改正は徒罪創設の趣旨に添うものである。

博奕宿は会場を提供して博奕を主催する者のことであるから、その罪は博奕犯罪中もっとも重い。それ故、田畑没収を併科し（田畑を所持しない場合は、過料三貫文を併科する）、五人組、村役人、大庄屋および村方にまで連坐が及ぶのである。村方からは藁二十束を毎月徴収すると定めた。未遂罪は博奕宿、博奕ともに「徒罪」を科す。博奕宿の場合は未遂であっても連坐を存し、五人組、村中から毎月藁十束づつを徴収する。博奕に加わった者の罪すなわち単なる博奕の罪は、「徒罪」を科すのみである（ただし、村役人が博奕の罪を犯した場合は田畑没収を併科し、役職も罷免する）。

田辺藩は同年、賭鉄炮を処罰する規定を制定し、この罪にも「徒罪」を採用した。賭鉄炮とその刑罰についての規定は、次のようである(15)（「御条目之事」。「博奕はた商其外徒罪入牢一件」の第十二項・第十三項も同じ記事）。これを「賭鉄炮規定」と呼ぶこととする。

文化八未九月五日
一合力銭可貰ため、村内相頼酒抔出シ賭鉄炮為致候会元、　田畑取上　徒罪
　但、田畑無之者ハ、過料三貫文取上ヶ徒罪、

文化八未八月八日
一右被頼鉄炮会致候者　拝借鉄炮引上ヶ　徒罪
　但、自分鉄炮所持不致、借り候て打候ハヽ、貸候者之鉄炮引上ヶ、尤、親所持いたし候を、子抔(持)出打候ハヽ、子は徒罪申付ル、親ハ鉄炮引上ヶ過料三貫文申付ル、且又甥所持主ニて、伯父又ハ外之者ニても後見抔致候身分之者持出打候類ハ、所持主等閑ニ心得候迄之儀ニ付、鉄炮引上ヶ十日遠慮可申付候事、

賭鉄炮はこれを鉄炮賭勝負とも称し、その罪を博奕犯罪と同様にみなして刑罰を科した。主催者の会元に対しては田畑没収を併科する「徒罪」、賭鉄炮に参加した者には「徒罪」を科し、「拝借鉄炮」を没収した。「拝借鉄炮」とは、猪鹿の獣害を防ぐ目的で農民に認めた鉄炮のことである。

文化八年制定の博奕規定ならびに賭鉄炮規定は、刑罰について「徒罪」という刑名のみを記し、その種類と刑期とを明示しない。

四　博奕規定の根拠となった判例

「刑罪筋日記抜書」博奕の冊は、博奕犯罪とその刑罰を成文法化するにあたって根拠とした判例をいくつか収載している。前掲した博奕規定のうち博奕罪を定めた(3)は、その第二十二「酒興之上致博奕候者とも」と題する左の判例に基づいて成文法化した規定である。

一　文化八辛未年七月廿七日

行永村
七月十九日入牢　清左衛門
与保呂上村
同十八日入牢　善　六
常　村
次右衛門
同日入牢
新左衛門
堂奥村
茂　次　郎
同日入牢
長　七
八田村
同日入牢　弥五兵衛

南山村
同日入牢　浅右衛門
南有路村
七月廿四日入牢　彦左衛門
城屋村
同日入牢　清　六
久田美村
七月廿四日入牢　杢兵衛
桑飼上村
七月廿日入牢　弥右衛門

其方共儀、御法度之博奕打候趣相聞召捕及吟味候処、酒狂之上ニて与風慰仕候趣雖申之、博奕之儀は毎〻厳鋪被　仰出も有之、既ニ相犯候もの夫〻御仕置被　仰付候儀も乍及見不相止、不届至極ニ候、殊ニ平生風説有之者共ニ候得は、急度吟味之上可被　仰付次第も有之候得共、御宥免を以徒罪被　仰付者也、

但、善六・茂次郎・長七・新左衛門・次右衛門・清左衛門儀ハ九月十二日差免、弥右衛門儀ハ九月十九日差免、清六・杢兵衛・彦左衛門儀ハ十一月十二日差免、弥五兵衛儀ハ十二月廿四日差免、

右は、行永村清左衛門以下都合十二人を、博奕の罪によって「徒罪」を申し渡した判決である。判決日は、博奕規定(3)の肩書の日付に同じである。

博奕規定の主要部分すなわち博奕宿を処罰する(1)、博奕宿の罪にともなう連坐の規定(4)〜(7)、および(3)の但書は、

「刑罪筋日記書抜」博奕の第二十三「有合之かるたニて致博奕候者とも」という判例に基づき、これを成文法化した規定である。この判例はそのような重要判例なので、長文ではあるが全文を引用する。

文化八辛未年八月十一日

一
行永村
七月十八日入牢　弥三左衛門
同十九日入牢　甚左衛門

其方共儀、居村弥三郎方ニおゐて致博奕候趣、御吟味之上及白状候、博奕之儀は毎ゝ被　仰出、既ニ文化二丑年夫ゝ御定法も被　仰出候処不相用、殊ニ役義も相勤候身分として却て御法度相犯候始末、言語同断不届至極ニ候、其上平生風説も有之者ニ候得は急度御吟味之上厳科ニ可被処者ニ候得共、格別之御宥免を以、畑取上徒罪被　仰付者也、

但、十月十六日、両人之者村勘定之儀ニ付懸合有之、村役人へ御預ヶ村方へ下ヶ遣ス、文化九申年三月十九日、御赦ニ徒罪差免、文化十一戌年二月八日、取上田畑山林御下ヶ被遣候、

行永村
七月十八日入牢　弥　三　郎

其方儀、御法度之博奕宿致候趣相聞へ、召捕及吟味候処、酒狂之上不斗有合候かるたニて慰仕候趣雖申之、博奕之儀は毎ゝ厳敷被　仰出、文化二丑年被　仰出候御定法も有之、既ニ相犯候者夫ゝ御仕置被　仰付候をも乍及承不相用、殊ニ其方宅ニおゐてハ、其節ニも不限毎ゝ有之趣風説も有之者ニ付、急度御吟味之上厳科可被処者ニ候へ共、格別之御宥免を以、田畑取上徒罪被　仰付者也、

但、文化九申年三月十九日御赦、

与保呂上村
七月十九日入牢　庄　四　郎

其方儀、御法度之博奕宿致候趣相聞へ、召捕及吟味候処、取売酒屋仕候ニ付、寄合給可申と約束仕、七月二日酒興之上ニて与風慰仕候趣雖申之、博奕之儀は毎度厳敷被　仰出、文化二丑年被　仰出候御定法も有之、既ニ相犯候者夫〻御仕置等被　仰付候をも乍及承不相用、殊ニ其方儀博奕道具も所持仕、筒取等致し諸人相勧メ呼集候ニ極り不届至極ニ付、急度御吟味之上厳科可被処者ニ候得共、格別之御宥免を以、田畑取上徒罪被　仰付者也、

但、文化九申年三月十九日御赦、

与保呂上村
庄　四　郎
五人之組之者

其方共、組合庄四郎方ニおゐて、七月二日夜、致博奕候趣相聞へ、召捕遂吟味候処、相違無之旨及白状候、博奕之儀は毎〻厳敷被　仰出も有之、殊ニ文化二丑年、夫〻御仕置組合之者過料等迄被　仰出候得は、互ニ気ヲ付合早〻可訴出処無其儀、平生組合之心得薄キ故之儀、不届至極ニ付、過料三貫文被　仰付者也、

行永村
弥　三　郎
五人組之者

其方共、組合弥三郎方ニおゐて博奕いたし候趣相聞へ、召捕遂吟味候処、相違無之旨及白状ニ候、博奕之儀は

毎〻厳敷被　仰出も有之、殊ニ文化二丑年、夫〻御仕置組合之者過料等迄被　仰出候得は、互ニ気を付合早〻可訴出処無其儀、平生組合之心得薄キ故之儀、不届至極ニ付、過料三貫文被　仰付者也、

行永村
与保呂上村
役人共

此度、其方居村ニおゐて御法度之博奕宿いたし候趣相聞へ御吟味有之処、無相違旨及白状、夫〻御仕置被　仰付候、博奕之儀ハ毎〻厳敷被　仰出候儀、全ク平生申付方不行届故ニ有之、不届ニ候、依之遠慮被　仰付者也、

但、八月十八日差免、

大庄屋
惣右衛門

此度組内ニおゐて御法度之博奕宿いたし候者有之、夫〻御仕置被　仰付候、博奕之儀は毎〻厳敷被　仰出候処、右様之者有之は、其方共平生申付方薄キ故と御不審ニ候、依之御叱り被　仰付者也、

一ヶ月分

一藁弐拾束　与保呂上村

一同三拾束　行永村

同断

右之通村過料として月〻徒人小屋へ差出候様申付ル、

一行永村庄屋大家年寄惣左衛門儀は、此間被　仰付候て、其節之儀一向不存、右ニ付構無之、助左衛門儀ハ

其節年寄相勤候ニ付、与右衛門同様遠慮申付ル、与保呂上村庄屋年寄両人共遠慮、

八月廿三日

一右与保呂上村庄四郎博奕宿致候ニ付、科相当田畑取上、徒罪被　仰付候処、山壱ヶ所居屋鋪計ニて田畑無之、

右ニ付、過料三貫文差出候様可被申付旨、御代官へ相達ス、

但、庄四郎儀は小頭共方へ呼出シ相達ス、

右の判決は、行永村の弥三郎および与保呂上村の庄四郎の両人が「御法度之博奕宿」の罪を犯したのを処罰して、「格別之御宥免を以、田畑取上徒罪」と申し渡した。博奕規定⑴は、この判決に依拠して成文法とした規定である。前掲判例の末尾に記されているように、与保呂上村の庄四郎については没収すべき田畑を所持しないため、田畑に替えて過料三貫文を徴収するという処分を下した。同月二十三日のことである。博奕規定⑴の但書「但、田畑無之者ハ、過料或(ママ衍)ハ三貫文」は、この処分に基づく規定である。判決は、この両人の罪にともなう連坐として五人組、村役人、大庄屋および与保呂上村、行永村に対してもそれぞれ刑を申し渡しており、この判決が博奕規定⑷~⑺の基となった。

判決は、行永村弥左衛門、甚左衛門の二人に対しても「格別之御宥免を以、田畑取上徒罪」と申し渡している。しかしこの二人の罪状は博奕であって、博奕宿ではない。それにもかかわらず田畑没収を併科している。それは、犯罪を未然に防ぐ立場にある村役人でありながら、みずから博奕を犯したことを重く見たからである、判決はこの点を「殊ニ役義も相勤候身分として却て御法度相犯候始末、言語同断不届至極ニ候」と述べている。この事例に基づいて博奕規定⑶の但書「但、村役人ニ候ハヽ、田畑取上ヶ徒罪、尤役儀ハ召捕候節直ニ召放」が成文法化されたのである。

続いて博奕規定⑼~⑿の根拠となった判例を掲げよう。それは、文化七年（一八一〇）十二月二日付けの左の判決である（第十九「博奕会合宿并同類之者とも」）。

文化七庚午年十二月二日

上根村

一　十一月廿七日入牢　宇左衛門

去月廿五日夜、其方宅ニおゐて博奕宿致候趣相聞候付、吟味之者差遣候処、平常博奕商売同様之者抔四人集り居、召捕及吟味候処、無拠頼母子宿被相頼、博奕出会之儀とハ曾て不存趣雖申之、其夜博奕出会之約束ニて罷越候趣、既に同類之内及白状候者も有之、殊ニ旧悪とハ乍申以前も度〻宿致候儀は相違無之、重〻不届至極ニ付、急度御仕置可被　仰付者ニ候得共、此度之儀は未相始内之事故、格別之御宥免を以、徒罪被　仰付者也、

別所村

十一月廿七日入牢　徳次郎

去月廿五日夜、上根村宇左衛門宅ニおゐて博奕催候趣相聞候ニ付、吟味之者差遣し候処、平常博奕商売同様之者抔四人連レ相集り居、則召捕及吟味候処、其方儀ハ右宇左衛門方へ道案内ニ被相頼無拠罷越候而已ニて、博奕出会之儀は一向不致旨雖申之、既に召捕候節逃去、其上申分ヶ始末も不都合之次第有之、殊ニ家さがしに及候処、博奕道具等も所持有之上、申披キ難相立不届ニ付、徒罪被　仰付者也、

一右ニ付、宇左衛門五人組之者へ過役之儀書付、左之通、

過役覚

一遣ひ藁壱ヶ月ニ弐拾束ツ、　上根村

内

拾束ツ、、宇左衛門五人組之者共

拾束ツ、、村方より

右宇左衛門徒人小屋入中、毎月晦日ニ可差出候事、
但、右両人共徒人小屋へ差遣候ニ付、腰縄ニて役所ゟ小屋まで差遣候、

上根村宇左衛門悴
福来村
十一月廿七日入牢　宇之助

其方儀、吟味中入牢申付置候処、吟味筋相済候ニ付、出牢申付ル、
但、嶋崎徒人小屋、文化七庚午年六月七日出来ニ付、此以来博奕打幷小科之者等小屋入被　仰付候、

この判決文によると、上根村の宇左衛門は博奕宿を催すべく「平常博奕商売同様之者」などを自宅に集めたが、「未相始内」に取締役人に踏み込まれて逮捕され、博奕宿の未遂罪として「徒罪」の刑を宣告された。一方、別所村の徳次郎は博奕の未遂が罪に問われ、同じく「徒罪」の判決をうけた。両人とも「徒罪」の判決であるが、いうまでもなく罪状は博奕宿の未遂のほうが重い。宇左衛門の罪にのみ連坐が見られるのは、そのことを物語っている。右の判決は、宇左衛門の五人組と上根村とに「遣ひ藁」各々十束を毎月晦日に徒人小屋に納入することを命じている。

右の判決は文化七年十二月二日に申し渡されたが、この日付は前掲した博奕規定(9)〜(12)の肩書に見えるのと同じである。右の判決文と博奕規定の法文とを見比べるならば、(9)〜(12)の四箇条がこの判例を根拠として成文法化した規定であることが了解できるであろう。

この判例は、「刑罪筋日記抜書」博奕の冊における徒罪判決の初見である。そのため、末尾の但書に「但、嶋崎徒人小屋、文化七庚午年六月七日出来ニ付、此以来博奕打幷小科之者等小屋入被　仰付候」という注記を設けている。徒人小屋の完成日は、前述した日付と一致する。また但書後段の文言に注意する必要がある。それは、徒罪を博奕犯

罪に限ることなく、「小科之者等」にも適用したと述べているからである。この点を含め、徒罪制度の内容について別稿を用意するつもりである〔本書第二章参照〕。

博奕規定(2)は文化八年九月五日の日付をもち、博奕規定中もっとも新しい。この規定の根拠となった事案は、「刑罪筋日記抜書」博奕の第二十五「博奕宿并携候者とも」という左の判例である。

同年九月五日

桑飼上村
清右衛門内
入牢　勘右衛門

一

久田美村
文右衛門内
入牢　長　助

去冬十一月、御法度之博奕宿致候趣相聞へ、召捕及吟味候処、南山村浅右衛門、八田村弥五兵衛、南有路村彦左衛門、城屋村清六、桑飼下村甚兵衛、折節雪ニふりこめられ相休ミ、酒興之上博奕相催候得共、其方儀は刈り居候て曾て不存候処、近所之者心付候ニ付、早速追出候条雖申之、既ニ其節之次第家内之者委ク存居候て、承候段申之上は、近所ゟ掺度可請謂レ無之、殊ニ外〻風説も有之者故、急度御吟味之上相当之御仕置可被　仰付者ニ候得共、御宥免を以、田畑御取上徒罪被　仰付者也、

但、文化九申年三月十九日御赦、

文化十一甲戌年十二月八日、田畑御下ケ被遣候、

其方儀、去冬十一月、八田村弥五兵衛、城屋村清六、久田美村重五郎等相集、御法度之博奕宿いたし候段、御

吟(味)之上及白状候、博奕之儀は毎度厳敷被　仰出、相犯候者夫〻御仕置等被　仰付候をも乍及承不相用、不届至極ニ付、厳重之御仕置ニ可被　仰付候処、格別之御憐愍を以、田畑御取上徒罪被仰付者也、

但、文化九申年三月十九日御赦、田畑も下ヶ遣ス、

桑飼上村
清右衛門

其方内勘右衛門宅ニおゐて、八田村弥五兵衛・南山村浅右衛門・南有路村彦左衛門・城屋村清六・桑飼下村甚兵衛博奕致候ニ付、此度勘右衛門儀御仕置被　仰付、其方儀主人之身分ニ候得は平常急度可申付処、畢竟等閑ニ相心得候故之儀、不念之至不届ニ付、三貫文過料被　仰付者也、

久田美村
文右衛門

其方内長助宅ニおゐて、八田村弥五兵衛・城屋村清六・久田美村重五郎博奕致候ニ付、此度長助儀御仕置被　仰付候、其方儀主人之身分ニ候へは平生急度可申付候処、畢竟等閑ニ相心得候故之儀、不念之至り不届ニ付、三貫文過料被　仰付者也、

御代官所ニて左〔ママ右〕之通申渡ス、

桑飼上村
役人共

此度居村ニおゐて、御法度之博奕宿幷鉄炮賭勝負等致候もの共、夫〻御仕置被　仰付候、博奕之儀ハ毎度厳敷被　仰出、殊更鉄炮之儀は猪鹿之外為打間鋪旨、証文ニ奥印乍致、於村方賭勝負致候者有之候ハ、全ク其方共

平生申付方不行届故之儀、不届ニ候、依之遠慮被　仰付者也、

但、九月十二日差免ス、

久田美村
役人共

此度居村ニおゐて、御法度之博奕宿致候者御仕置被　仰付候、博奕之儀ハ毎度厳敷被　仰出候儀、全ク其方共申付方不行届故之儀、不届ニ付遠慮被　仰付者也、

但、九月十二日差免ス、

大庄屋
弥　市　郎

此度於組内、御法度之博奕宿幷鉄炮賭勝負等致候者共有之、夫〻御仕置被　仰付候、博奕之儀は毎度厳敷被　仰出、殊更鉄炮之儀は猪鹿之外為打間鋪旨、証文ニ奥印も乍致、右様之者有之候は其方共平生申付方不行届故之儀、不届ニ付遠慮被　仰付者也、

但、九月十七日差免ス、

一ヶ月分

一藁弐拾束ツ、　桑飼上村

一同弐拾束ツ、　久田美村

右は村過料として月〻徒人小屋へ差出候様申付ル、

博奕規定(2)にいう「宗門帳面等ニモ本人ニ不出懐者」とは、その家に住み込む使用人であって雇い主の宗門人別改

帳に登載していない者のことであろう。博奕規定⑵は、その使用人が博奕宿の罪を犯した場合に、別小屋に住む雇い主を処罰する規定である。この判決は、桑飼上村清右衛門と久田美村文右衛門に対して、使用人の博奕宿について注意義務を怠ったことをとがめ、過料三貫文を科した。村役人と大庄屋とに対しては連坐として遠慮に処したのである。博奕規定⑵は、この判決をもとに成文法化したものである。なお、博奕宿犯罪の張本人である勘右衛門と長助に対しては、「田畑御取上徒罪」の刑を申し渡している。

なお、博奕規定⑻の根拠となった判例については、「刑罪筋日記抜書」博奕の冊にこれを見出すことができなかった。

五　賭鉄炮規定の根拠となった判例

賭鉄炮に関する判例は、「刑罪筋日記抜書」博奕の第二十四「鉄炮ニて賭勝負いたし候者とも」に見られる。

桑飼上村
伊平次悴
八月八日入牢　忠　七

文化八辛未年九月五日

一　其方儀、於村方鉄炮賭勝負為致候趣相聞へ、召捕及吟味候処、日雇拵仕相応之賃銭貰請候得共、親共甚困窮ニ付不残見継候故、自分酒代等之滞可払趣〔ママ手〕段無之及難渋ニ、若者共へ世話相頼候処、引当テ等無之てハ不相成候得は、何会成共企候は為祝儀少〻宛助力呉候旨申ニ付、已前も有之事哉ニ及承候得は、何之無弁鉄炮会と申儀村内頼廻り候処、鉄炮会と申ハ不承知ニ付鹿狩といたし、於山奥ニ、居村利八・惣次郎・音右衛門・利平次・又七等会仕、掛銭之内弐歩ツヽ貰請候段及白状候、鉄炮之儀は猪鹿之外堅ク御法度之儀、殊ニ人を集、賭勝負

為致候始末、博奕宿同前ニ相当り不届至極ニ候、依之急度可被　仰付者ニ候得共、以御憐愍三貫文過料徒罪被
仰付者也、

桑飼上村
八月八日入牢　次兵衛

其方儀、於村方鉄炮賭勝負為致候趣相聞へ、召捕及吟味候処、貧究〔ママ窮〕之上当夏作一向無之及難渋、若キ者共ぇ壱弐俵代程之儀世話相頼候処、引当等無之てハ不相成候得は、何会成共企候は為祝儀少ミ宛助力呉候旨申ニ付、以前も有之事哉ニ及承候得は、何之無弁鉄炮会と申儀村内頼廻り候処、鉄炮会と申ハ不承知候ニ付鹿狩といたし、於山奥、居村作左衛門・喜平次、桑飼下村藤七・新助・友三郎等会仕、掛銭之内三歩ツヽ貰請候段及白状候、鉄炮之儀は猪鹿之外堅ク御法度之儀、殊ニ人を集賭勝負為致候ニ相当り、不届至極候、依之急度可被　仰付者ニ候得共、以御憐愍田畑御取上徒罪被　仰付者也、

但、十一月十二日差免ス、尤、文化十一甲戌年十二月八日、田畑御下ヶ被遣候、

同年八月八日

一　月日前後ハ頭取を始□ニ出候ニ付　桑飼上村　宇左衛門忰
焼印付、親宇左衛門拝借筒所持　喜平次
同　拝借筒所持　作左衛門
同下村　新助
拝借筒所持　藤七

右次兵衛ニ被頼

同上村

惣次郎

音右衛門

鉄炮かり打候者

利平次

又七

其方共儀、於村方鉄炮打賭勝負致候趣相聞、召捕及吟味候処、次兵衛・忠七ゟ難渋之趣申立、無拠相頼候ニ付与風心得違仕、少〻宛之賭鉄炮打候旨及白状候、賭勝負之儀は博奕同前之儀、毎〻厳鋪被　仰出、殊ニ鉄炮之儀は、猪鹿猟師ニても御免無之ては、所持すら不相成御定法ニ有之処、慰事ニ用之、剰賭勝負等致候段重〻不届至極ニ付、急度可被　仰付次第も有之候得共、格別之御宥免を以、古鉄炮御引上、徒罪被　仰付者也、

同年八月九日

一

桑飼上村

焼印付拝借鉄炮持

利八

忠七ニ被頼

甥所持御免猟師筒借用

友三郎

次兵衛ニ被頼

其方共、居村次兵衛・忠七ゟ被相頼、鉄炮会いたし賭的打候趣相聞へ候、賭勝負之儀は博奕同前御法度之儀、殊ニ鉄炮之儀は猥ニ取扱不相成御定法ニ有之処、慰事ニ用之、賭勝負等致候次第如何相心得致候事哉可申上ニ、相紀候処、次兵衛・忠七難渋之趣申立無拠頼候ニ付、無尽会之様ニ相心得祝儀持参候処、最早暮ニ及ひ鉄炮ハ

相済居申候て、打ハ不仕候得共、可打心得ニて罷越候儀ニハ紛無之旨蒙御拶度候ては一言申披無之、奉恐入候段申之ニ付、徒罪申付候、

桑飼上村
宇左衛門

其方拝借御鉄炮、悴喜平次持出、於居村賭勝負致候段不届ニ付、徒罪被　仰付候、百姓之身分鉄炮所持之儀御法度ニ付、猪鹿荒候村方ぇは無拠拝借被　仰付、勿論親子兄弟たり共貸借致間鋪証文差上ながら、悴ニ持出候ニ差留も不致、剰賭勝負迄為致候段重〻不届至極ニ候、依之鉄炮御取上、過料三貫文被　仰付者也、

桑飼下村
吉　助

御免鉄炮之儀は　公儀ぇ御届等も有之大切之儀、其上親子兄弟たり共決て貸借り致間鋪旨証文をも差上ながら、此度友三郎博奕場へ持参いたし候始末、畢竟其方等閑ニ相心得候故之儀、不届至極ニ付鉄炮御取上ヶ遠慮被仰付者也、

但、八月十八日遠慮差免ス、

九月三日、喜平次・友三郎・利平次・音右衛門・又七、徒罪差免ス、

九月十四日、作左衛門・新助・藤七・惣次郎・利八、差免ス、

この判決は、桑飼上村伊平次の悴忠七ならびに桑飼上村の次兵衛に対して、鉄炮賭勝負の主催者つまり会元としての罪を問うている。忠七に向けた判決文には「鉄炮之儀は猪鹿之外堅ク御法度之儀、殊ニ人を集、賭勝負為致候始末、博奕宿同前ニ相当り不届至極ニ候」と見え、賭鉄炮の会元の罪状は「博奕宿同前」であるという認識を示している。

その結果、忠七には「以御憐愍三貫文過料徒罪」、次兵衛には「以御憐愍田畑御取上徒罪」という刑罰を申し渡した。忠七に過料三貫文を併科したのは、日雇稼ぎをする身であって耕作すべき田畑を所有しないからである。「田畑御取上徒罪」が本来の刑罰である。

右の判決は次に、桑飼上村喜平次より桑飼下村又七までの八人に対し、右二人の主催する賭鉄炮の会に参加した罪を問い、「格別之御宥免を以、古鉄炮御引上、徒罪」と申し渡した。判決は文中、「鉄炮之儀は、猪鹿猟師ニても御免無之ては、所持すら不相成御定法ニ有之処、慰事ニ用之、剰賭勝負等致候段重〻不届至極」と述べている。判決は続けて、桑飼上村利八および同村友三郎両人の賭鉄炮未遂の罪を問い、「徒罪」に処した。この両人が賭鉄炮の場に臨んだときは、「最早暮ニ及ひ鉄炮ハ相済」んでいたのである。

判決は最後に、鉄炮の持ち主を処罰している。桑飼上村宇左衛門は悴喜平次が拝借鉄炮を持ち出して賭鉄炮に参加したことが罪に問われて「鉄炮御取上、過料三貫文」、また桑飼下村吉助は同村友三郎に御免鉄炮を貸したことが罪に問われて「鉄炮御取上ヶ遠慮」の判決を受けた。

賭鉄炮に関する判例は以上の内容であるが、判決日に注意してみよう。賭鉄炮会元に対する判決日は文化八年九月五日、賭鉄炮に対する判決日は同年八月八日のことである。この日付は前掲した「賭鉄炮規則」の肩書の日付と同じであり、その規定は右の判決に依拠して成文法としたことが了解されよう。右の判例には未遂を罰する判決も存するが、賭鉄炮規定は未遂罪については規定を設けなかった。

六　博奕犯罪に適用する「徒罪」

前述したように、田辺藩は徒罪を軽徒罪、中徒罪、重徒罪の三種類と定め、それぞれに五等級の刑期を設けた。しかし、博奕規定、賭鉄炮規定の各法文は「徒罪」とのみ定め、いままで見てきた判決文でもやはり「徒罪」とのみ記し、軽中重の区別と刑期とを示さない[16]。したがって、博奕犯罪中、博奕宿と博奕とでは適用する「徒罪」の種類が同じなのか、異なるのかといったことさえ不明である。とはいうものの、「刑罪筋日記抜書」博奕に収載する判例を注意深くながめるならば、「徒罪」の種類についてだけは、それを判別する手がかりの存するのに気づくであろう。

博奕犯罪に適用する「徒罪」　「刑罪筋日記抜書」博奕の第三十一「所〻ニて致博奕候者とも」を紹介しよう。

一　文化十一甲戌年二月十五日

堂奥村　与助
次右衛門
与保呂上村　辰右衛門
大助
城屋村　和助
源蔵

其方共、御法度之博奕致候趣相聞、召捕及吟味候処、所〻ニおゐて博奕致候段及白状候、博奕之儀は毎度被
仰出も有之、殊ニ近年相犯候者ハ、夫〻御仕置被　仰付候をも乍存不相用、不届ニ付徒罪被　仰付者也、

但、七月六日、大助・源蔵・和助差免ス、九月三日、辰右衛門差免ス、

堂奥村
惣　次　郎

其方儀、御法度之博奕宿致候趣相聞へ、召捕及吟味候処相違無之、其外所〻ニおゐて博奕致候段及白状候、博
奕之儀は毎度被　仰出も有之、殊ニ近年相犯候者ハ、夫〻御仕置被　仰付候をも乍存不相用、不届ニ付、田畑
御取上徒罪被　仰付者也、

但、文化十二亥年四月十日御赦、田畑も下ヶ遣ス、

右惣次郎
五人組之者

其方共組合惣次郎儀、去申〔酉〕閏十一月博奕宿致候趣相聞、召捕遂吟味候処、相違無之旨及白状候、博奕之儀は毎
度被　仰出も有之、殊ニ文化二丑年、宿組合之者迄も夫〻御仕置被　仰出候得は、常〻互ニ心を付合可申処、
畢竟組合之心得不行届故之儀、不埒ニ付、過料銭三貫文被　仰付者也、

一右惣次郎儀、博奕宿致候ニ付、堂奥村中へ為過役一ヶ月ニ遣ひ藁弐拾束宛徒人小屋へ差出シ、掛り之ものへ相
渡候様可被申達旨御代官へ相達ス、

右の判決は、堂奥村の与助をはじめとする六人に対しては博奕の罪によって「徒罪」、続いて堂奥村の惣次郎に対しては博奕宿の罪により「田畑取上徒罪」の刑をそれぞれ申し渡した。注意すべきは但書として注記された釈放の期

日である。まず堂奥村の惣次郎の釈放日を見るに、それは文化十二年四月十日のことである。恩赦の適用による釈放であるが、この日は判決日の文化十一年二月十五日から数えておよそ一年二箇月後にあたる。徒罪として一箇年以上の刑期を有するのは重徒罪に限られるから、惣次郎の判決刑「徒罪」は重徒罪にほかならない。一方、博奕犯罪の六人中、与保呂上村大助、城屋村源蔵、同村和助は同年七月六日の釈放、与保呂上村辰右衛門は同年九月三日の釈放である。また堂奥村与助、同村次右衛門の釈放日は、「刑罪筋日記抜書」博奕の第三十二「空家ニて毎度致博奕候者とも」に見えており、それは四月十八日のことである。六人が徒人小屋に収容されたのは、二箇月強から六箇月半ほどの期間であるから、六人の判決刑「徒罪」は中徒罪である。要するに、田辺藩は博奕宿の罪については重徒罪、博奕罪については中徒罪を科したのである。

また、惣次郎の罪については連坐が見られる。五人組に対しては過料銭三貫文が、惣次郎の居村である堂奥村に対しては「遣ひ藁弐拾束」を毎月徒人小屋に差し出すことが命じられた。つまり、田辺藩は博奕宿の罪についてのみ、連坐を科したのである。博奕規定(4)~(6)によると、連坐は五人組に過料三貫文、村役人に遠慮、大庄屋に叱と定める。しかし、この事案では村役人と大庄屋に科す連坐が見られない。その理由は不明である。なお、博奕宿の罪を犯した者が使用人であった場合、連坐の過料三貫文は雇い主である「主人」に科す（「刑罪筋日記抜書」博奕の第二十五「博奕宿幷携候者とも」など）。

右の判例において判明するのは重徒罪、中徒罪という「徒罪」の種類までであって、それらの刑期を確定することはできない。しかしながら、刑期を確定できる事案を見いだしたので紹介しておこう。この事案は、「刑罪筋日記書抜」博奕の第二十七「銭之取やりハ不致候へとも、かるた翫候者共」と題して採録された判例である。

文化九壬申年三月廿七日　　　野原村

一　　　　　　　　　　　　　　　　　　　　　　　　　　　六郎兵衛

其方儀、博奕会合致候趣相聞へ及吟味候処、当二月弟次三郎方ニおゐて弐三人酒給へ申内、てんしやう引可申哉ニ申出候ニ付、御法度之儀故差留候得共、慰ニ掛銭等之取遣相止、少之内かるた翫ひ候旨、扨又正月十二三日之頃、家内ニてほう引致候義も有之、早速差留候条雖申之、博奕之儀ハ毎ゝ厳敷被　仰出も有之、既ニ近来些細之儀たり共夫ゝ御仕置被　仰付候を存候も、殊ニ役人之身分として右様之始末不届ニ付、徒罪申者也、

但、六月十八日差免ス、尤、日数六十日ニて差免ス積ニ候得共、不快之由ニて聢ゝ働も不致候ニ付、四ヶ月振差置候、

同村　次三郎
　　　甚次郎

其方共儀、当二月、次三郎宅ニおゐて掛銭等之取遣ハ不致候得共、慰ニかるた翫ひ候段相聞へ不埒ニ付、急度叱り申付候者也、

この判決は、野原村の六郎兵衛に対して「てんしやう引」「ほう引」の博奕をおこなった罪を問い、これに「徒罪」の刑を申し渡した。但書に依ると、六郎兵衛は「日数六十日ニて」釈放の予定であったけれども、「不快之由ニて聢ゝ働も不致候ニ付」、足掛け四ヶ月を経過した六月十八日になって釈放された。すなわち、六郎兵衛の博奕犯罪に対する判決刑「徒罪」は中徒罪であり、その刑期は六十日であったのである。このことから推測するに、判決刑として判示するのは「徒罪」であるが、種類のみならず刑期についてもあらかじめこれを決定していたとみるべきであろう。

なお、同村の次三郎・甚次郎両人は、カルタ遊びをしただけであって金銭等を賭けることがなかったが、それでもこの二人に「急度叱り」を申し渡した。田辺藩はカルタ遊びでさえも厳禁していたのである。

博奕犯罪の未遂に適用する「徒罪」　未遂罪の判例は、第四節において紹介した「刑罪筋日記抜書」博奕の第十九「博奕会合宿并同類之者とも」が唯一のようである。その判例には釈放に関する但書が存しないので、「徒罪」の種類を判別することができない。博奕宿は、既遂と同様に未遂にも連坐がともなうが、その内容は既遂と異なる。既遂の場合は五人組に過料三貫文、村に毎月藁二十束の納入を科す。未遂の場合はそれよりも軽く、五人組と村とに各藁十束の納入を科す。ともかくも、博奕宿の罪は未遂であっても連坐をともなう犯罪なのである。このことから推測するに、博奕宿の未遂罪に適用する「徒罪」は重徒罪であったろうか。記して後考に俟ちたい。同じく、博奕の罪の未遂に適用する「徒罪」についても、右の判例からはその種類を判別することができない。

賭鉄砲に適用する「徒罪」　賭鉄砲に関する判例は、「刑罪筋日記抜書」博奕の第二十四「鉄炮ニて賭勝負いたし候者とも」に採録されており、第五節においてすでに紹介した。その判例によるに、主催者の会元として処罰された二人のうち、桑飼上村の次兵衛については釈放の期日を注記している。それによると、文化八年九月五日に「田畑取上徒罪」の刑を申し渡し、釈放は同年十一月十二日のことである。すなわち、判決後二箇月強の日数で釈放となったわけである。したがって、次兵衛の判決刑「徒罪」は中徒罪である。かたや没収した田畑は、三年三箇月後の文化十二年十二月八日になってこれを返却した。

桑飼上村の喜平次以下十人に対しては、賭鉄炮の罪による「徒罪」を文化八年八月八日付で申し渡した。釈放日は喜平次・友三郎・利平次・音右衛門・又七の五人が翌九月三日、作左衛門・新助・藤七・惣次郎・利八の五人が同月十四日である。したがって、判決日から数えて二十四日強と三十日強の日数である。十人の判決刑「徒罪」の種類は軽徒罪ということになる。以上のことから、賭鉄炮の会元に適用する「徒罪」は中徒罪であって、これに田畑没収を併科し（田畑を所持しない場合は過料三貫文を併科）、一方、賭鉄炮に適用する「徒罪」は軽徒罪であり、これに鉄炮の引き上げを併科する場合のあることが判明するのである。

博奕再犯に適用する「徒罪」　一般に、博奕犯罪は繰り返す傾向が顕著であるが、田辺藩の場合も例外ではないらしい。「刑罪筋日記抜書」博奕は再犯の事例をいくつか載せるが、ここには第三十二「空家ニて毎度致博奕候者とも」と題する判例を紹介しよう。

文化十一甲戌年二月廿日

一　　　　　　　　　　　　　　　　　　　堂奥村
　　　　　　　　　　　　　　　　　　　　　与兵衛

其方儀、居村惣次郎宅ニて致博奕、其上預り居候孫兵衛空家ニて、毎度宿致候趣相聞、遂吟味候処相違無之旨及白状候、殊ニ五ヶ年以前同様之悪事ニて徒罪被　仰付候処、心底相改候趣御憐愍相願候ニ付、御免被　仰付候処、又候御法度相犯候段重〻不埒ニ付、田畑取上から剃之上徒罪被　仰付者也、

但、文化十二亥年四月十日御赦、田畑モ下遣ス、

　　　　　　　　　　　　　　　　　　　同　村
　　　　　　　　　　　　　　　　　　　太右衛門

其方儀、御法度之博奕いたし候趣相聞、遂吟味候処相違無之旨白状ニおよひ候、殊ニ五ヶ年以前同様之悪事ニて徒罪被　仰付置候処、心底相改候趣ニて御憐愍相願候ニ付、御免被成候処、又候相犯候段重〻不埒ニ付、から剃之上徒罪被　仰付者也、

但、右同断、

右は堂奥村与兵衛と同村太右衛門の博奕犯罪の再犯についての判例である。与兵衛の再犯は博奕宿の罪であり、その結果「田畑取上から剃之上徒罪」という判決が下っている。引用を省略したが、与兵衛の罪には連坐がともなっており、堂奥村与兵衛預り孫兵衛空家五人組の者に過料三貫文、同村庄屋次左衛門に庄屋役罷免の上に過料三貫文、年寄元三郎に過料一貫文を科した。一方、太右衛門の再犯は博奕の罪であり、その結果「から剃之上徒罪」という判決となった。この罪に連坐はともなっていない。両名の判決には、いずれも「から剃」の語が見えるが、前述したようにこれは頭髪を坊主頭に剃り上げることである(17)。文化二年規定は博奕の罪の初犯のときより「から剃」を併科したが、文化八年規定はこれを変更し、再犯より併科することにしたのである。

右の判例は釈放日を注記する。それによると、両名とも恩赦の適用によって文化十二年四月十日に釈放された。判決日からかぞえておよそ一年二ヶ月が経過している。したがって、両名の判決刑「徒罪」の内容は重徒罪である。博奕宿は初犯であっても重徒罪であるから、再犯ではより刑期の長い重徒罪を科したと思われる。右の判例で確認すべきは、再犯の場合はそれが博奕の罪であっても重徒罪を科すということである。博奕の罪は初犯では中徒罪であるが、再犯では刑を加重したのである(18)。左に掲げる判例は、博奕の罪の再犯に適用する重徒罪の刑期が二ヶ年以上の事例である（第四十「致博奕徒罪御免後又候相犯候者」）。

文化十四丁丑年八月廿五日　　南有路村

一　　与左〔ママ彦〕衛門

其方儀、七年以前博奕之罪ニよつて徒罪申付置候処、其後段〻先非を悔、御憐愍相願候ニ付、御宥免有之処、又候去ル戌年以来度〻博奕致候段重〻不届ニ付、から剃之上徒罪申付候、

但、文政二卯年六月廿一日御赦、

この判決文に「七年以前博奕之罪ニよつて徒罪」というのは、文化八年七月二十七日、他の十一人とともに博奕の罪に問われて「徒罪」の判決を受けたことを指す。この判決は第四節に掲げた（第二十二「酒興之上致博奕候者とも」）。それによると、彦左衛門は判決日から約三箇月半後の同年十一月十二日に釈放となっている。再犯の今回は、判決日の文化十四年（一八一七）八月二十五日から一年十箇月を経過した文政二年（一八一九）六月二十一日になって恩赦の適用をうけて釈放された。したがって、彦左衛門に科された重徒罪の刑期は、二箇年もしくはそれ以上であったと言えよう。

以上、いくつかの判例を検討した結果、博奕犯罪に科す「徒罪」の内容について、その概略を知ることができた。以下の如くである。すなわち、博奕規定⑴の博奕宿に適用する「徒罪」は重徒罪、同規定⑶の博奕の罪に適用する「徒罪」は中徒罪である。同規定⑼の博奕宿の未遂、同規定⑽の博奕の罪の未遂に適用する「徒罪」については、その種類を特定することができなかった。博奕規定に定めのない再犯については、以下の如くである。すなわち、博奕宿の再犯はこれをふたたび重徒罪として「から剃」を併科した。勿論、これに田畑没収をも併科しかつ連坐がともなうことは初犯の場合に同じである。博奕の罪の再犯はこれを重徒罪とし、「から剃」を併科した。田畑没収と連坐が見られないのは、初犯のときと同じである。

賭鉄炮の罪に科す「徒罪」の内容は、以下のごとくである。賭鉄炮規定によると、主催者の会元に科す刑は「田畑取上徒罪」であるが、その「徒罪」は中徒罪である。また賭鉄炮に加わった者に科す刑は「拝借鉄炮引上ヶ徒罪」であるが、その「徒罪」は軽徒罪である。

判決文は「徒罪」とのみ記してその種類と刑期とを示さない。軽徒罪、中徒罪、重徒罪のいずれに処すか、また各五等級の刑期のうちのいずれにするか、判決を下すにあたっては予めこれらを決定していたと考えられるのだが、判決文はこれを明示しない。そもそも博奕規定、賭鉄炮規定の法文が徒罪の種類と刑期とを明示しないから、判決はこれらの規定に従って「徒罪」とのみ判示したのであろうか。(19)

七　博奕規定の改正

田辺藩は嘉永四年（一八五一）三月、文化八年（一八一一）以来の博奕規定を改正した。改正理由について、田辺藩首脳部の評議は左のように述べている（「博奕はた商其外徒罪入牢一件」第二十一軽徒罪日数定之事）。

嘉永四辛亥年評議之上極

博奕之儀ニ限り御領法を以御仕置被　仰付候て宜趣ニ付、去ル文化八未年徒罪小屋被　仰付、博奕を犯し候もの共夫〻其次第ニ而軽重を以徒罪ニ被　仰付候様相改り、是迄其振合を以御咎被　仰付候様相成候得共、博奕之仕方、又は掛銭之多少、度数之多少、其外他ト地ゟ之儀等ニ付、徒罪之月数日数等差別仕候様ニは仕来候得共、其時〻軽重見込之違区〻ニ相成、是ゟ申定則難相立候付、兼〻相改置申度儀ニ奉存候、此度右多少等之差別を以、日数軽重定則相改申度取調候趣、左之通御坐候、

刑罰を適用するに際して、博奕の方法、賭け銭の多少、回数、犯罪地が他領であるか自領であるか等を勘案して徒罪の日数月数を判断してはきたが、「其時〻軽重見込之違区〻ニ相成」り、「定則」を立てにくくなったというのである。そこで「日数軽重定則」を左のように改めることとしたいと提案し、嘉永四年三月に決定をみたのである。

(1)一都て博奕之内筒取有之候賽博奕ハ格別、其餘一通り之廻り筒賽博奕、又は丁半握り、丁半かるた之類、百文五拾文以上以下と、度数ニて軽重差別之極、左之通、

但、当地ト他所との差別ハ、縦令六度之内五度迄は他所之儀ニ候共、壱度ニても地ニていたし候ものハ無差別、他所計ニ候得は、百文以上は五拾文以上之所ヱ附、五拾文以上之ものハ五拾文以下之所ヱ附ケ、差別いたし候事、

一賭銭五拾文以下ニて壱度ハ　軽徒三十日

　但、五拾文以上ハ　弐ヶ月

　　　百文以上ハ　三ヶ月

一右同断弐度ハ　弐ヶ月

　但、五拾文以上ハ　三ヶ月

　　　百文以上ハ　四ヶ月

一右同断三度は　三ヶ月

　但、五拾文以上ハ　四ヶ月

　　　百文以上ハ　五ヶ月

一右同断四度は　四ヶ月

　但、五拾文以上ハ　五ヶ月

　　　百文以上ハ　六ヶ月

一右同断五度は　五ヶ月

　但、五拾文以上ハ　六ヶ月

　　　百文以上ハ　七ヶ月

拾度迄は右ニ准シ、十度以上之もの差別左之通、

一賭銭五拾文ニて十壱度ゟ十四度迄　重徒壱ヶ月〔ママ年〕

　但、五拾文以上ハ　壱ヶ年半

一右同断　十五度ゟ二十度迄　同壱年半

　但、五拾文以上ハ　弐年

一右同断　二十一度ゟ以上は　弐年

　但、五拾文以上ハ　弐年半

一右同断三十度以上ハ　弐ヶ年半

　但、五拾文以上は　三ヶ年

右ゟ以上は、其趣ニ寄評議之事、

⑵一右博奕打ニて、再犯之ものハ空剃之上、壱度之処を弐度之刑数ニ引当候事、三犯之ものも又空剃之上、其餘ハ前定之壱度を弐ヶ月、弐度を三ヶ月、三度を四ヶ月と一段増ニして可取極事、

⑶一筒取ニて之宿は格別、只一通り之廻り筒之賽博奕、又はかるた博奕様之宿之もの之刑、文化八定之通田畑取上ヶ徒罪、尤宿之度数を前五拾文以上以下定之法を一段増ニして、壱度を弐ヶ月、弐度を三ヶ月、三度を四ヶ月之所ぇ引当可申事、

　但、田畑無之ものは、御定之通過料銭三貫文申付、町人は田畑ハ所持不致候付、過料銭三貫文之上徒罪也、

⑷一右宿并其身も打候再犯之もの、空剃は勿論、其外宿之度数前五拾文以下以上之定之通を以、壱度三ヶ月、弐度を四ヶ月、三度を五ヶ月ト二段増ニ引当、其外田畑は勿論、家財とも取上から剃徒罪、其外三犯之ものも右ニ

准シ可取計事、

但、取上之田畑は五ヶ年相立候得は下ヶ遣シ、再犯ニ成候得は田畑之外ニ家財之取上も附候付、家財は三ヶ年、田畑は五ヶ年を弐ヶ年増、七ヶ年相立下ヶ遣候事、

⑸一右博奕之外賭的・賭碁・花合・宝引、都て賭勝負之類は格別軽く候得共、其内宿又は筒取講元等之ものは格別重く、前定都て本博奕打、度数賭銭五拾文百文以上以下之差別を以徒罪ニ申付、其外之ものは軽徒三十日之所を六日、二ヶ月之所を十二日、三ヶ月を十八日、四ヶ月廿四日、五ヶ月を三十日之所ぇ引当、五度以上は右ニ准シ、本博奕弐度之所ぇ引当り、尤賭銭五拾文百文は右之定ニ准シ、日数も一段ニ増ニ相成候事、

右之趣は、是迄申付来候所ぇも粗相当仕候間、先ツ此趣ニ相定置、其上ハ其品其趣ニゟ評議之事、

嘉永四辛亥年三月極

右の改正規定は、文化八年規定に比べてかなり詳細である。⑴・⑵は博奕の罪、⑶・⑷は博奕の主催者である博奕宿の罪を処罰する規定である。⑸は博奕以外の賭勝負事に適用する刑罰を明文化している。規定⑴は博奕の種類を定義して、「賽博奕ハ格別、其餘一通り之廻り筒賽博奕、又は丁半握り、丁半かるた之類」とし、これらの博奕をおこなった度数と賭け銭の額とによって刑罰を細かに定めた。もっとも軽いのは五十文以下の賭け銭による度数一回の場合で、「軽徒三十日」の刑である。賭銭五十文以下で度数が二回の場合、刑期は「弐ヶ月」であり、したがってその刑は中徒罪ということになる。以後、度数が増えるごとに刑期も一箇月ずつ増え、十回に至るとその刑期は「十ヶ月」に達する。賭銭五十文以上の場合は刑期を一等級重くし、百文以上の場合はさらに一等級重くする。それ故、賭銭五十文以上で度数十回の場合は「十一ヶ月」、賭銭百文以上で度数十回の場合は「十二ヶ月」という刑期になる。度数十一回以上に及ぶ場合は、賭け銭の額を五十文までとそれ以上との区分を設けており、その刑罰は「重徒一ヶ

年」から半年ずつ刑期が増えて度数三十回以上で賭銭五十文以上の場合に「三ヶ年」という重徒罪の最高刑に達する。四十回以上の多数回にわたる場合は、「其趣ニ寄評議」をすることとした。これほどまでに多数回の度数を規定したということは、従来の博奕規定をもってしては博奕犯罪を根絶することができないばかりでなく、博奕犯罪が恒常的に発生し、累犯の傾向が顕著であったことを物語っているように思われる。規定(1)において注意すべきは、中徒罪が「二ヶ月」から「十二ヶ月」までの十一等級となっていることである。文化八年九月制定の徒罪規定においては、軽中重徒罪とも各五等級であり、中徒罪の刑期は二ヶ月、四ヶ月、六ヶ月、八ヶ月、十ヶ月であった。嘉永四年規定は、博奕犯罪に適用する中徒罪について、その等級を十一等級に増やしたのである。

規定(2)は、博奕犯罪が再犯以上に及んだ場合の刑罰を定めたものである。それによると、再犯の場合は刑罰を初犯より一等重くし、三犯の場合はさらに一等重くし、犯罪を累ねるごとに刑を一等ずつ加重するのである。再犯以上の場合は、これに「空剃（からぞり）」を併科した。から剃の併科は、文化八年規定に同じである。

規定(3)は、博奕宿の罪に適用する刑罰を定める。博奕宿の罪は、博奕罪の規定を基準としてこれより一等重く処罰することと定め、「田畑取上」については文化八年規定と同様にこれを併科することとした（田畑を所持しない者には、これに代えて過料銭三貫文を併科することも、文化八年規定に同じである）。規定(4)は、博奕宿の再犯以上について定める。再犯以上には初犯に一等ずつ加重した刑を科すこととした。したがって、再犯は中徒罪三ヶ月、三犯は同四ヶ月ということになる。博奕宿の再犯以上については、から剃を併科するとともに田畑および家財を没収することとした。文化八年規定と異なるのは、没収財産に家財を加えたことである。博奕宿の罪には財産没収がともなうが、規定(4)の但書は、没収財産の返還時期を定めた。初犯の場合の田畑返還は「五ヶ年」後、再犯の場合は家財と田畑とを分けて二段階の返還とし、家財は「三ヶ年」後、田畑は「七ヶ年」後とした。没収財産の返還についての明文規定は、嘉永四年規定において初めて設けたものである。[20]

規定(5)は、博奕以外の「賭的・賭碁・花合・宝引」など賭勝負ごとを処罰する規定である。その刑罰は、軽徒罪の六日、十二日、十八日、廿四日、三十日である。これらの賭勝負事を主催する「宿又は筒取講元等之もの」については、本博奕の罪と同等の刑罰を科すと定めた。文化八年規定は、これらの賭勝負事を処罰する明文を持たなかった。

田辺藩は嘉永四年三月、このような詳細な博奕規定を制定し、様々な態様の博奕犯罪に対処しようとしたのである。博奕犯罪に「徒罪」を適用することは従前と同じであるが、中徒罪の刑期を二ヶ月に始まって一箇月刻みで刑期を設けて十二ヶ月に至る十一等級としたことは、大きな改正点であろう。

むすび

「刑罪筋日記抜書」博奕に収録する判決は、文政五年（一八二二）四月十六日付の判決が最終のものである（第五十二「博奕被相進其場へ立人《ママ入》候者とも」）。それ故、それ以降の博奕犯罪の様相は不明である。しかし、嘉永四年制定の博奕規定が累犯について詳細に定めていることからすると、博奕犯罪が文政五年以降に大きく減少したとはとても考えにくい。また、文化八年に博奕規定を制定した後とそれ以前とで、博奕犯罪の発生件数にどのような変化があったかについても、それを検証することは難しい。ただ、文化八年規定が博奕犯罪に適用する刑罰として徒罪を採用したことは、田辺藩の刑事政策上、次のような変化をもたらしたことは確かであろうと思う。それは、徒罪の採用が追放刑の減少に貢献したということである。[21] すなわち、追放刑に内在する矛盾と弊害——犯罪を再生産する側面をもつという矛盾と追放先の治安を悪化させるという弊害——とを克服することに幾分かは成功したと考えられるのである。とはいうものの、徒罪という刑罰が目指すところの社会復帰については、それがどの程度に実現したのか、あるいはまったく実現しなかったのか、これを詳らかにすることができない。この点は、今後の課題である。

本稿は、田辺藩における博奕規定の推移を確かめ、博奕犯罪と徒罪という刑罰との関係を明らかにしてきたが、最後に、博奕規定の立法の仕方と法文の表記法とについて一言しておく必要がある。すでに述べたように、文化八年の博奕規定は個別具体的事案の裁判事例に依拠して法文を定め、その判決の日付を法文の右肩に注記する。「文化八未八月十一日」あるいは「文化八未三月五日例」などの如くである。こうした立法方法と注記法とは、おそらく幕府の「公事方御定書」のそれを採用したのであろう。「公事方御定書」上下巻のうちとりわけ下巻は、法文ごとに「従前ゝ之例」とか、あるいは年号を冠した「享保十一年極」「元文三年極」「寛保元年極」などという注記を右肩に附している。「従前ゝ之例」は、徳川吉宗の将軍就任以前からの幕府法令、判例、慣習などを成文法化したことを示している。また、年号を冠した肩書には、その年の法令、あるいはその年の個々の具体的事案を処理した裁判事例などに依拠して成文法化した場合が少なからず見られる。[22] 綾部市資料館に所蔵する田辺藩の裁判資料を調査された井ヶ田良治氏は、田辺藩においては「各藩などに流布されていた御定書が念入りに参照されていた姿を知ることができる」と指摘され、[23] 判決の「典拠法として「御定書」を参照し」た事例をも紹介しておられる。[24] 田辺藩は、「公事方御定書」を刑事判決の法源としてこれを参照したくらいであるから、博奕規定を制定するにあたってその立法方法に倣ったとしても何ら異とするに足りない。

註

（1）瀬戸美秋校訂・加藤晃作成「御条目之事」『田辺藩裁判資料研究』三号、平成八年。理解を助ける配慮と思われるが、この翻刻は原文を書き下し文に改めている。

（2）神原文庫は、香川大学初代学長神原《かんばら》甚造氏（明治十七年（一八八四）～昭和二十九年（一九五四））が収集した、和漢洋の典籍やさまざまな資史料約一万一五〇〇点からなる文庫である。神原氏は香川県下の仲多度郡多度津町に生まれ、京都帝国大学法学部卒業後、京都地方裁判所を皮切りに大阪地裁、神戸地裁、東京控訴院、大審院の判事を歴任し、昭和二十年八月に大審院部長に補された。香川大学学長就任は昭和二十五年のことである。『神原文庫分類目録』（昭和三十九年、風間書房）、『神原文庫分類目録（続）』（平成六年、香川大学附属図書館）が刊行されている。神原文庫とその旧蔵者については、高野真澄「香川大学附属図書館『神原文庫』と神原甚造先生」（『香川法学』一〇巻三・四号、平成三年）参照。

（3）「博奕はた商其外徒罪入牢一件」には、神原甚造の蔵書印「洛住判事神原甚持本」が捺されている。岡野重慎旧蔵の写本は、「博奕はた商其外徒罪入牢一件」のほかに左の八点を神原文庫中に見出すことができた。

①「公事出入刑罪筋伺書写」一冊（田辺藩刑事法史料）
②「御仕置仕形之儀ニ付奉伺候書付 申上候書付」一冊（田辺藩刑事法史料）
③「刑罪筋書抜」一冊（二十一箇条からなる問答集）
④「刑策堅秘録」一冊（幕府「公事方御定書」下巻）
⑤「公秘録」一冊（幕府法）
⑥「公私被仰出抜書」一冊
⑦「寺社御奉行 御加役御手留 抜書」一冊
⑧「一日市村異国船漂着一件」一冊

（4）「博奕はた商其外徒罪入牢一件」における博奕記事の目録は、左記の通りである（太字の漢数字は引用者の与えた番号である）。

一　一三笠附博奕取退無尽之儀ニ付、被　仰出之事
二　一博奕幷賭勝負之儀ニ付、被　仰出之事
三　一取退無尽と号シ、三笠附博奕同然之儀ニ付被　仰出之事
四　一賭碁賭将棋等之儀ニ付、被　仰出之事
五　一鉄炮を以賭勝負之儀ニ付、被　仰出之事
六　一冨突抔と名附博奕ス間鋪ニ付、被　仰出之事

七　一町方料理屋之儀ニ付、被　仰出之事

八　一於村〻弓矢持伝ぇ候者、賭勝負致候儀ニ付、被　仰出候事

九　一博奕致候もの入牢被　仰付候処、御大礼之赦ニ出牢之事

また徒罪に関する記事の目録は、左記の通りである。

十一　一博奕打并宿いたし候もの御咎之事　但、五人組・村役人・大庄屋、村方御咎之事

十二　一賭鉄炮為致候会元御咎之事

十三　一右被頼鉄炮会いたし候もの之事

十四　一右会元之村役人并大庄屋御咎之事

十五　一村役人不届有之、役儀召放徒罪被　仰出候事

十六　一町方之者入牢申付候得は、家内之もの慎之事

十七　一重キ御法事有之、徒罪之もの為赦御免、其節見樹寺おゐて役人席付絵図之事

十八　一町方之もの不届有之、戸〆被　仰付御免候節、戸〆引払之事

十九　一徒人小屋出来、諸道具渡物并同所定目、其外徒罪之もの之儀ニ付、諸事附込之事

二十　一村〻人別改之節、他国出いたし候もの御咎之事

二十一　一軽徒罪日数定之事

二十二　一御厄年ニ付徒罪之もの御赦之事

（5）谷口家資料は舞鶴市在住の谷口房治氏が寄託されたもので、田辺藩郡奉行役所伝来の法制史料と田辺藩士原家歴代の旧蔵資料とがその中核をなす。京都府立総合資料館歴史資料課の辻真澄氏の御教示によれば、寄託者谷口氏は旧田辺藩とは無関係であり、同資料が谷口家に襲蔵されることとなった経緯については未詳の由である。

（6）「郡奉行役所」印は、『舞鶴市史』通史編（平成五年、舞鶴市史編さん委員会編）に印影が掲載されている（同書上七四二頁）。

（7）本稿を草するにあたり参照すべき田辺藩法制史料は、実は他にも存する。それは、（京都府）綾部市資料館所蔵の厖大な裁判資料群である。この資料群は、田辺藩郡奉行役所の公事方で扱った訴訟の記録である。その主要なものは「裁判（吟味筋・出入筋）の取掛から落着（事済）までの裁判過程を記録し、同時にすべての関係文書を書き写し、一件ごとに冊子としたもの」であり、文

政十一年（一八二八）から明治四年（一八七一）にいたる二八五件分が現存する。そのほかに「公事出入吟味物伺進達控」「御代官公事出入吟味物伺進達控」と題する冊子等が存する（科学研究費補助金研究成果報告書『丹後田辺藩裁判資料の研究――英・独の裁判制度との比較を通じて――』研究代表者井ヶ田良治、平成五年）。右の科研費報告書はこれら訴訟記録の件名を採録している。右二八五件の裁判記録のうち一七件については、井ヶ田氏を代表とする裁判史研究会の諸氏によって翻刻がなされている（『同志社法学』三七巻六号、三八巻一・二号、同巻四・五合併号、四〇巻一・二号、昭和六十一年～六十三年）。また、井ヶ田氏はこの裁判資料を読み解いて、田辺藩における民事・刑事の裁判手続等に光を当て、左の論考を発表しておられる。

・「丹後田辺藩郡奉行代官の地域支配――天保改革期における代官吟味記録――」同志社大学人文科学研究所『社会科学』七二号、平成十六年

・「近世譜代大名領の裁許記録と進達書類の作成――丹後田辺牧野家領の公事出入を例として――」『同志社法学』五八巻一号、平成十八年

・「丹後田辺牧野家領の刑事吟味」藩法研究会編『大名権力の法と裁判』平成十九年、創文社

［井ヶ田氏にはこれらに加え、右の裁判記録を用いて「近世後期における民衆宗教の伝播―丹後田辺牧野家領の黒住教―」（同志社大学人文科学研究所『社会科学』七六号、平成十八年）と題する論考も存する。］

なお、右の科研費報告書は、「刑罪筋日記抜書」（京都府立総合資料館寄託谷口家資料）についても解題を施し、「雑記」四冊・「掟背」四冊についてはそれらの目録部分を翻刻している。

（8）「御条目之事」に載せる徒罪制度創設の提案とそれを決定した記事は、左のごとくである。

博奕其外御領分追払等ニ申付候者不少候、追放は於他国居所幷無縁を苦ミ、及積年本心ニ立帰り悔先非、御慈悲相願、御赦免被仰付候者も間ゝ有之候得共、多分艱難ニ苦ミ、其罪増長シ、生涯身ヲ持兼可申、強て死刑ニ及候者モ可有之、尤生国ニて難誡迚猥ニ他領ぇ追放候て、於他国其罪犯ス時ハ終ニは餘人ぇも押移候様可相成、他国ぇ其罪を譲り候道理有之間敷、殊ニ享保七寅年被　仰出候御書付ニも、近年於　公儀ハ追放先ハ無之間、於国ゝ所ゝニも其旨を存、猥ニ追放有之間敷旨、然とも品ニより追放申付却て可然者も可有之、其段ハ格別之旨被　仰出候、雖然罪之軽重ニ依て夫ゝ御仕置被　仰付候儀、博奕筒取等家業同前之族も有之、不軽は追放遠島相当り之者も可有之候、追放遠島を省キ令永牢も畢竟無益被存候、右等之者は不拘軽重、成丈徒罪申付、年齢強弱ニ順ヒ日中日傭ニ使之、最〔ママ尤〕天気晴雨ニ応、内外之拵為致、其賃料を量貯置、夫ゝ定数日を経て帰村申、農業之手

段無之者共へハ、少分之田畑求之候価下ヶ遣候ハ、為ニも可相成哉、常産相定候時ハ自然ト犯罪相減候道理ニも相当り可申歟、依之於嶋崎畑之内ニ徒人小屋と名付建之候上ハ、為取〆中間定出人壱人差添、昼之内相詰、暮六ツ時ゟ明六ツ迄錠〆切置為引取候積リ、今般評議之上相伺之候処、其通被　仰出候事、

文化七庚午年正月

なお、「博奕はた商其外徒罪入牢一件」もまた、その第十九項、第二十一項に右と同じ記事を載せる。

(9) 高柳真三・石井良助編『御触書寛保集成』四十三御仕置者之儀ニ付被仰渡部、二五〇九（昭和九年、岩波書店）。この触書は「公事方御定書」にも採録されている（上巻五十二追放之儀ニ付御書付）。

(10)「御条目之事」はその記事に、文化七年六月七日のこととして、「一右徒人小屋出来ニ付、入牢もの壱人今夕ゟ差遣ス、食事等先当分是迄之通中屋敷より為差出候事」と記す。

(11) 高柳真三・石井良助編『御触書寛保集成』四十三御仕置者之儀ニ付被仰渡部、二五〇九。

(12)「博奕はた商其外徒罪入牢一件」は、享保十九年（一七三四）から文化元年（一八〇四）に至る七十年間に発令された博奕ならびに賭勝負事の禁令二十通（うち四通は幕府触書）を収載する。

(13) 博奕規定の制定が文化八年中のことであったことは、「博奕はた商其外徒罪入牢一件」の記事に「去ル文化八未年徒罪小屋被仰付、博奕を犯し候もの共夫〻其次第ニゟ軽重を以徒罪ニ被　仰付候様相改り」あるいは「かるた博奕様之宿之もの之刑、文化八定之通」などと見えることからもうかがえる（第二十一軽徒罪日数之事）。

(14) しかし、博奕犯罪に適用する追放刑を全廃したわけではない。すでに述べたように、「徒罪」の種類と刑期を定めた文化八年九月の規定に、「猶品ニゟ重キハ追放ニも申付候事」と定めるからである。博奕犯罪に追放刑を科した事例については後述する。

(15) 田辺藩は、賭鉄炮に関しても文化八年以前、左の法令を出している（「博奕はた商其外徒罪入牢一件」第五「鉄炮を以賭勝負之儀ニ付、被　仰出之事」）。

宝暦十一巳年六月、在方え

一近頃他領ニて、鉄炮を以賭勝負等いたし候儀共有之様相聞候、御領分中ニは左様之もの無之、人〻鉄炮之儀は大切之事ニ相心得候様、追〻申達有之候儀ニ候得は、曾て以左様之儀は不致事ニては候得共、御料場之近辺抔ニて右様之儀も時□候得共、おのづから其風儀ニも相成候ては甚不宜候間、人〻急度相心得随分相慎可申候、為心得申置候条、其趣存并村〻役人共末〻迄心付可

申者也、

巳六月

(16)「刑罪筋日記抜書」が徒罪の種類と刑期とを記さないのは、本書を編集するにあたってそれらを省略したのではなく、田辺藩の判決がそもそもそれらを明記しなかったのである。綾部市資料館に所蔵する田辺藩の裁判記録「公事出入吟味物伺進達控」における判決文にもやはり「徒罪」とのみ見える。［なお、判決文は手鎖、押込についてもその日数を明記しない（裁判史研究会「丹後田辺藩裁判資料」(一)『同志社法学』三七巻六号六九頁、昭和六十一年）。］

(17)「博奕はた商其外徒罪入牢一件」は、徒人の処遇を記した箇条書のなかに、「から剃」について、

一壱度博奕致シ徒罪ニ相成候もの、差免候後何年相立候共、又博奕致徒罪ニ相成候節は髪から剃、差免候迄坊主ニて入置、剃人髪結、

但、徒罪ニて壱度小屋入ニ相成候もの也、

という記事を載せている（第十九「徒人小屋出来、諸道具渡物幷同所定目、其外徒罪之もの之儀ニ付、諸事附込之事」）。この記事によって判明するのは、博奕再犯の者を「髪から剃」に処すこと、その「から剃」とは坊主頭であること、頭をそり上げるのは髪結い職人であったことなどである。右は文化八年四月の記事であるが、同書はまた「から剃」に関して、文政二年（一八一九）十二月十九日制定の規定を収録しており、それには、

一徒罪小屋入坊主之もの、月代剃候儀、月ニ四度、定日左之通相極、町廻り之もの罷越、為剃候様下役共ゟ同心へ相達ス、

朔日　七日　十五日　廿二日

但、初て剃候節計髪結ェ申付、其後ハ同小屋入之もの有之候得は為剃候得共、坊主計小屋入ニ候得は剃人無之故、定日之内も相減髪結ニ為剃候、依之小屋へ剃刀幷砥石等、小屋賄之内ゟ渡置遣候、

と見えている。同書はまた文政五年二月二十一日の「宇慶恭助殿仰《ママ》」を載せ、その中で「以来たとへ徒罪之ものニても、徒罪ハ差免候ても空剃之儀は別段御免不相達内は為剃可申事」と指令した（第十七「重キ御法事有之、徒罪之もの為赦御免、其節見樹寺おゐて役人席付絵図之事」）。つまり、徒罪を免じたとしても、同時にから剃をも免じるとは限らないのである。

「三政規範」という史料はまた、「から剃」の担当者について左の記事を載せる（『三政規範』七三頁、平成十八年、古文書勉強会〔舞鶴市〕発行、読点は引用者）。

一からぞりニて追払之儀ハ、ぞり人は御中間相勤申候、他所之盗人悪き者等他之者ニ候へは、与次郎ぞり上申候、但シ当時ハ、御当地者ニても番人小屋頭ぞり申候、右ぞり場所ハ京都大野辺高脇也、下役壱人其節見届ヶ罷越、雨具持中間壱人出、右雨具持之儀ハ寛政元己酉年九月廿一日ゟ改、

(18) 堂奥村与兵衛と同村太右衛門の両名の博奕犯罪について、判決文は共に「五ヶ年以前同様之悪事ニて徒罪被　仰付候」と記す。ここには「徒罪」とのみあって「田畑取上」が記されていない。それ故両名の初犯は博奕の罪であって、博奕宿の罪ではなかった、と断定できるであろうか。どうも、それは断定できないようである。「刑罪筋日記抜書」博奕は、与保呂上村の庄四郎の博奕犯罪については、初犯、再犯ともにその判例を採録している。初犯の判決は第四節に掲げてある。それによると、庄四郎は文化八年八月十一日、博奕宿の罪により「田畑取上徒罪」の判決を受けたが、恩赦の適用をうけて約七ヶ月後の同九年三月十九日に釈放となっている。釈放二年後の文化十一年三月十一日、今度は博奕の罪によって左の判決をうけた（第三十三「致博奕徒罪御免後又候相犯候者とも」）。

与保呂上村
庄四郎

其方儀、御法度之博奕致候趣相聞、遂吟味候処相違無之旨及白状候、殊ニ五ヶ年以前同様之悪事ニて徒罪被　仰付置候処、又候相犯候段重〻不埒ニ付、から剃之上徒罪被　仰付者也、

但、右同断、（「文化十二亥年四月十日御赦」のこと…引用者註）

庄四郎は判決日から一年一ヶ月後に恩赦の適用を受けて釈放となっているので、判決刑「から剃之上徒罪」の「徒罪」の内容は重徒罪である。すでに確認したように、たとえ博奕の罪であってもそれが再犯の場合は重徒罪を科すのである。右の判決は、庄四郎の罪が再犯であることを、同奥村の与兵衛・太右衛門の判例と同文をもって「五ヶ年以前同様之悪事ニて徒罪被　仰付置候」と記す。すなわち、「□ヶ年以前同様之悪事ニて徒罪被　仰付置候」という文言は、その罪が再犯であることを表現するだけである。したがって、初犯が博奕の罪であるのか、博奕宿の罪であるのかはその都度判別する必要がある。

(19) 「軽徒罪」あるいは「重徒罪」というように、徒罪の種類を明記する判決が稀に存する。たとえば、「刑罪筋日記抜書」博奕の第四十七「他国ニて賭銭辻博奕いたし候者とも」は、「軽キ徒罪」と判示し、同第四十五「致博奕徒罪中、働つらく迯囲を抜出候者」は「重徒罪」と判示する判決である。前者は文政元年（一八一八）九月二十九日、三日市村新右衛門悴政次郎以下七人が、「其方

共儀、御法度を背、当八月中、丹波国金河内村宮明神へ参詣之砌、右明神境内ニおゐて四五銭ゟ拾銭位迄之賭銭辻博奕いたし候段、不埒ニ付、軽キ徒罪申付候」という判決を受けた事例である。また後者は同年同月十三日、倉谷村町分の伊平次悴石松が徒人小屋を逃走して、「其方儀、博奕いたし候依科、徒罪御仕置ニ成候処、働つらく難儀ニ候迚、囲を抜出候始末、不届ニ付、重徒罪申付候」という判決を申し渡された事例である。

前者の判決がことさらに「軽キ徒罪」と明記する理由はこういうことであろう。博奕の罪は本来であれば中徒罪を適用するのであるが、この事案は他国における博奕であって、しかも賭け銭少額の常習性のない博奕であるので、一段と軽い刑罰を科すことにした。右判決には「但、徒役日数十二日被　仰付候段、下役共ゟ為相達候」という但書があり、「軽キ徒罪」とは日数十二日であったのである。後者の「重徒罪」は、徒人小屋逃走についての成文法規が存在しないがため、判決中にその徒罪の種類を明記したのだと思われる。

ちなみに幕府において、無罪の無宿に人足寄場収容の判決を申し渡す場合、その判決には「敲之上、人足寄場へ差遣ス」「入墨之上重敲申付、御仕置相済候後、人足寄場ぇ遣ス」というよう記し、収容期間を示さない。これはそもそも寄場収容の期間を予め定めなかったことによる（高塩博「幕府人足寄場の収容者について――武家奉公人と有宿――」『栃木史学』二三号一二〜一四頁、平成二十一年）。田辺藩の徒罪判決が幕府の寄場入り判決に倣った結果であるのか否か、記して後考に俟ちたい。

(20) 文化八年規定の施行下の判例には、しばしば田畑返還の注記が見られる。それによると、返還までの期間はかならずしも一定していない。

(21) 「刑罪筋日記抜書」博奕の第三十八「所々ニて博奕打其後致欠落、立帰忍罷在候者」は、左に示すように「中追放」を科した判例である。

文化十三丙子年八月四日　　行永村弥左衛門悴
欠落いたし候
入牢　弥三郎

其方儀、先達て博奕宿いたし候依科、田畑取上徒罪ニ相成候後、御法事之御赦ニ御免有之処、又候御法度を相背、銀札弐三分賭ゟ壱匁賭位迄、廻り筒ニて都合三度簺博奕致、又は他国へ罷越、名所も不存所ニて簺博奕打、其後欠落いたし、立帰忍ひ罷在候段、旁不届ニ付、中追放申付候、

御構場所書付、公事方之者読之、
中追放御構場所
真倉　吉坂
由良　金屋　境ゟ内
右御構場所徘徊致間鋪候、

この事案は、「猶品ニ寄重キハ追放ニも申付候事」という文化八年九月の規定を適用した判決である。「刑罪筋日記抜書」博奕の冊において、「徒罪」施行下の追放刑判決はこれが唯一である。

(22)「公事方御定書」下巻には、個々の具体的事案を処理した裁判例を根拠とし、その判決の法意を汲み取って法文に仕立てた規定が数多く存する。このことは、「科条類典」(司法省蔵版、法制史学会編『徳川禁令考』後編所収、昭和三十六年、創文社)を参照すれば、おのずから了解されることである。そもそも「公事方御定書」の最初の草案である「元文三年帳」には、通常の法文とともに判例そのものも多数掲載されていた(高塩博「「公事方御定書」の編纂過程と「元文五年草案」について」『國學院法學』四八巻四号、平成二十三年および「科条類典」参照)。

箇条肩書の意味する処については、小出義雄「御定書百箇条編纂の事情について」(『史潮』四年三号一三三頁、昭和九年)、石井良助「公事方御定書の制定のこと」(『第五江戸時代漫筆』昭和四十六年、自治日報社)、茎田佳寿子『江戸幕府法の研究』(三三〜三四頁、昭和五十五年、巖南堂書店)が、それぞれの見解を表明している。

(23)井ヶ田良治「近世譜代大名領の裁許記録と進達書類の作成――丹後田辺牧野家領の公事出入を例として――」『同志社法学』五八巻一号二七頁、平成十八年。

(24)井ヶ田良治「丹後田辺牧野家領の刑事吟味」藩法研究会編『大名権力の法と裁判』平成十九年、創文社。

附記　京都府立総合資料館寄託の谷口家資料の閲覧と利用については、同館歴史資料課辻真澄氏ならびに関西学院大学名誉教授林紀昭氏の御高配を忝くした。記して謝意を表するものである。

〔補註〕「刑罪筋日記抜書」編纂の実務を担当した臼井忠之丞は、文政十一年(一八二八)十一月、「公事掛」の職にあった(裁判史

研究会「丹後田辺藩裁判資料」㈠『同志社法学』三七巻四号四六頁、昭和六十一年)。

また「刑罪筋日記抜書」の「総目録」によるに、「此書之惣名無之故、此書を呼ニ不便利」であるので、弘化三年（一八四六)、今井角兵衛なる人物が「盗賊」「博奕」「御赦」以下十一種十八冊を整理して藍表紙にて装訂を施した際に、「刑罪筋日記抜書」の書名を各冊に書きつけたものである。

第四章　津藩の「揚り者」という刑罰

――徒刑思想波及の一事例――

はじめに

周知のように、徒刑とは犯罪者を収容施設に拘禁して一般社会から隔離し、収容期間中は強制労働を科すという刑罰である。江戸時代の徒刑は、当時の刑罰の主流をなす追放刑の矛盾と弊害に対する反省から採用される場合が多く、徒刑を採用することによって追放刑を原則として廃止し、あるいは制限することとなった。

江戸時代の徒刑は、宝暦五年（一七五五）四月、外様大名細川氏の熊本藩に始まる。熊本藩の「徒刑」は、同藩の刑法典「御刑法草書」の中に定めたもので、その目的は犯罪者を教化改善して再び世の中に送り出し、更生させることであった。したがって、この目的を達成するため、熊本藩の徒刑制度は様々な施策を備えている。その第一に挙げるべきは、作業有償制と元手の制である。これは、強制労働に少額ながらも賃金を支給し、またその中から一定の割合を積み立てさせ、この積立金を釈放時の生業資金に充当させることである。第二は、入所時や釈放時に教諭を加えるとともに、毎月に「心得条目」を読み聞かせるなどの教育的な配慮を払っていることである。第三は、身元引受と生業に就くための世話、第四は釈放後の保護観察である。(1)

　このように、犯罪者を教化改善して社会復帰させようという趣旨の自由刑は、その後佐賀藩が天明三年（一七八三）十二月に「徒罪之法」を制定してこれを採用し(2)、会津藩が寛政二年（一七九〇）三月制定の「刑則」という名称の刑罰法規集に「徒刑」を定めた(3)。佐賀藩の「徒罪」と会津藩の「徒刑」は、いずれも熊本藩徒刑を参考としつつ創設した刑罰であり、改善主義の考え方に根差す作業有償制と元手の制とを採り入れている。

　又、江戸幕府においては、寛政二年二月、隅田川河口の石川島に「人足寄場」を創設し、主として「無罪之無宿」を収容した。老中松平定信は人足寄場の設立にあたっては熊本藩の徒刑制度からも多くを学んだから、収容者を教化改善して社会復帰を目指す趣旨と、作業有償制や元手の制などをはじめとしてその処遇法には共通する点が多々存する(4)。

　さて、ここに採りあげる津藩の「揚り者」という刑罰は、津藩独特の刑罰ではあるけれど、熊本藩徒刑や幕府人足寄場とも類似点を有する徒刑制度である。「揚り者」という刑罰そのものについては、『津市史』第一巻（梅原三千《みち》執筆、西田重嗣補訂、昭和三十四年、津市役所発行）六七二～六七八頁に、基本史料とともにその内容が紹介されており、また、武藤和夫「津・藤堂和泉守領分の刑事法」㈢（『三重法経』一四号、一二七～一二八頁、昭和三十八年）にも言及されている。ただ、武藤論文の「揚り者」に関する箇所は『津市史』に依拠した記事にすぎず、ここに新知見を見い出すことはできない。その後、津藩の「揚り者」という刑罰は法制史家の注目するところとはならず、江戸時代の徒刑制度の中に津藩の「揚り者」を位置付けて論じた論文を寡聞にして知らない(5)。そこで本稿は、主として右の『津市史』に掲げられた基本史料に依拠しつつ、あらためて津藩の徒刑制度を考察しようとするものである。

　なお、以下に紹介する津藩の史料において、「揚り者」という用語は、「揚り者」という刑罰を意味する場合と、その刑罰に処された者を指す場合とがある。本稿では前者に対しては「揚り者」というように、カギカッコをつけて表記する。

一　高兌時代の刑罰改革と津阪東陽

津藩は、築城の名手として知られる藤堂高虎を初代藩主とする外様藩で、伊勢国を中心として三十二万石余を領有する大藩である。三代高久の時、弟高通に五万石を分与して久居藩を樹てさせ、以後、津藩は二十七万石で推移した。慶長十三年（一六〇八）、伊勢国安濃津（現、三重県津市）の津城を居城とし、その後転封を被ることなく明治維新を迎えた。従って、安濃津藩の別称をもつ。

津藩は第十代藩主の藤堂高兌《たかさわ》（在任は文化三年〔一八〇六〕十月～文政七年〔一八二四〕十二月）の時、藩政を刷新し、その際に刑罰の改革も行なった。すなわち、笞打ちの刑、入墨刑、徒刑を創設し、従来の死刑、追放刑と併せて五刑を備えたというのである。このことが、藤堂高兌の治績を記した「誠徳公行実」という書に(6)、次のように見える（読点は高塩）。

刑法は従前死刑・追放の二条を用ふる事なりし候、それにてハ未タ尽さゝる所ありて、聖人欽恤の訓に背かん事を恐れ慮らせ給ひて、新に箠墨両条を増し、又嘗て御家の旧記を閲し給ひ、大通公〔二代高次〕の時、揚り者と名つけし法ハもと徒刑によりて立られたるよしを考させられ、即ちこれを復し給ふ、是に於て五刑全く備り、罪の軽重によりて其法に処せられ、すへて過不及の弊なきに至れり、中にも揚り者の法は、一旦世の弊習に染て罪を犯せしもの、其大小によりて年月を限り、其間川を浚へ、隄を築き、或ハ作事場なとに使役せしめ、雨天には縄を綯ことを業とす、年限満て前非を悔ひ面を革む者ハ、米銭を与へて家に帰らしむ、此法令よく行れ、封内ハ云に及ハす、他領の民までも年月を経候まゝに自然と感悔し、良善に復する者少からす、かく刑獄にも心を尽させ給ひし故、罪を犯す者自ら希にして、年のはしめ獄舎の門前に松を立しこと数回に及へり、牢中罪人空しけれは、年始に門松をたつること古よりの習ハしなりとそ、

「誠徳公行実」の著者は、石川之褧《これかげ》という人物である。石川之褧（号竹崖、寛政五年〔一七九三〕～天保十四年〔一八四三〕）は、文政三年（一八二〇）に藩校有造館が開校するとともにその講官に任ぜられ、その後督学参謀や小姓頭兼侍読等を経て、高兌没後の文政八年（一八二五）、有造館第二代督学に就任した(7)。右の記事は、このような経歴を有する学者によって著述されたものであるから、主君に対する誇張を含むとしても、その内容は大筋において事実を伝えていると認めてよいであろう。

右の記事は、「新に筆墨両条を増し」と記して笞刑と入墨刑との二種類の刑罰を新規に採用したことを伝え、また同時に、二代藩主高次（大通公、在任は寛永七年〔一六三〇〕～寛文九年〔一六六九〕）の時に設けられた「揚り者の法」を復活したことを述べている。著者石川之褧は、これをもって津藩の刑罰が完備し、犯罪の軽重に応じた過不足のない刑罰が適用できるようになったと記す。石川之褧は続いて「揚り者」という刑罰の内容を述べ、それの効果が甚だ大であったという称讃の言をもってこの記事を締括っているのである。

右の記事によれば、「揚り者」は犯罪の軽重に応じて年月を定めて強制労働を科す刑罰である。「前非を悔ひ面を革む者ハ、米銭を与へて家に帰らしむ」と記されているように、この刑罰には、服役中に受刑者を悔悛させるという改善主義の考え方が含まれているように思われる。前非を悔いた者に対しては「米銭」を支給したというから、これを以て釈放後の生業資金とさせたのであろう。「揚り者」の刑罰は、その実施方法が良好であったため、津藩の領民はおろか他領の民までもが「自然と感悔し、良善に復する者少からす」であったというのである。

ところで、「揚り者」という刑罰の採用を藩主高兌に建議したのは、津阪東陽という人物である。高兌治政下の刑

罰改革の事蹟とそれが津阪東陽の創意建言であったことについては、郷土史家梅原三千氏の「東陽先生を想ふ」という論文の中に、次のように記されている。この記事は、「揚り者」という刑罰の創設の趣旨とその具体的内容を記しているので、少し長くなるが全体を引用する。(8)

先生〔津阪東洋〕の献言によりて法制上の大改正を実行せられた事の一に徒刑の新設といふのがあります。これは従来の法律には死刑と追放との二つがあるのみで、死刑は最重が火あぶり、それから斬罪、これは獄門にかける。次が打首、これは獄門にはかけない。以上死罪の外は追放といつて家屋財産を没収して居住地を追払ひ、領内は勿論、江戸、京都、大阪、奈良、堺等の指定された或る地区に居住を禁止するのである。其外軽い刑には手鎖といつて自宅禁錮のものはあつたが、揚り屋即ち刑務所に刑期間拘置するといふのはなかつた。それで犯罪嫌疑者を検挙して揚り屋に入れて、之れを取調べた上、死刑や追放に該当する者は問題がないが、中には其の罪が軽くて追放にも当らぬ者がある。さりとて今直ちにこれを出牢せしめる時は社会に害毒を流すの憂があるといふ場合に、如何に処置したかといふと、それは未決の儘で一年も二年もまだ其以上も牢内に拘置したのである。すると往々にして牢内で病死してしまう。実際此の牢死といふのが多々あつたのである。これは気の毒であるから一定の期間懲治して改悛させて放免するの必要を認めて徒刑を設けた。即ち軽いのは日数で計算して二百五十日以内四等、重いのは一年以上三年以下五等に区分し、其の刑期間は船方川浚、郡方土普請、作事方手伝の三種の苦役を課し、雨天又は外役のない日は縄五把宛綯はせた。誠徳公〔藤堂高兌〕はかういふ新法を設定して犯罪者の遷善改過を促されましたが、それは全く東陽先生の創意発言であつたのであります。

右の記事は、「揚り者」を徒刑と称し、その徒刑の内容について「誠徳公行実」の前掲記事よりも詳細かつ具体的に記述している。徒刑採用の理由について、罪が軽くて追放にも該当しないが、そうは言ってもそのまま釈放したのでは「社会に害毒を流すの憂がある」犯罪者に対し、これを「一定の期間懲治して改悛させて放免するの必要を認めて」のことであると述べている。ついで徒刑の具体的内容の一斑を紹介し、この刑罰をもって「犯罪者の遷善改過」を促したのだとする。そして最後に、このような内容の徒刑を新設したのは、津阪東陽の全面的な「創意発言」に基づくものであることを指摘する。

梅原三千氏は亦、その著『津藩史稿』十九（十代高兌二）に「刑法の改正」という一節を設け、その中で次のように記している（『津藩史稿』は全二十九冊、ガリ版印刷およびカーボン紙複写、三重県立図書館所蔵）。

> 旧制の揚り屋入りは即ち徒刑に該当するものなるを思ひ、文化十一年、津坂孝綽に命して之が修正に付て審按せしめたり。蓋し高兌の嘗て久居藩主たるや、儒員佐野富成をして明律譯解を進講せしめ、其の頃より刑律に付ては深く心を用ふる所ありしが為めなり。孝綽命を受けて考究する所あり、遂に徒刑、敲、入墨の三刑を設け、死、放《〔ママ〕》を併せて五刑始めて備はる。此に於て東村に収容所を設置し、徒刑の刑期を軽科は二百五十日以内四等、重科は三年以下五等とし、内役は一日に縄綯五把を課し、外役は船方川浚、郡方土普請、作事方手伝等を課し、獄則を制定して懲治其の他一切の規律を定めたり。其の刑期を終りて出獄する者には、米銭を与へて正業に復するの資となさしめしかは、懲毖の効を奏して良民となる者多かりき。斯かりしかは従来未決の儘拘囚長期に渉り、為めに或は復び天日を仰がずして獄中に病死し、或は牢屋薬を用ひて自滅せしめらるゝが如き弊事は一切洗除せられ、藩の刑律は玆に始めて公正を得るに至れり。其の詳細は他篇に於て叙述すへきを以て、こゝには詳記せず。

この記事は、前掲「東陽先生を想ふ」の内容と大筋において同じであるが、この記事特有の重要な記述がいくつか存する。第一は、津阪東陽に刑罰改正案の調査を命じた年次を文化十一年（一八一四）とすること。高兌は支藩の久居五万三千石の第十二代藩主から文化三年（一八〇六）に本藩を相続した。時に二十六歳である。第二は、その高兌が久居藩主時代（寛政二年〔一七九〇〕～文化三年）に儒臣佐野富成に命じて「明律訳解」を講義させたこと。(9)第三は、徒刑囚の収容施設を東村に設置したこと。第四は、「獄則」が制定されて一切の規律が整っていたこと等である。なお、刑罰改革の詳細は他篇に譲ると見えるが、『津藩史稿』の他の冊中にこれを捜し出すことが出来なかった。

徒刑の創設が津阪東陽の「創意発言」であることは、東陽が「寿壙誌銘」と題して自らの経歴を記した墓誌に次のように見えている。(10)

> 癸酉〔文化十年〕四月、為二侍読学士一、日入論二治教一、諸所二献替一、多見未レ用、国法旧制、死刑之外、止有二放逐一、不レ設二徒作一、恐二論レ罪之際或不レ能レ無レ失、為著レ考立レ制以補二缺典一、庶哀矜之宥少二軽重出入一矣、其懲而毖レ後、卒成二良民一者、蓋亦不レ少云、尋申下請更二定旧律一、以矯中法司之弊上、碍二于事一不レ果、

右の記事によれば、津阪東陽は文化十年（一八一三）四月、侍読の職につくと、藩主高兌に対して「治教」を論じて様々に献策をなすが、その多くが採用されなかった。しかし、徒刑の創設については彼の意見が容れられたという。津藩の刑罰は死刑の他には追放を有するのみなので、刑罰の適用に過誤の生じる心配がある。そこで自分が徒刑――右の記事には「徒作」とある――についての考えをめぐらし、その制度を立てて欠如している法を補った。その効果を程を、東陽は「其の懲りて後を毖《つつし》み、卒《つい》に良民と成る者、蓋し亦少なからず」と自負している。

なお、東陽は右の記事の最後に注目すべき事柄を書き遺している。すなわち、東陽は、徒刑の創設に引き続いて刑法を改正し、司法役所の旧弊を払拭しようとしたが、障碍に遇って実現しなかったと告白しているのである。文化十一年八月、東陽は藩主に従って江戸に赴き明年夏に帰るが、この間ひそかに鎌倉遊覧をしたのである。右にいう「碍二于事一」とは、このことを告発されて「貶黜削レ俸、充二留守散騎一」られたことを指すと思われる。(11)

以上に見てきたように、津藩においては第十代藩主藤堂高兌のとき、津阪東陽の建策によって「揚り者」、笞刑、

入墨刑を採用し、従来の死刑、追放刑に併せて五刑となしたことが知られるのである。

津阪東陽（宝暦七年〔一七五七〕～文政八年〔一八二五〕）は、名を孝綽《もとひろ》、字を君裕、通称を常之進という。東陽はその号。伊勢国三重郡平尾村の郷士の家に生まれ、十八歳のとき京都に遊学して儒者を志した。三十三歳の寛政元年（一七八九）八月、津藩の加判奉行岡本景淵の推薦によって第九代高嶷《たかさど》に仕え、十五人扶持の儒臣として伊賀上野において教鞭をとった。文化四年（一八〇七）十二月、第十代高兌の儒官に任ぜられて津城下に移り、同十年（一八一三）四月、高兌の侍読となった。時に五十七歳である。文政二年（一八一九）には、彼の建議によって藩校有造館を津城内丸の内に創設することとなり、同年五月、東陽は初代督学に就任した。彼には藩祖高虎の伝記を藩主高兌に代って撰述した「聿脩録」二巻二冊をはじめとして多数の著書がある。そのうち「聴訟彙案」三巻三冊は、「棠陰比事」に漏れた裁判事案および元明清時代の奇獄新案等九十餘則を集めて刑事司法に携る人々の参考に供したもので、東陽没後の天保二年（一八三一）、嗣子津阪拙脩の校訂により、津藩有造館蔵版として出版された。東陽の学問は、経世を旨とし、治務について研究するところが多く、藩主高兌の新政に際し、様々に建言して貢献するところが多かったという[(12)]。

以上を要するに、津藩における文化年間の刑罰改革は、主として第十代藩主藤堂高兌と侍読津阪東陽の連携によって為し遂げられたと言ってもよいと思う[(13)]。

二　「揚り者」に関する史料

「揚り者」という刑罰に関する同時代の史料は、梅原三千氏が『津市史』第一巻中の「文化の改法」の項（六七二

～六七八頁）に引用した六点から成る一連の史料が最も重要である。管見によれば、この史料は前節に引用した「誠徳公行実」「寿壙誌銘」を除くと、同時代の史料としては唯一のものである。しかも、その原本は今日確認することができない。『津市史』第一巻に引用されたもののみである。

『津市史』全五巻（昭和三十四～四十四年、津市役所発行）のうち、古代より藩政時代までを扱う前三巻は、梅原氏が津市の依頼をうけて大正十二年より約十年の歳月をかけて執筆したもので、その原稿は昭和七年に市に提出されて原稿のままで保管され続けた。幸いにも戦火を免れて、戦後、津市史編集委員の西田重嗣氏がこの原稿に修補改訂を加えて発刊したものが、今日手にとって見ることのできる『津市史』第一～三巻（昭和三十四～三十六年刊）である。梅原氏がこの原稿を執筆するにあたって参考とした資料の数は、七百数十点にのぼるといわれるが、その資料のほとんどが戦災によって灰燼に帰したという(14)。

津市は昭和二十年に四回にわたって米軍機の空襲をうけたが、とりわけ七月二十四日、二十八両日の空襲は被害甚大で、市街地の大部分を焼土と化し、多数の死傷者を出した(15)。梅原氏もまた、この時の爆撃によって八十二歳の生涯を閉じたのである(16)。今日、津市立の津市図書館や三重県立図書館において、津藩に関するまとまった分量の藩政史料群に接することはできない。少なくとも、津藩の刑事法に関する限り、その関係史料は皆無に等しい。このように津藩の藩政史料が乏しいのは、戦禍が原因の一つであるが、それ以前、大正十二年（一九二三）の関東大震災の折に東京の藤堂伯爵家も被害を被り、この時に枢要な藩政史料が失なわれたらしい。

従って、梅原氏が引用した六点の史料は、今のところ、津藩の「揚り者」という刑罰の内容を知る上に唯一無二の史料であると言っても過言ではない。そこで、六点の史料を梅原氏の引用順に従い、ここに更めて掲出することにする。（読点は高塩、条文番号をはじめとして高塩の補った文字には〔　〕をつけた）。

史料1

揚り者御仕置御再興の御主意書

一揚り屋者の儀被仰付候御主意は、御領下の良民、世の弊害に染み不埒の所作有之者、或は御法令違犯の輩、追払被仰付には其罪軽く、帰村被仰付候事は急に御評議被仰付かたきと申向き、是迄は長々在牢いたさせ置候に付、自然発病等致し命終に及ひ候者儘有之候故、不便の事に思召、且是迄追払に仰付られ候内にも、元来良民たるべき者、悪徒共に誘はれて心得違又は風と出来心等にて、其の罪を犯し候者あるべく候、左様の向は追払に被仰付候ては、当分の取附世渡り難出来に付、終に悪党に陥り、其の死を得す〔ママ〕と申様に成果可申候、此処重々不便の至りに被思召候に付、旁左様の者共は、入牢の上其の罪一等をゆるし、軽重に随ひ年月を限り、右長屋へ差遣し、罪料の償として

船方川浚　郡方土普請　作事方手伝

日々右等の夫役に従ひ、雨天の節又は夫役に不遣候内は、一日縄五把つゝ右の替仕事いたさせ、年限相立候へば米銭を与へ帰村被仰付、長く良民たらしむべきの御慮に候へは、掛り役人共、右の段会得、刑人共へ教諭せしむべき者也、

〆

右は懸り役人中へ御達の趣意書拝見被仰付、重き御仁恵の御儀難有仕合奉存候、就ては各にも被奉敬承候様致度、御内慮伺の上、写相廻候条、拝見会得被仕候様にと存候、尚委細の儀は追々面謁可申述候、以上、

亥正月　伊藤七右衛門

尚以各御心得を以て、小前へも御申聞置可然と存候、

史料2

揚り者罪科軽重日数年限の定

一百日入　百五十日入　二百日人〔ママ入〕　二百五十日入

罪科軽きは二百五十日限候事

一一年入　一年半入　二年入　二年半入　三年入

罪科重きは三年に限候事

如此相定候へ共、法令を相背き候不所存者、於長屋前打擲《なぐり》を加へ、其上赦免の期に及候者にても、其日より又新に過怠の日数年数を立直し候之事、

史料3

覚

一此度塔世村に新囲所取立、御領下入帳の者、不届の筋にて召捕入牢申付置候者の内、重々評議の上、罪一等を差免、右囲所へ年月を限り入置、為科代川浚或は土普請又は作事方夫役に遣ひ候に付、場所より逃出候も難計、為目印、

髪一寸八分ざんぎり　但し、細く月代を刺〔剃〕明け

着用半天柿染綿入　暑中単衣

帯紺染　印、丸にトの字白あがり

下帯柿染　印、水玉

単ばつち柿染　但し、暑中は着用せず

手拭花色染　　　　　　　　　　　印、蛇の目白あがり

右の通相貌いたし有之候間、若逃去、村々へ立入候はゝ早速捕置、其段訴出可申候、所により褒美可遣候、若見のかし置、外より相知り候はゝ屹度曲事に可申付候条、此旨相心得候、尤其節々の人相書を以触達可申候へ共、為念先此段申達置候也、

亥正月十五日　　　　　　　　　　　　郡奉行
　　　　　　　　　　　　　　　　　　加判奉行

史料4

一〔1〕川浚幷土普請の手伝第一に可仕事、但し、右普請無之節は、臨其時、宰判人及差図駆使可申事、

一〔2〕朝六半時より普請場へ出候て、夕七時迄無怠相働可申事、但し、於働場所多葉粉吸候儀、三度差赦し候、尤宰判人拍子木打せ候はゝ、一所へ寄集可申候、其時きせる煙草相渡候事、

一〔3〕雨天の節は、長屋にて縄をなひ可申候、一人前五把宛、長屋番の者へ差出可申候、

右定の通為相済候後は、自分仕業勝手たるべき事、但し、自分仕業いたし候とて、右品を人に頼み、酒肴食物にかへ候事、堅禁制せしめ候事、

一〔4〕平日無用の雑談高声仕間敷〔事〕、

一〔5〕普請場へ参り候途中、高声雑談不仕、いかにも相慎、片寄一行に可参事、

一〔6〕正月三ヶ日の内休ませ候事、

一〔7〕盆三日、同断、

史料5

宰判人以下長屋番心得

一〔1〕揚り者共、日々川浚幷土普請等の手伝第一可為仕候事、

一〔2〕普請場へ出候節は拾人を一組と相定、腰縄付候て番人一人つゝ附添可申候、可成丈は市中通り不申、野道〔廻〕り、一行に随分相慎み片寄連れ可参事、

一〔3〕場先に於て多葉粉吸候儀差赦し候間、三度為吸可申候、

昼迄休の節　一度

昼支度後　一度

夕休の節　一度

右休の節、拍子木打候て一ツ所へ集、其時きせる多葉粉相渡し、相済候はゝ取揚置可申事、

一〔4〕雨天の節は、一人前縄五把つゝなわせ、長屋番の者へ為請取可申事、

但、定の通り相済候上は、自分仕事差免候事、

一〔5〕長屋にてたばこ一切令禁制候事、

一〔6〕親類幷心易者など、対面致させ呉候様申来り、又は送り物等いたし候儀、令禁制候、長屋構の内へ、他より参り候者、一切立入申間敷候、於場所可為同様事、

一〔7〕自分仕事の品を以て、酒肴調申間敷事、

一〔8〕掛りの者共、藁細工の品一切貰申間敷候、若内々申請候者於有之は、急度曲事可申付事、

一〔9〕髭・月代・眉毛、五日目に無怠剃遣し可申事、

一〔10〕病者有之候はゝ、早速可申出事、
一〔11〕揚り者に刃物一切為持申間敷事、
一〔12〕長屋番の者、怠り不申様常に入念可申付候、若怠りより無調法の儀出来致候節は、吟味せしめ候上、急度曲事
可申付事、
一〔13〕揚り者駆使候に、聊も依怙贔負〔買〕の沙汰於相聞は、吟味の上、急度咎可申付事、

史料6

於長屋中不所存者刑罪之掟
一〔1〕揚り者共、作〔許〕病をかまへ場先へ出不申歟、又は場先に於て、宰判人初め掛り役の者申付候儀をすなほに請不申
不精なる者は、長屋前にて赤裸にいたし、
二十杖擲せ申候事、
一〔2〕二十杖擲候ても心底改不申候者は、
四十杖擲せ申候事、
一〔3〕四十杖擲候ても猶改不申者は、一人詰囲所へ入置可申事、但、仕置者〔は〕、臨其時、評議の上可申付事、
一〔4〕火災等有之節は、模様により長屋明放し候儀も可有之候、左様の節は何れも長屋近所に集り居候歟、又は番人
手元へ参り可申候、右騒動に紛れ逃去候者は、何国迄も遂穿鑿、召捕、於長屋前速に首刎可申事、
一〔5〕場先より心得違出奔いたし候者も、右同様召捕、於長屋前速に首刎可申事、
一〔6〕長屋を抜出候者は、牢破り同前の事に候、何国迄も厳敷吟味せしめ召捕来り、首刎、獄門に可申付事、
右の条々会得仕、実体に相働、心底相改候趣見届候はゝ、罪科差赦し帰村可申付候間、心得違申間敷者也、

甲戌九月

右に掲げた六点の史料の表題、日付、条文数等を一覧すると、次のようになる。なお、史料4については、『津市史』第一巻の引用文中には表題が無く、「就役規定」というのは西田重嗣氏が与えた欄外見出しであり、それをここに借用したものである。

史料1　揚り者御仕置御再興の御主意書　亥正月　伊藤七右衛門
史料2　揚り者罪科軽重日数年限の定　日付なし
史料3　覚　亥正月十五日　郡奉行　加判奉行
史料4　（就役規定）　七箇条　日付なし
史料5　宰判人以下長屋番心得　十三箇条　日付なし
史料6　於長屋中不所存者刑罪之掟　六箇条　甲戌九月

この六点の史料は、本来は一綴りの資料の中に存したものと推測される。しかして、揚り者に関する梅原氏の前掲の記述は、その大部分がこの史料に依拠したものである。『津藩史稿』中にいう「獄則を制定して懲治其の他一切の規律を定めたり」とは、主としてこの六点の史料を指して述べたものであろう。

三 「揚り者」の創設年次

津藩が「揚り者」をはじめ笞刑、入墨刑の三刑を採用した年次について、梅原氏執筆の『津市史』は文化十二年（一八一五）のことと明記する（第一巻六七二頁）。これは前掲の史料1に「亥正月」とあり、史料3に「亥正月十五日」と見えることを根拠とするものであろう。しかしながら、津阪東陽の創意献策による刑罰改革は、その前年の文化十一年中に実施に移されていたと私は考える。その理由は、次の三点に存する。

第一は、文化十一年四月、津藩が「揚り者」の収容施設として、塔世《とうせ》村東村の山の神祠地の雑木林の裏の三畝十八歩の地に獄舎を新築したことである(17)。

第二は、史料6が「甲戌九月」という日付を持つことである。『津市史』の補訂者西田重嗣氏は、「甲戌」を文化十一年の甲戌年と推定しておられるが(18)、それが正しいと思う。史料6は「於長屋中不所存者刑罰之掟」という表題のもとに、仮病による怠業、外役先や収容施設からの逃走など、収容者の違反行為に対する処分を定めた「掟」である。この「掟」は六箇条から成るが、末尾に「右の条々会得仕、実体に相働、心底相改候趣見届候はゝ、罪科差赦し帰村可申付候間、心得違申間敷者也」とあって、収容者に読み聞かせる体裁をとっている。収容施設を「長屋」と称しているが、この長屋は同年四月に新築なった塔世村東村の獄舎のことであると思う。したがって、津藩は文化十一年九月中に、塔世村東村の「長屋」に「揚り者」をすでに収容していたと見做してよいであろう。

第三は、津阪東陽の「寿壙誌銘」の前掲記事である。この記事によれば、東陽が藩主高兌に対して藩政に関する様々の献策をなすのは、文化十年四月、彼が侍読の職に就いて以後のことであり、献策の多くは採用されなかったが、刑罰改革の建議だけは容れられたのである。つまり、「寿壙誌銘」は「揚り者」創設を内容とする刑罰改革を、文化十年四月の項に記載するのである。したがって、東陽が「著レ考立レ制」てて刑罰改革を建議したのは、文化十年四月以降のことであり、その結果、翌十一年四月に塔世村東村の「長屋」が落成したと考えるべきであろう（第一節に紹介した梅原三千著『津藩史稿』は、藩主高兌が徒刑についての調査を東陽に命じた年次を文化十一年のこととする）。

なお、史料1の「亥正月」、史料3の「亥正月十五日」というそれぞれの日付は、「揚り者」という刑罰がこの時すでに実施中であることを証明することはあっても、創設の時を示すことにはならない。

史料1は、「揚り者御仕置御再興の御主意書」の副本を作成して回覧し、「揚り者」の趣旨を「各」に周知させるべきことを、伊藤七右衛門の名前で通達した文書である。「亥正月」はその日付である。伊藤七右衛門はこの文書の追伸として、「各」から小前百姓に「申聞」かせて村々にも「揚り者」の趣旨を知らしめることが望ましいと述べている。従って、「御主意書」の正本は「亥正月」よりも前に出来ていたということになる。記名者の伊藤七右衛門は、古河《ふるかわ》村に住する無足人であると思われる(19)。無足人とは津藩の郷士のことであり、代々名字帯刀を許されて一般農民とは違った特権と名誉を有し、郷村の崇敬の的になっていたという(20)。

史料3は、「揚り者」という刑罰の実施を、郡奉行と加判奉行の連名で文化十二年正月十五日の日付をもって村々に触れ知らせた文書である。この文書は、塔世村に「新囲所」を建築し、ここに犯罪者を収容して川浚、土普請、作事方夫役に使役するので、収容者が村々に立ち入ったならばすみやかに捕えて差出すべきことを命じ、髪型や服装など、収容者の目印を六項にわたって記載している。それ故、「揚り者」という刑罰は、文化十二年正月十五日の時点にはすでに実施に移されていたことが判明するのである。

以上を要するに、津藩の刑罰改革は津阪東陽の建議になるもので、その建議は東陽が侍読に就任した文化十年四月以降になされ、それが実を結び、翌十一年四月の塔世村東村の獄舎の新築となったのである。この獄舎を史料3は「新囲所」と称し、その他の史料は「長屋」と呼んでいる。同年九月には、収容者の違反行為に対する罰則ができているので、「長屋」に収容中の者がこの頃すでに存在したと考えられる。「揚り者」という刑罰を実施して何がしかの月日が経過した文化十二年正月、「各」および村々に対し、この刑罰を周知させるための通知が出されたのである(史料13)。なお、史料2４5には日付が無いが、その内容から推して、文化十一〜二年頃の成立と考えてよいであろう。

四「揚り者」の内容

冒頭に「揚り者御仕置御再興の御主意書」という表題をもつ史料1は、「揚り者」採用の趣旨を以下のように述べている。津藩では従来、追放刑を科したのでは重きに失し、そうは言っても釈放して帰村させがたい犯罪者に対しては、牢屋に長期間拘禁したままとすることがある。そのために発病して終には命を落とすという事態が少なからず見られるので、これを不憫なこととして「揚り者」を採用するというのである。又この他に、次の場合も「揚り者」を適用するという。すなわち、従来であれば追放刑に処すような犯罪であっても、⑴元来が良民であるのに、悪徒共に誘われて料簡違いを起した場合、⑵計画的犯罪ではなく、その場に臨んで思わず犯行に及んだ場合に「揚り者」を適用するのである。これらの者に追放刑を科したのでは「当分の取附世渡り」が困難となって、やがては真の悪党となり下って死刑の憂き目を見ることになるというのである。それ故、「揚り者」という刑罰は、追放刑の一部分を代替する役割を担ったのである。

「揚り者」に処された者は、「長屋」と称する施設に収容される。「長屋」とはおそらく史料3に見える塔世《とうせ》村の「新囲所」のことで、これすなわち『津市史』（第一巻六七四頁）が言う、文化十一年（一八一四）四月、塔世村東村の山の神祠地の雑木林の裏の三畝十八歩の地に新築した獄舎のことであろう。「長屋」に収容中は、①船方川浚、②郡方土普請、③作事方手伝という三種の労役に従事させ、これらの仕事の無い日や雨天の場合には、一日に縄五把を綯う作業が科された（就役に関しては、後述の史料4に七箇条の規定が存する）。所定の収容期間に達すれば、米銭が支給されて帰村がかなう。そして最後に、「揚り者」という刑罰は、釈放者を長く良民たらしめる政策なのだから、掛り役人共はこのことを充分に諒解し、収容者に向かって教諭を加うべきであると記している。この主意書を見る限り、「揚り者」という刑罰は、教育的配慮をもって収容者を処遇し、やがて良民として社会に復帰させるという、教化改善主義の考え方をもった刑事政策と見受けられる。

史料2は、揚り者の収容期間および懲罰に関する規定である。「揚り者」は、罪科軽き場合と重き場合とに大きく分かれる。軽科は収容日数によって百日入、百五十日入、二百日入、二百五十日入の四等級があり、重科は収容年数によって一年入、一年半入、二年入、二年半入、三年入の五等級があり、併せて九等級の刑期が存する。又、収容中の法令違反に対する懲罰として、長屋前において打擲を加えること、怠業があった場合、その日数分の刑期延長を行なうことを定めている。懲罰については、後述の史料6に詳しい規定を置いている。

なお、史料2はどのような犯罪に対して軽科を適用し、どのような犯罪に重科を適用するか、その区別について何も定めていない。この点について推測するに、軽科の適用は、追放刑を科したのでは重すぎるが、直ちには釈放しがたいので牢屋に拘禁するという罪状に対して、一方、重科の適用は、良民が悪徒に誘われて罪を犯した場合や計画的犯罪にあらずしてその場で咄嗟に犯行に及んだ場合に対してである。要するに、史料1に見られる犯罪の区分に従うと推測するのである。

史料3には揚り者の髪型・着衣等についての規定が見られる。これによると、揚り者の風采は通常人と異なることが一見して明瞭である。これをもって揚り者の逃亡防止の目印としたのである。史料3は、逃亡者発見の際には速かに捕えて通報すべきことを、郡奉行・加判奉行の連名で村々に命じた文書である。

揚り者の髪型は、一寸八分の散切として月代を細く剃り上げることにした。着衣は柿色に染めた綿入半天（袢纏）

とし、暑中は単衣である。おそらくは半天の背に、白地の丸を設けてここに片仮名の「ト」を染め出した（史料3の「印、丸にトの字白あがり」という文言は「帯紺染」の注記とされているが、「着用半天柿染綿入」に対する注記と見るべきであろう）。「下帯」すなわち褌も柿染とし、これには水玉模様を用いた。また、ひとえの「ばつち」とは股引のことで、これも同じく柿染である。帯については紺染を用い、所持の手拭は「花色」すなわち薄い藍色に蛇の目模様をあしらった。要するに、着衣の色彩は柿色を基調としているのである。柿色は、中国において古来からの獄衣である赭衣を連想させる。なお、髭と月代を五日ごとに剃る規定が史料5に見えるが、そこには眉毛についても五日ごとに剃るよう定めてある。眉毛を剃り落すこともまた逃亡防止の有力な目印である。

史料4は、労役に関して七箇条の規定を置く。ここでは川浚と土普請等の手伝いを労役の第一義とすることを定め（史料の冒頭でも同様のことを述べる）、普請仕事が無いときは、「宰判人」が臨機に差図して使役させるとする（第一条）。従って、これらの労役に職業訓練の要素を見てとることはできない。就役時間は朝七時より夕方四時までで、就役先においてタバコを吸うことを三度まで認めるとする（第二条）。喫煙については、史料5により詳しい規定が置かれている。雨天の日の作業は、収容施設内で縄五把を綯うことが割り当てられ、この作業が済めば自分稼ぎの仕事をすることが許されるのである（第三条）。史料5にも同様の規定が存する。正月の三ヶ日、盆の三日間が休業日である（第六・七条）。

史料5は、収容者の処遇に関し、「長屋番」つまり看守の遵守すべき事項を十三箇条にわたって定めている。史料4と重複する内容も存するが、以下に紹介するのは史料5のみに見られる事柄である。すなわち、外役先に連れ出す時は十人を一組としてこれに腰縄をつけ、看守一人がつき添い、目的地までは市街地を避けて野道を通行すべきこと（第二条）。収容施設内では喫煙を禁止させること（第五条）。面会および差入れの禁止、収容施設内への立入禁止

（第六条）。収容者に刃物を所持させないこと（第十一条）。収容者の髭・月代・眉毛を五日ごとに剃ること（第九条）。収容者が病気にかかった時は速やかに報告すること（第十条）。掛りの看守は収容者から藁細工の製品を貰い受けてはならぬこと（第八条）。逆に看守共は収容者を使役するのに依怙贔屓があってはならぬこと（第十三条）などである。以上に見るごとく、史料5は揚り者の処遇について具体的に知ることのできる貴重な史料である。

史料6は、表題に「於長屋中不所存者刑罪之掟」とあるように、収容者に科す懲罰について六箇条にわたって定めたものである。揚り者が仮病をつかって労役に就かなかったり、「宰判人」や看守の指令に従がわない不精者に対しては、赤裸にした上、長屋前で二十杖の笞を打つこととし、それでも心根の改まらない者に対しては、さらに四十杖を打つことを定めた（第一・第二条）。おそらくこの笞打ちは、収容中の揚り者全員を集合させ、その眼前において執行し、見せしめとしたことと推測される。それでもなお改善が認められない場合、「一人詰囲所」つまり独居房に収容した。ただし、この懲罰の執行については、その時々に評議をすることにした（第三条）。

火災によって長屋が危険な状態に陥ったときは収容者を一時的に解き放って避難させることもあった。いわゆる切《きり》放《はなち》の制である。もしもこの機に乗じて逃亡する者は、逮捕の上、長屋前において即刻に首を刎ねることになっていた（第四条）。また、外役先から逃走した場合も右に同じである（第五条）。ただし、収容場所の長屋を脱走した場合は、首を刎ねた上、獄門に架けるのである（第六条）。

史料6は、次のような文言で結んでいる。すなわち、収容者が右の懲罰をよく理解してまじめで正直に労役に従い、心底の改善されたことを確かめることができたならば、釈放して帰村させるので心得違いをしないようにしなさいと。従って、前節でも触れたように、史料6は揚り者に対してこれを読み聴かせたものと思われる。史料1に「刑人共へ教諭せしむべき者也」と見えていたが、史料6にも「実体に相働、心底相改候趣見届候はゝ、罪科差赦し帰村可申付候」と見えているので、「揚り者」という刑罰には改善主義の考え方が色濃く存したように思われる。

史料1〜6に見える「揚り者」という刑罰の内容の大概は、以上の如くである。しかしながら、『津市史』第一巻六七二〜六八四頁は、右の史料からは知り得ない事実をいくつか記している。第一に、揚り者の収容施設である長屋(新囲所)について、

①高免は文化十一年(一八一四)四月に塔世村東村の山の神祠地の雑木林の裏に三畝十八歩の地に獄舎を新築した(六七四頁)

とあり、揚り者の処遇に関して、

②入浴は一ヶ月に三度と定められていた(六七五頁)
③船方、作事方、郡方から囚徒の夫役を所望する時は、監獄に申込み、その工賃と縄売払代とを精算して監獄に支払う。監獄では就役囚徒の各人別の帳簿に工賃を受入れ記入し、出獄の時にこれを計算して渡すのである(六七五頁)
④獄舎内には火の気一切入れないように定められていた(六七七頁)

とある。①③などは記述が具体的かつ詳細であり、とりわけ①は敷地の面積まで表示している。それ故、『津市史』の原著者梅原三千氏は、何らかの確実な史料——あるいは「大庄屋伊藤七右衛門例規集」か——に依拠して右の記事を書いたと考えられるのである。

右の記事中、注目すべきは③である。この記事によれば、揚り者の労役は単なる強制労働ではなく、有償だったのである。その賃金は帳簿に記入するという形で積立てられ、釈放時にまとめて支払われるということである。右の記事では積立額が賃金の全額なのか一部なのか、その判別はできない。ともあれ、津藩の「揚り者」は、他藩の徒刑制

度と同様、作業有償制とその賃金を強制的に積立てて釈放のときに合算して支給する制度を備えていたのである。

五 「揚り者」の性格

津藩の「揚り者」は、犯罪者を所定の期間、「長屋」と称する施設に拘禁し、その間は強制労働を科すという刑罰である。そして、この刑罰は収容者を教化改善し、真人間として再び社会生活が送れるようにするという改善主義の考え方を持っており、社会復帰の目的を達成するための方策として、労役に賃金を支給する作業有償制と、それを強制的に貯えさせて釈放時の就業資金に充当する元手の制度を具備している。つまり、「揚り者」は刑罰の趣旨とその具体的内容とが、熊本藩に始まった徒刑制度と軌を一にしているのである。したがって、「揚り者」を津藩の徒刑として考えてよい訳である。現に郷土史家梅原氏はこれを徒刑と称している（前掲の「東陽先生を想ふ」『津市史』等）。前述したように、「揚り者」の御仕着は背中に「ト」字が染め抜かれている[21]。「揚り者」の考案者津阪東陽は、この刑罰を徒刑として捉えていたのである。「揚り者」という呼称は、二代藩主高次の時に行なわれていた「揚り者」という類似の刑罰を、新法を立てる口実として東陽がこれを持ち出したにすぎないと思う[22]。

東陽は笞刑、入墨刑とともに「揚り者」を創設するにあたり、先行する徒刑制度を参考としたと思われるが、とりわけ熊本藩徒刑と幕府人足寄場とを参照し、これを津藩流に改変して採用したところが少なくないと思う。収容者の処遇に関し、熊本藩徒刑と人足寄場との両方に共通するのは、⑴作業有償制、⑵賃金の強制積立、⑶元手の制という一連の措置である。これらは徒刑制度の根幹をなす処遇法である。

次に、熊本藩徒刑に共通したり類似する点として、⑴自由時間内においては自分稼ぎの藁細工作業を認めること、

(2)眉毛を剃ること、(3)髪型を散切にすること（熊本藩では総髪の散切）、(4)逃亡者に対しては刎首という厳罰をもって臨み、その執行を収容施設の前で行なうことなどがある。また、史料1に見られる追放刑に対する考え方は、熊本藩の「穽の説」に似ている。追放刑に処された者はたちまち衣食の便を失ない、飢寒忍びがたく止むをえず再犯に走ってしまう。このような者を死刑に処したのでは「穽ニ陥レテ殺ス」に等しいというのである。熊本藩では追放刑の矛盾をこのように指摘し、原則として追放刑を廃止したのである。[23] 前掲した史料2は、「揚り者」という刑罰を村々に告知し、逃亡犯の逮捕を命じているが、熊本藩でも徒刑の創始にあたって同様の措置をとっている。[24]

幕府の人足寄場に共通しあるいは類似するのは、(1)着衣を柿染としたこと、(2)水玉模様を採用したことである。人足寄場の水玉模様は、創設当初は法被のみならず股引にも用いたらしいが、[25] 津藩では下帯に用いた点が独特である。

以上に見た如く、津藩の「揚り者」にはその処遇法において熊本藩徒刑との間に多くの共通点が見いだされると同時に、幕府人足寄場に特有の水玉模様も採用されている。一方、収容者の着衣に「ト」字を染め抜いて目印とするということは、熊本藩や幕府の制度に見られない処遇法である。このような目印は、註(21)に述べたように、先行の徒刑制度としては、新発田藩と米沢藩の徒罪に見られるところである。これらの事実から推測するに、津藩の「揚り者」は、主として熊本藩徒刑や幕府人足寄場に学びつつ、あるいはその他の藩の徒刑制度をも参考としたと思われるのである。

とは言うものの、「揚り者」に独創的な点が無いということではない。とりわけ注目すべきは、その適用を収容者の改善がおおいに期待できるような犯罪に限定したことである。すでに述べたところであるが、史料1を見ると、「揚り者」を適用する犯罪について次のように記している。第一は、追放刑に処したのでは重すぎるが、しかし即座には釈放しがたい場合である。第二は、従来であれば追放刑に該当する犯罪であっても、悪徒に誘われて料簡違いを起した場合、および計画的犯罪にあらずしてその場に臨んで思わず犯行に及んだ場合である。この第二は、一時の過ちによって罪を犯してしまった場合を言うのであり、このような犯罪は悔過遷善の餘地大なるものがある。「揚り者」をこのように現実的に運用したからこそ、前掲の「誠徳公行実」「寿壙誌銘」が伝えるような成功を収めたのだろうと思う。

なお、天明三年（一七八三）に始まった佐賀藩の徒罪は、従来であれば追放に処されるべき窃盗犯罪、および博奕犯の再犯以上の者に適用する刑罰として制定された(26)。つまり、佐賀藩の徒罪は、改善を期待しにくい罪質の犯罪者に適用する刑罰であり、「揚り者」とは好対照をなしている。又、熊本藩や会津藩の徒刑は、その適用を特定の犯罪に限定してはいない。

以上を要するに、「揚り者」という名の徒刑は、その精神において熊本藩に誕生した徒刑思想を継承し、具体的な運用法に関しては熊本藩徒刑や幕府人足寄場等を参考とし、その一方で津藩独自の一面をも備えているのである(27)(28)。

むすび

「揚り者」制定の効果について、同時代の証言である「誠徳公行実」と「寿壙誌銘」とがいずれもこれを絶賛していることは、先に見た通りである。「誠徳公行実」は主君の事蹟を記録した書であるから、その評価については差し引いて考えるべきである。また「寿壙誌銘」は「揚り者」の考案者自身の証言であり、いわば自画自賛である。やはり、いくぶんかを差し引いて評価する必要がある。そうは言うものの、右の記事が書かれた時点において、「揚り者」という徒刑制度は、当初の目的通り、いちおう順調に運用されていたと見做してよいと思う。

ところがである。「揚り者」はその後廃止されたのである。梅原氏は次のように述べる（『津市史』第一巻六七四頁）。

この獄舎（塔世村東村の「長屋」のこと—高塩註）は後年に徒刑を廃止した時は、遠方護送囚の留置場に使用したが、明治二年（一八六九）に三たび徒刑を復興し、新東町に仮米搗所を設けて囚人を就役させるについての留置場とした。（傍点高塩）

廃止の理由およびその時期について、——判例集をはじめとして「揚り者」運用の実態を示す史料が皆無である今日——知る由もない。強いて推測するならば、「揚り者」の推進者の藩主高兌と津阪東陽とが、文政七年（一八二四）と同八年に相次いで没したことが一因となっているかも知れない。

なお、津藩の刑法に関し、「府県史料」[29]に「藩制中旧幕府施行ノ寛政律ニ據リ所刑ス」という記事が存する（三重県史料第八冊、旧津県部）。梅原氏もまた津藩の刑法に関し、「寛保二年（一七四二）の百箇条の制定と、寛政二年（一七九〇）の松平定信の三ヶ条の補足でこの幕制を完成した。藩においても、寛保以後は大体この百ヶ条に準拠したのである」と記している[29]。従って、津藩はさまざまな態様を示す犯罪とそれに対する刑罰とを、幕府の「公事方御定書」下巻に準拠して決定していたのである。そうした中、津藩は津阪東陽の建策によって刑罰の改革を行ない、幕府「御定書」に見られる笞打ちの刑と入墨の刑、および「御定書」には存しない「揚り者」を採用した。この刑罰改革には、追放刑の制限とともに寛刑化の意図の存したことも読みとれる。前述したように、東陽は刑罰の改革だけでは飽足らず、刑法そのものの改正をも試みるが、これは失敗に終わった。それ故、津藩では刑罰改革以後も依然として、幕府「御定書」を以って、犯罪の構成要件とその犯罪がどの程度の重さの刑罰が妥当であるかということを判断するための拠り所としていたと見るべきであろう。

「揚り者」という刑罰は、熊本藩に始まった徒刑の流れを汲み、改善主義の考え方に立脚した作業有償制、元手の制などの処遇法を備えている。一時的な実施にとどまったとは言え、津藩の徒刑制度として江湖に紹介するに値するものである。

註

(1) 熊本藩の徒刑制度の内容については、高塩博「熊本藩徒刑と幕府人足寄場の創始」（小林宏・高塩博編『熊本藩法制史料集』所収解説、平成八年、創文社）、同「熊本藩に誕生した近代的自由刑」（『刑政』一〇七巻七号、平成八年〔後に『江戸時代の法とその周縁―吉宗と重賢と定信と―』平成十六年、汲古書院に収載〕）参照。

(2) 佐賀藩の徒罪については、城島正祥「佐賀藩の徒罪」（同氏著『佐賀藩の制度と財政』昭和五十五年、文献出版、初発表は昭和三十五年）、池田史郎「佐賀藩の刑法改正―徒罪方の設置」（『史林』五一巻一一号、昭和四十三年〔後に『佐賀藩研究論攷　池田史郎著作集』平成二十年、出門堂に収載〕）、同「治茂の改革―二鍋島藩政の展開」（『佐賀市史』第二巻近世編、昭和五十二年、佐賀市発行）、および高塩博「草創期の徒刑制度―熊本藩徒刑から幕府人足寄場まで―」（『刑政』一〇八巻八号、平成九年〔後に『江戸時代の法とその周縁』に収載〕）等参照。

(3) 会津藩の「刑則」及びそこに定められた徒刑については、手塚豊「会津藩『刑則』考」（『明治刑法史の研究（中）』手塚豊著作集第五巻所収、昭和六十年、慶應通信、初発表は昭和三十年）、高塩博「会津藩『刑則』の制定をめぐって」（『國學院大學日本文化研究所紀要』七一輯、平成五年）、同「草創期の徒刑制度」（前掲誌）参照。

(4) 熊本藩徒刑と幕府人足寄場との関係については、高塩博「熊本藩徒刑と幕府人足寄場の創始」（前掲書所収）参照。

(5) たとえば、平松義郎「刑罰の歴史―日本（近代的自由刑の成立）―」（荘子邦雄・大塚仁・平松義郎編『刑罰の理論と現実』昭和四十七年、岩波書店）は、江戸時代の徒刑に関してもこれを総括的に論じた論文であるが、津藩の「揚り者」には言及するところが無い。

(6) 「誠徳公行実」一冊（写本）、三重県立図書館武藤〔和夫〕文庫蔵（架号、L二八九―ツ―三）。本書冒頭の貼紙に「先師楓井古齋先生遺書／誠徳公行實　石川竹崖先生遺著歟／明治参拾七年貳月貳日夜及参日晡前雨窓　米津則讀」と記されている。因みに、『国書総目録』『古典籍総合目録』は本書を著録していない。

大正七年、藤堂家が刊行した『藤堂高兊公傳畧』は、刑罰の改正について、公、また刑條を修し、従前死刑追放の二に限らるゝは、聖人欽恤の訓に負く嫌ありとて、新に箠黥の二を増し、二世高次公の代に、揚り者と称せしは、素と徒刑に属することを考索せられ、乃ち之を復し、五刑はじめて備はり、殊に徒刑は、過失罪に適用し、罪の大小によりて、年月を伸縮し、その間、川を浚ひ、堤を築き、或は作事場に服務せしめ、雨天には内業に就かしめ、満期の際、悔悟の状顕然たる者には、金穀を給して帰家せしめたり。古来牢獄空しからざれば、年首に門松を立てざるを例とせしが、公が在世の間には、牢舎に門松を立てしこと、數回に及べりと云ふ。

と記す（同書一六丁）。この記述の大概は、「誠徳公行実」に基づいてこれを簡略にしたものと思われるが、「徒刑は、過失罪に適用し」と記す点が注目される。「誠徳公行実」に「一旦世の弊習に染て罪を犯せしもの」とある文をこのように解したものであろうか。

（7）石川之褧の伝については、齋藤正謙「津藩故督学兼侍読石川君墓表」（五弓雪窓編『事実文編』巻六十七、関西大学東西学術研究所資料集刊十一―四、二〇一～二〇二頁、昭和五十五年）、浅野儀史『三重先賢伝』二一～二三頁（昭和六年、玄玄社発行、覆刊昭和五十六年・東洋書院）、『津市史』第三巻六〇六～六一〇頁（昭和三十六年、津市役所）等参照。

（8）梅原三千「東陽先生を想ふ」（『津阪東陽先生贈位奉告祭・百年祭記要』三三～三四頁、大正四年、梅原三千著作兼発行、非売品）。

（9）梅原三千『佐野酉山先生略伝』（昭和三年、著者発行）によれば、藤堂高兊が久居藩の儒臣佐野富成（一七四〇～一八一四、西山は号）から「明律訳解」の講義を聴いたのは、二十三歳の時すなわち享和三年（一八〇三）のことである。同書は稀覯書なので、関係箇所を引用しておく（一一頁）。

又先生（佐野酉山）は公（藩主高兊）が二十三歳の時に於て明律訳解を進講せしが、公は後に津藩の儒員津坂孝綽に命じて刑法を更正し、箠、黥、徒刑を増し、死刑、追放に合して五刑となし、其の徒刑は軽罪四等、重罪五等の刑期を区分し、課するに労役を以てして、其の悔悛を促すの制を定む。津藩の刑法茲に至つて完備を見るに至れり。是れ津藩治蹟の一にして、其の因る所を察するに、蓋し亦先生が明律を講するの時に於て、既に萌芽せりと謂つて不可なからん。

なお附言するに、久居藩は版籍奉還の後、藩刑法として明律を利用したことが、国立公文書館所蔵「府県史料」に「新律綱領御頒布迄ハ明律ヲ目的トシ之ヲ斟酌シテ處断シ、批擬シ難キ件ハ経伺之上處分シタリ」と見えている（三重県史料第二四冊）。久居藩における明律利用は、佐野富成以来の流れを汲むものであろうか。記して後考を俟つ。

(10) 津坂孝綽「寿壙誌銘」(五弓雪窓編『事実文編』巻五十二、関西大学東西学術研究所資料集刊十一―三、三七九～三八一頁、昭和五十五年)。

(11) 津坂孝綽「寿壙誌銘」前掲書三八〇頁。

(12) 津阪東陽の経歴と人となりについては、津坂孝綽「寿壙誌銘」前掲書、梅原三千『津阪東陽先生百回忌記要』(大正十三年、著者発行、非売品)、梅原三千編著『津阪東陽先生贈位奉告祭・百年祭記要』(大正十四年、編著者発行、非売品)、梅原三千『阿古木の真砂』(昭和四年、津教育会)、近藤杢「旧津藩督学贈正五位津阪東陽先生」(上)(中)(下)(『東洋文化』二〇六～二〇八号、昭和十七年)、『津市史』第三巻五九二～六一一頁(梅原三千執筆・西田重嗣補訂、昭和三十六年、津市役所)、津坂治男『津坂東陽伝』(昭和六十三年、桜楓社)等参照。

　なお、孝綽を「もとひろ」と訓むことについては、馬場驥「東陽先生事蹟の一斑」(梅原三千編著『津阪東陽先生贈位奉告祭・百年祭記要』所収五一～五二頁、大正十四年)参照。又、東陽の御子孫の治男氏は、「津阪」を「津坂」と表記する。

(13) 高発が明律を学んだことは、東陽の刑罰改革意見に耳を傾けることに寄与したと思われる。梅原氏が『佐野西山先生略伝』中に、津藩の刑罰改革は「先生が明律を講するの時に於て、既に萌芽せり」と指摘するのは正鵠を射ていよう。

(14) 西田重嗣「発刊に際して」『津市史』第一巻、同「第五巻の発刊に際して」『津市史』第五巻。

(15) 『津市史』第四巻一八四～一九〇頁(西田重嗣執筆、昭和四十年)。

(16) 梅原三千(うめはらみち、元治元年〔一八六四〕～昭和二十年〔一九四五〕)氏は、現在の三重県久居市戸木《へき》町の地(久居藩領)に生れ、明治十七年に三重県師範学校を卒業すると、教員生活と役人生活とを任地を転々として送り、明治四十三年ごろ朝鮮総督府に入って朝鮮に渡ったが、大正二年には帰国した。大正十二年から昭和三年、同六年から八年まで、津城址の一角にあった藤堂家事蹟編述会や津市役所の市史編纂局で市史の調査や執筆に当った。

　この間、郷土史に関する多数の論文や著書を執筆し、著書としては前掲した『津阪東陽先生贈位奉告祭・百年祭記要』(大正十四年刊)、『津藩史稿』(二十九冊、稿本)の他に、『藤影記』(大正十一年刊、内容は久居藩史)、『川村竹坡先生伝』(大正十四年刊)、『佐野西山先生略伝』(昭和三年刊)、『阿古木の真砂』(昭和四年刊)、『旧津藩国校有造館史』(昭和九年刊)などがある。以上、三重県立図書館地域資料コーナー展示解説「梅原三千」(徳井賢氏執筆、平成六年)等による。

(17)『津市史』第一巻六七四頁。

(18)『津市史』第一巻六七八頁頭注。

(19)古河は、城下に隣接する地域で、城のほぼ西に位置する。明治五年の津県の調査による『伊勢無足人取調帳』(津市図書館蔵の複製本)によると、伊藤七右衛門は、享保十三年(一七二八)に「家筋幷由緒」によって「永世帯刀」を許された家である。以上は、津市図書館専門員渡辺一夫氏の御教示による。

『津市史』は「大庄屋伊藤七右衛門例規集」という資料を利用し、ここから刑事法に関する天保四年(一八三三)の幕府触書を引用している(第一巻六四一頁)。これから類推するに、伊藤七右衛門家は古河村において代々大庄屋をつとめる家柄である。又、『津市史』によると、大庄屋は犯罪人の逮捕、取調等に関して一定の権限を有していた(第一巻六三九〜六四一頁)。それ故、史料1〜6は大庄屋伊藤七右衛門家の資料から採録されたと推測される。このように考えると、史料1に存する伊藤七右衛門の文言が無理なく理解できるのである。すなわち、大庄屋伊藤七右衛門は、「揚り者」再興の趣意書を拝見した後、配下の庄屋共にもこれを提示し、更にはその庄屋共を通じて小前百姓にも周知させるべきことを通達した訳である。

(20)津藩の無足人については、『津市史』第一巻五二一〜五二五頁、久保武文『伊賀国無足人の研究』(平成二年、同朋社)等参照。

(21)諸藩の徒刑制度の中で、収容者の御仕着に、目印として背中に「と」「ト」「徒刑」などという文字を入れる例が少なくないが、管見では新発田藩徒罪が最も初期の事例である。寛政十二年(一八〇〇)八月の新発田藩「徒罪規定書」(京都大学日本法史研究会編『藩法史料集成』所収、昭和五十五年、創文社)によると、同藩では徒罪の者の目印として、柿染の法被の背に「大サ金サシ壱尺丸ニと之字」を黒漆をもって書きつけた(同書一八二頁)。

ついで早いのは米沢藩徒罪の場合である。頼春水(広島藩儒)が書き遺した手控記録中、文化四〜五年(一八〇七〜八)の項に、米沢藩徒罪のことが「博奕小盗　ヤウカン色ニテとノ字ノ羽織ニテ普請御用ツトメ、十ケ年缺所、妻七ヶ年、連坐ハ五ヶ年、(下サレ銀アルワ《ママ》リアリ)」と見えている(「春水掌録」『随筆百花苑』第四巻所収二四三頁、昭和五十六年、中央公論社)。津藩の「揚り者」はこれに次ぐ事例である。なお附言するに、米沢藩徒罪もまた作業有償制を採用していたらしいことは、右の史料によって判明するのである。

(22)高次時代の「揚り者」の具体的内容はわからないが、想像するに、犯罪者を施設に拘禁して強制労働を科すという外形的な点において、高兌時代の「揚り者」に同じであったのではなかろうか。『津市史』によると、二代高次と三代高久の時代には「籠舎」

という刑罰が存し、天和三年（一六八三）の「獄屋の定」は、収容中の作業として草履作りを定めている（第一巻六五六〜六五七頁）。これが「揚り者」に相当するのであろうか。

ともあれ、高次時代と高兌時代とでは、刑罰の趣旨に大きな差異が存したと推測される。すなわち、高次時代の「揚り者」は、もっぱら懲戒のための労役を主たる内容とする刑罰であって、そこには犯罪者の悔過遷善を促すという改善主義の考え方は入っていなかったと思われるのである。

(23) 熊本藩徒刑の内容については、註（1）所引の論文参照。

(24) 高塩博「熊本藩『刑法草書』の成立過程」（小林宏・高塩博編『熊本藩法制史料集』所収解題一四頁、平成八年、創文社）。

(25) 幕臣森山孝盛の見聞録『蜑の焼藻の記』に、長谷川平蔵に関連して寛政期の人足寄場のことを記述した箇所があり、そこに「其人足には、水玉を染たる股引をはかせたり。其頃は水玉人足と云て、世上に皆沙汰したり」と見える（『日本随筆大成』新版第二期22所収二五一頁、昭和四十九年、吉川弘文館）。又、平松義郎「人足寄場の成立と変遷」（人足寄場顕彰会編『人足寄場史』所収一〇六頁、昭和四十九年、創文社〔後に『江戸の罪と罰』昭和六十三年、平凡社に収載〕）参照。

(26) 佐賀藩徒罪の内容については、註（2）所引の論文参照。

(27) 津阪東陽の建議によって実施に移された津藩の政策の中には、松平定信の政策を参考にしたとおぼしいものがいくつか存する。たとえば、千歳山に遊観の地を開設したことはその一つである。文政七年（一八二四）、津城の南郊の藩有林千歳山に松桜楓を植え、山の下の池堤には楊柳を配し、ここを士分階級のみならず一般庶民もまた自由に遊ぶことができる行楽の地として開放したのである（『津市史』第一巻二八二頁、同書第三巻四一一、五九八頁）。身分の壁をとりはらった遊観の地を開設するとは、何と斬新な政策なのだろう。今日の表現を用いるならば、さしずめ社会福祉政策とでも言うべきであろうか。

これに先立つ享和元年（一八〇一）、奥州白河藩では城下南郊の湿地帯の南湖を浚渫した。藩主松平定信は南湖の四囲に楓桜の類を植えて整備し、士民遊憩の地とし、文化元年（一八〇四）には儒臣広瀬典（号は蒙齋）の撰文による南湖碑を建てさせた（村越慶三編『白河に於ける楽翁公』三三一〜三三三頁、昭和六年、編者発行〔白河町〕。渋沢栄一『楽翁公伝』三四〇頁、昭和十二年、岩波書店）。津阪東陽もまた千歳山に碑を建てるべく自らの碑文を用意したが、実現しなかった（『津市史』第三巻四一一頁。なお、碑文の全文は「有造館講座」〔写本一冊、津市立図書館橋本文庫所蔵〕に収載されている）。

同年、津藩は東陽の建議にもとづき、南朝の忠臣結城宗広（?—一三三八）を祀る結城神社と彼の墓を修築した（『津市史』第三巻五九八〜五九九頁）。宗広が安濃津に漂着した後ここで病没したという伝承から、津藩領内に結城明神と結城塚とが存したのである。

一方、白河藩では大庄屋内山重濃が結城宗広・親光父子の忠烈ぶりを後世に伝えるために、結城氏の本拠地であった白河城址の懸崖に碑文を彫り込んだ。この挙に対し、藩主定信は碑文の題字として「感忠銘」の三字を大書して与えたのである。碑文は南湖碑に同じく広瀬典の撰文による。時に文化四年（一八〇四）のことである。（大竹才倍『感忠銘の研究』昭和十一年、著者発行〔白河町〕。渋沢栄一『楽翁公伝』三四〇頁）。

津藩における千歳山の開設および結城宗広の顕彰が、白河藩における南湖および感忠銘碑とまったく無縁であったとは考えにくい。津阪東陽は、松平定信の幕府老中としての、また白河藩主としての施策を注視していて、その中から津藩の政策に何がしかを反映させたものと推測されるのである。ちなみに、白河藩松平氏は、定信六十六歳の文政六年、伊勢国桑名藩に転封となった。

(28)「揚り者」が実施されてしばらくすると、和歌山藩においても熊本藩徒刑および幕府人足寄場の制を参考とした徒刑の草案が出現する。この徒刑草案は、文政二年（一八一九）六月、田中良右衛門という人物が、おそらくは勘定奉行の指令によって起草したものだが、結局、実施には至らなかった（高塩博「和歌山藩の徒刑策草案」『國學院大學日本文化研究所報』一九〇号、平成八年〔本書所収〕）。

(29)「府県史料」国立公文書館蔵。

(30)『津市史』第一巻六四六頁。

附記　本稿を草するにあたり、三重県立図書館の徳井賢氏ならびに津市図書館の渡邊一夫氏には、その所蔵資料の閲覧と利用に関して大変御世話になった。ここに記して深謝の意を表する次第である。

第五章　庄内藩の「人足溜場」について

はじめに

庄内藩は酒井氏が出羽国櫛引《くしびき》郡、田川郡、遊佐《ゆざ》郡、飽海《あくみ》郡に十四万石を領有する譜代中藩である。第八代藩主忠器《ただかた》治政下の文政元年（一八一八）、鶴岡城下に「人足溜場」と称する施設を設置し、ここに犯罪人を収容して強制労働に使役させるという新しい刑罰制度を創設した。

庄内藩の人足溜場制度は、昭和三十七年、当時慶應義塾大学教授であった手塚豊氏が「荘内藩の『徒刑仕法調帳』なる論考を公表され、これによって学界に初めて知られることになった(1)。手塚氏は右論文に、同大学図書館所蔵の写本史料「徒刑仕法調帳」を翻刻され、この史料に基づいて人足溜場の制度を、

溜場の制度は、それまで行われてきた他所追放、川北追放、川南追放、所払などに代わるべきものとして新設された一種の懲役刑（徒刑）である。そして重軽の二種を区別し、その処遇にも種々の差等を設けた点、褒美米給与、自己作業の許可、病気自宅療養の制など、その内容には、注目すべき点をふくんでいる。

と紹介しておられる（著作集第五巻三二一頁）。手塚氏はまた、「徒刑仕法調帳」を検する限りにおいては、「なぜこうした制度を採用したかの理由、その成果、そしてまたそれが幕末まで継続しなかった原因など」を知ることが出来ず、

これらの点の究明は「将来における資料の発掘に待つ」とも述べて、課題を提示しておられる（前掲書三一一頁）。最近、筆者は藩法史料の調査のために庄内地方を訪れる機会があり、人足溜場に関する史料若干を採訪することを得た。それらの史料を紹介すると共に、あらためて人足溜場制度の内容を検討するものである。右の課題にどの程度答えられるか覚束無いが、鄙見を述べて大方の御示教を仰ぐものである。

一　「人足溜場」に関する史料

酒田市立光丘文庫所蔵の「御仕置等諸扣」には、人足溜場に関する史料がややまとまって収載されている。(2) それは左に示すように、四つの部分で構成されている。

一　人足溜場軽重相分、左之通　三十三箇条（日付なし）
二　溜場掛り役人勤方申渡候覚―溜場入之者取扱之覚―　十六箇条　文政元年十一月
三　人足溜場定書掛札―溜場入口之掛札―　文政元年十一月
　1　人足重溜場　十箇条
　2　人足軽溜場　十三箇条
　3　女溜場　五箇条
四　溜入之節役人申渡候覚

史料一の「人足溜場軽重相分、左之通」は、手塚論文の翻刻紹介する「徒刑仕法調帳」とその内容が同じである（「徒刑仕法調帳」には本文冒頭に「人足溜場軽重相分、左之通」という内題が存する）。両者の間には転写の際に生じたと覚しき文字の誤脱等が若干は見受けられるが、内容上の差異は全く見られない。史料二、三、四は、このたび初めて紹介するものである。

ところで、「徒刑仕法調帳」の史料的性格について、手塚論文は次のように説明する。すなわち、「徒刑仕法調帳」は「溜場の実態を示す文書」であり、「「調帳」とあるから、この文書は、溜場に関する成文規則そのものではなく、溜場の状態を調査した一種の覚書と判断される」と（前掲書三二一頁）。しかしながら、この説明は誤っているであろう。なぜなら、史料一には人足溜場の具体的内容について、将来の決定に待つべき旨が記されているからである。その第一は、重溜場入の者が強制労働として従事する縄綯の作業量について、「普請方仕物ニ準、追て可相極候」という記述が見られ（第三条但書）、第二は、強制労働の時間外の自分稼ぎにつき、原材料等の経費を溜場掛り役人が立替るが、その精算方法について「自分仕物、元手役人前ゟ立替、一ヶ月切ニ致勘定掛之上、追て仕法相定候事」と記されていることである（第三十一条但書）。従って、史料一は、人足溜場を創設するにあたり、その制度をどのような内容とすべきかを調査し、その結果をまとめた実施要綱という性格を有するものであろう。左に示す第二十一条は、人足溜場の掛り役人の勤務心得とその選任に関する規定であるが、この規定は史料一が実施要綱であることを如実に物語っている。

一右扱之役人、拘制而已之勤方と不相心得、仕物出精自分仕事ニも精入、後日御免之節之計を申含、稼候様教訓致し、新規之御法を難有存候様ニ仕入候は、御免之後稼ニ馴、遊惰之民ニ不相成者も出可申、最初尤其役人を選、御趣意為呑込候事、（傍点、高塩）

以上の考証にして誤りなしとするならば、史料二「溜場掛り役人勤方申渡候覚」ならびに史料三「人足溜場定書掛札」は、史料一の実施要綱を基礎として成文化されたものであると言えよう。

人足溜場に関する史料として、これ以外に採訪できたのは、「大秘行司録」と「庄内古記録」とである。いずれも鶴岡市郷土資料館所蔵である。前者は内題に「鶴ヶ岡町方例秘録」とあるように、鶴岡町奉行所の先例、内規および通達等を全五十五項目に編纂したもので、全三巻に編成されている。(3) 人足溜場に関する史料は、第三巻中の第五十項に「溜入ニ付御達シ」として、左の十種類の史料が収載されている（以下、「鶴ヶ岡町方例秘録」という内題をもって引用する）。

1　人足溜場医師を並町医の月番に担当させる通達　（日付欠）
2　溜場病死人中、引取り手のない遺骸の片付けを有料で非人に命じる通達　（日付欠）
3　重溜場、軽溜場、女溜場への収容手続　十二月　（文政元年十二月のことであろう）
4　「溜場掛役人勤方申渡候覚　文政元年十一月」（「御仕置等諸扣」所収の史料二に同一である）
5　釈放者の身元引受証書の実例　文政四年正月二十一日
6　八間町清次郎女房を支配尋ねの上に溜場入とした時の収容手続　文政三年十月二十六日
7　牢舎へ拘禁することなく、溜場へ直接に収容する場合の手続　文政五年四月二十一日
8　自宅療養者の再収容手続　文政五年四月二十五日
9　自宅療養者の容体報告の義務　文政七年二月四日
10　表吟味の上、牢舎となった者の重溜場への収容手続　（日付欠）

後者の「庄内古記録」は、庄内藩の判決録である。(4) ただし判決原本ではない。三九五件の判決を「逆罪」「火罪」「人殺」「子殺」「盗賊」以下「穢多」まで、六十五の犯罪類型に分類したものである。収録判決の上限は宝永二年（一七〇五）、下限は安政三年（一八五六）である。もっとも、宝永二年より寛保元年（一七四一）までの三十七年間

はわずかに三件の死刑判決を収めるのみである。従って、「庄内古記録」は、寛保二年より安政三年に至る約百二十年間の、町人や百姓など一般庶民を対象とした判決記録であると言える。しかし、この間における庄内藩の判決のすべてを網羅しているかどうかは疑問である。それは寛保二年（一八四二）より人足溜場発足の文政元年（一八一八）までの約八十年間に、判例の無い年が十九箇年、一件の判決のみを著録する年が十八箇年も見られるからである。この「庄内古記録」には溜場入の判決が八件、人足溜場に関係する判決記事が二件存する。

以上、「御仕置等諸扣」「鶴ヶ岡町方例秘録」「庄内古記録」の三点が、このたび採訪することのできた主たる史料である。「御仕置等諸扣」収載の史料の全文を以下に翻刻し、「鶴ヶ岡町方例秘録」ならびに「庄内古記録」収載の史料は、本論の中で随時引用することとする。

翻刻凡例

一翻刻にあたっては、原文に読点、並列点を施し、判読できない文字は□で示した。

一「人足溜場軽重相分」については手塚論文収載の「徒刑仕法調帳」によって校合し、また「溜場掛り役人勤方申渡候覚」については「鶴ヶ岡町方例秘録」収載のそれによって校合し、それぞれ（　）で示した。

一朱筆の部分は、その箇所を「　」で示し、その旨を注記した。又、表題等をゴチック体とした。

一史料番号など、翻刻者が補った部分はすべて〔　〕をもって示した。

御仕置等諸扣（酒田市立光丘文庫所蔵）

〔一〕人足溜場軽重相分、左之通

重溜場　永牢ゟ軽き罪之盗賊筋之類、重キ博奕宿、胴取之類、

右、是迄他所他所〔ママ衍〕追放ニ当り候罪、

但、公事出入、喧味〔嘩〕等ニて御境内ぇ難差置、惣て他所ぇ遣し候て格別人之害ニ不相成候類之者は、是迄之通他所追放申付候事、

軽溜場　軽キ博奕宿幷胴取又ハ重立候博奕ニ加り候者、其外軽罪之者、

右、是迄川北・川南追放、所払ニ当り候罪、

但、川南・川北追放、所払等は、一切相止候事、

右、両溜場とも罪之品ニより

敲之上溜入　敲数　三十　四十　五十　六十　七十　百迄

但、罪之品ニより敲無キもあり、

右、其時〻罪之次第明細相糺、評議詰之上軽重溜入申付候事、

一〔1〕重溜之者、囲之外ぇ一切不指出、囲中焚火・行水は稀ニ許之、

一〔2〕同飯料、牢舎扶持同様、一日ニ玄米五合、

一〔3〕同仕物　縄ない、一日ニ何拾尋、

但、普請方仕物ニ準、追て可相極候、

一〔4〕軽溜場之者

川浚　堀泥上ヶ　道普請　此外ニも遣方可有之、

但、川浚・堀上ヶは骨折候仕事故、其時〻沙汰之上、増扶持弐合五夕為取候事、

右、遣方之節、御普請方役人致差図、休息之節不散様一所ニ差置候事、

但、看板為着、平人と無紛様ニ致候事、

藤布ニて異様ニ染、袖なし仕立ニて夏冬同看板為着候事、

〔5〕一右人足遣方之外、一切門外不許、

〔6〕一不天気、雪中等仕物

右、御普請方ニて定より強く可申付事、

〔7〕一右仕物幷精不精之訳共、日課帳ぇ記し、日〻当人共ぇ為申聞置、月終御普請奉行ぇ指出、扶持方請取、人〻ぇ相渡可申事、

但、仕物定より欠候者　扶持引
　　出精之もの　扶持増

〔8〕一扶持米渡方、玄米七合五勺宛、此外塩噌薪代等之渡方一切無之、

但、増扶持は弐合五勺、扶持引も弐合五勺、

一ヶ月ニ壱度　鰕敚塩魚之類為取候事、

同　三度　汁為給候事、

〔9〕一仕物休日、一ヶ月ニ三度　朔日　十五日　廿八日

但、重溜之者ニは、朔日・十五日両度相休候而已ニて、塩魚・汁等為取候事は無之、

〔10〕一夏冬仕着　夏単物古着　冬綿入古着　但、看板は人足ニ出候節計為着、

〔11〕一夜長之節、自分仕事いたし候為メ、土間ぇ焚火一ヶ所許之、暑中行水等勝手次第之事、但、右類自分用、

〔12〕一病人、医師扱牢舎者同様、

〔13〕一病人、宅ぇ出養生願許之、

　但、御免之節、右宿下り之日数相除、年限可数之、

〔14〕一徒罪年限

軽溜	壱年	壱年半	弐年	三年
重溜	壱年	軽溜へ移し	弐年	通計三年
	壱年半	同	壱年半	通計三年
	弐年	同	三年	通計五年

右年限ニ充御免、

　但、軽重とも病気等ニて仕物休候者、右日数除キ、日勘定ニて年数相極候事、

　軽重とも正路ニ仕物出精、心得直り候ものハ、定年数ゟ早く免し候儀も可有之事、

〔15〕一年限充御免之節、可帰家も無之、可寄親類も無之、其心得直り候者ニ候は、飯焚小使として可使之、

〔16〕一重溜場之者出奔、召捕候次第死罪、

　但、右御定は、溜入之節、役人急度申含、勿論入口ぇ右定書懸置可申事、

〔17〕一軽溜場之もの出奔、召捕次第牢舎之上重溜場入、

　但、右同断、

一〔18〕両溜共ニ近火之節一同放し遣し、火鎮候後不帰候者ハ召捕次第、本罪ゟ一等重く可申付、早速罷帰、役人ぇ届出候ものは年数縮メ免し可申事、

但、右同断、

一〔19〕溜場構之内役所ぇ、御普請方下役人壱人宛相詰居、可致指図事、

一〔20〕飯焚小買物等之為、荒子弐人役所続ぇ差置、一切諸用弁し候事、

惣人数之飯、此所ニて焚出し候事、

但、重キ溜場之者ぇは、軽キ溜入之者を以、為相送候事、

一〔21〕右扱之役人、拘制而已之勤方と不相心得、仕物出精自分仕事ニも精入、後日御免之節之計を申含、稼候様教訓致し、新規之御法を難有存候様ニ仕入候は、御免之後稼ニ馴、遊惰之民ニ不相成者も出可申、最初尤其役人を撰、御趣意為呑込候事、

一〔22〕軽キ溜之者、扶持米玄米七合五勺渡、

一〔23〕仕物怠り扶持引之節、玄米五合渡、

一〔24〕出精之者、増扶持は役人前ニて預り、帳面ニ記し日切ニ其者ぇ米高為知置、年限満御免之節、其者ニ相渡候事、

但、月〻ニ相払代銭ニて積置候事、

一〔25〕自分仕物之分、縄・草履・わらんじ等、面〻稼次第、右代銭之内小遣ニ致候外、余分出候様ニいたし、年限充御免之節相渡候様ニ役人前ニて取計遣候事、

但、小遣も勝手次第ニ不致、無拠入用計ニ遣ひ候様役人前ニて取計候事、

一〔26〕重キ溜之者、自分仕物いたし候代銭之内ニて、菜物・味噌・塩肴之類、稀ニ調候事相ゆるし候事、

一〔27〕女溜　是ハ公義御仕置ニ準、奴と唱候事、
一〔28〕囲内ニて仕物　木綿糸車　苧うミ　人足共衣類洗濯
一〔29〕囲外ぇ一切不出事、
一〔30〕扶持米、玄米五合渡、
一〔31〕自分仕物、賃銭を以小遣ニ為致候事、精働之者餘分出候は、役人前ニ預り置、御免之節相渡候事、
　但、自分仕物、元手役人前ゟ立替、一ヶ月切ニ致勘定掛之上、追て仕法相定候事、
一〔32〕年限其外取扱、男之軽溜入ニ大体可准事、
一〔33〕日ミ食事、荒子ニ為送候事、

〔二〕表紙 **溜場掛り役人勤方申渡候覚**

　溜場入之者取扱之覚

一〔1〕軽溜入之者、人足ニ遣ひ候節、看板為着、平人と不紛様ニ致し、御普請方役人場所ぇ召連、致指図為働、休息之節は不散様ニ一所ニ差置可申事、
一〔2〕軽重溜入之者、囲中ニて仕物精不精之訳、日課帳ぇ記し、日ミ当人共ぇ為申聞、月末御普請奉行ぇ差出、扶持方請取候事、
一〔3〕軽溜入之者
　仕物怠候者、扶持引　玄米五合渡
　但、定渡七合五勺之内、弐合五勺引、

同出精之者、扶持増　同　壱升渡

但、定渡七合五勺之外ニ弐合五勺増、

一〔4〕軽重溜入共ニ塩噌薪代、一日ニ五文宛相渡候事、

一〔5〕出精之者、増扶持役人前ニて預り、帳面ニ記し、一ヶ月切其者ゑ米高為知置、年限充赦免之節相渡候事、

但、月々相払代銭ニて積置候事、

一〔6〕軽重共自分仕物、縄・草履・わらんじ等、面々手業次第右払ひ代銭小遣ニいたし遣ひ、餘之分役人前ニて預り置、赦免之節相渡候事、

但、小遣ひ銭勝手次第ニ不為致、無拠入用ニ計遣ひ候様ニ役人前ニて取計可申事、

一〔7〕右自分仕事いたし候代銭之内ニて、菜物・塩肴之類、稀ニ調候儀は相ゆるし候事、

一〔8〕病人医師扱、牢舎もの同様之事、

但、月番町医、月々御普請方御小屋ゑ名前相□□〔虫損、届候〕筈、病人有之節呼出し、病躰為見候て薬用申付、右薬賄数留置、七月十二月両度書付役人共ゟ可差出事、

一〔9〕軽溜入之病人、家元ゑ出養生、家元并親類等ゟ願出候は相許し、快気次第溜入為致候事、

但、宿下り日数相除、年限日勘定を以可相極事、

一〔10〕軽重とも病死人有之節、御足軽目付指出、死がい見分申付候上、身寄之者願出候は死骸為取可申候、無宿躰之ものニて願出候もの無之候は、非人共ニ取仕舞申付、賃銭為取可申事、

一〔11〕年限充赦免之節、家元親類等之内、在町とも所之役人同道ニて呼出し、向後心得方之儀急度申付、相応之渡世可為致旨、証文為指出相渡候事、若家元并親類縁者等も無之、可立寄処無之ものハ、其者心得直り候者ニ候

ハ、、　飯焚小使等ニ申付候儀、其節可及沙汰事、
一〔12〕荒子弐人役所続ニ指置、飯焚小買物等幷役人床持等諸用可申付事、
　附、惣人数之飯、此処ニて焚出し候事、
　但、重キ溜場之者ぇは、軽き溜入之者を以為送、女溜場ぇは右荒子を以遣候事、
一〔13〕溜入之者、家元之者たりとも為逢候儀は勿論、囲ぇ為立寄申間敷事、
　但、宿元より着服幷入用品相送候儀も有之候は、役人共見届、荒子ニ致差図、為入候儀不苦候、乍然封書は勿論、相障候品有之節は相禁し可申事、
一〔14〕軽重溜入、女溜入之者も、自分仕事之元手銭、最初役人共ゟ立替、諸品為相調、右仕物之代銭を以、一ヶ月限勘定いたし、其もの共ぇ為知可申事、
　但、右立替之分、役人共ぇ御預ヶ銭可申付事、
　附、面々菜物幷飯箸等自分ニ可相調分も、最初は役人共ぇ預ヶ銭之内立替、無拠入用之品為相□□□(求可申)候事、
一〔15〕掛り役人之内壱人宛泊番相勤、夜中両三度囲外□(虫損)見廻り心付可申事、
一〔16〕表門明六ッ半(時)ニ開、昼七ッ時ゟ出入停止、用事有之節ハ門番之者ゟ掛り役人ぇ相断可申事、
右之通、可相心得者也
　　文政元年寅十一月

〔三〕人足溜場定書掛札

溜場入口ぇ掛札

人足重溜場

二年　　軽溜ぇ移三年　　合五年
一年半　同　　壱年半　　合三年
一年　　同　　二年　　　合三年

右罪之軽重ニ寄、溜入之節申渡之、右年限充免、
　但、病気等ニて仕物休候者、休之日数を除き、日勘定ニて年限を充ツへし、
一(1)囲之外ぇ一切出さす、囲之内火を禁す、行水は稀ニゆるす事、
一(2)月代不剃、
　但、月代のひ候節、五六分残し、はさミニてつミ可申、髪厚キもの中剃勝手次第之事、
一(3)囲中ニて仕物朝五ツ時ゟ夕七ツ時迄申付候事、
一(4)仕物休日　毎月　朔日　十五日
　附、正月元日ゟ十五日頃迄、五節句盆中幷十二月廿日頃ゟ仕物休メ可申事、
一(5)扶持米、一日ニ玄米五合、
一(6)夏冬仕着　夏 単物古着　冬 綿入古着
一(7)囲を破り出奔致し候者、召捕次第可為死罪事、
一(8)近火之節は一同ニ放遣すの間、火鎮り候は帰るべし、若心得違、帰らさるもの有之は、召捕次第重き御仕置に
　申付べし、火鎮り早速罷帰、役人ぇ届出候もの、溜入之年数を縮め相免し可申事、
一(9)仕物不精幷役人申含を不相用、人柄不改もの、増年限可申付事、

一〔10〕仕物出精いたし、自分仕事も精入、心掛相直り候ものは、年限を縮め相免し褒美為取候事も可有之事、
右之条々急度可相守者也
　　文政元年寅十一月

人足軽溜場

　年限　三年
　　　　二年
　　　　一年半
　　　　一年
右罪之軽重ニ寄、溜入之節申渡之、右年限充免、
　但、病気等ニて人足幷仕物休候者、右休之日数を除き、日勘定ニて年数ニ充、
一〔1〕人足ニ遣ひ方之外、一切門外ぇ出へからさる事、
一〔2〕月代不剃、
　但、月代のひ候節、五六分残し、はさミニてつミ可申、髪厚キもの中剃勝手次第之事、
一〔3〕人足ニ遣方
　川浚　堀泥上　道普請・山木伐□之類、
一〔4〕不天気、雪中等人足ニ遣方無之節、囲之内ニて仕物申付事、
　但、朝五ツ時ゟ夕七ツ時迄、
一〔5〕扶持米、一日ニ玄米七合五勺宛、
　但、川浚、泥掘上等之人足ニ遣ひ、骨折候類は増扶持弐合五勺、

一ヶ月ニ壱度、鰕蚫塩魚之類為取候事、
一〔6〕夏冬仕着　夏　単物古着　冬　綿入古着
一〔7〕仕物定より欠候もの、扶持引弐合五勺、
同出精之者、扶持増弐合五勺、
一〔8〕仕物休日　毎月　朔日　十五日　廿八日
附、正月元日ゟ十五日頃迄、五節句盆中幷十二月廿日頃ゟ仕物休可申事、
一〔9〕夜長之節、自分仕事いたし候ため、土間ぇ焚火一ヶ所これをゆるす、行水等勝手次第之事、
但、右入用之薪等自分用事、尤右焚火、湯之外給物煮焼禁候事、
一〔10〕囲を破り逃去候者は勿論、人足ニ遣候節欠外し候もの、召捕次第重き御仕置可申付事、
一〔11〕近火之節は一同に放遣す之間、火鎮り候は帰るへし、若心得違、不帰ものあらは、召捕次第重き御仕置ニ可申付、速ニ帰り来り役人前ぇ届出候もの、溜入之年数を縮め可相免事、
一〔12〕仕物不精、役人申含を不相用、人柄不改者、増年限可申付事、
一〔13〕仕者出精いたし、自分仕事も精入、心懸相直り候ものは、年限を縮め相免し褒美為取候事も可有之事、
右之条〻急度可相守者也、
文政元年寅十一月

女溜場　奴と唱候事

年限　五年　三年　二年　一年

一〔1〕囲外ぇ一切不可出事、

一〔2〕囲内ニて仕物、木綿糸車　苧うミ　人足共衣類洗濯仕立等之類

一〔3〕扶持米、玄米五合渡、

一〔4〕囲を破り逃去候もの、召捕次第重き御仕置、

一〔5〕近火之節は放遣候間、火鎮り早速可帰来、若不帰者召捕次第重御仕置、右両条常〻教へ□候事、

右之外軽溜入同様可取扱者也、

寅十一月

〔四〕溜入之節役人申渡候覚

其方共儀、不届之品有之ニ付、他所ぇ追放又は所払ニも被　仰付、路頭ニ可立迷身分之者ニ候処、此度厚キ御仁恵を以、溜入人足仕物年限を以被仰付、在溜中御扶持・御仕着被下置、定之年限充候得は御免、面〻家元ぇ御返被成下候儀難有奉存、旧来之志を相改、実意ニ立帰、上之仕物は勿論、自分仕事ニも精を出し、溜入年限之間ニ餘分を出し、御免之節元手ニも有付候様可心掛候、弥心得相直り、渡世相続可致躰ニなり候ものハ、年数を縮め御免被成、若可立寄身寄之もの無之ものハ、溜場飯焚小使ニ可被仰付、若又

御仁恵之旨をも不弁、被仰付ニ背き人足仕物不精ニ致し、或は悪事等於有之は、重き御仕置ニ可被仰付候条、此段急度申渡置候、

右之趣溜入之節申渡し、猶忘却不致様常〻教諭可致事、

二　「人足溜場」の内容

名称と設置場所　施設の名称としては「人足溜場」が正式であろう。前節に翻刻した史料は庄内藩庁作成の調査書類ならびに文書と考えられ、そこでは「人足溜場」の呼称を用い、時には「溜場」と略称する。しかし一般には「溜牢」と呼ぶ場合も少なくなかった。「人足溜場」の発足を記す後掲の「大泉叢誌」や「世の面影」は「溜牢」と呼び、文政十二年（一八二九）の後掲「鶴岡城下絵図」[5]もまた「溜牢」と記している。酒田市立光丘文庫所蔵の「世の面影」には「溜め牢」と見えるので、「溜牢」は「ためろう」と訓んだのであろう。『鶴岡市史』もまた「ためろう」の振仮名を施す（上巻五六五頁）。したがって、「人足溜場」は「にんそくためば」と呼称したと思われる。

人足溜場の位置について、後掲「大泉叢誌」には「七日町橋向御籏小屋近辺」、手塚論文の引用する「鶴岡旧地温故便」[6]には「上肴町南側後川端」に人足溜場の長屋が建築されたと見えている（前掲書三二〇頁）。その場所は鶴ケ岡城の南南東の城下町の外れ、次頁の絵図に示された場所である。ただ、文政十二年の「鶴岡城下絵図」（鶴岡市郷土資料館所蔵、絵図①）に描かれた「溜牢」と、天保十二年（一八四一）五月改正の「鶴御城下絵図」（鶴岡市郷土資料館所蔵、絵図②）に描かれた「溜場」とでは、――似通った場所に描かれてはいるが――隣接の施設が異なると共に、位置にも若干の差異が読みとれる。天保時代に入って替地と建直しが実施されたのだろうか。記して後考を俟つ。『城

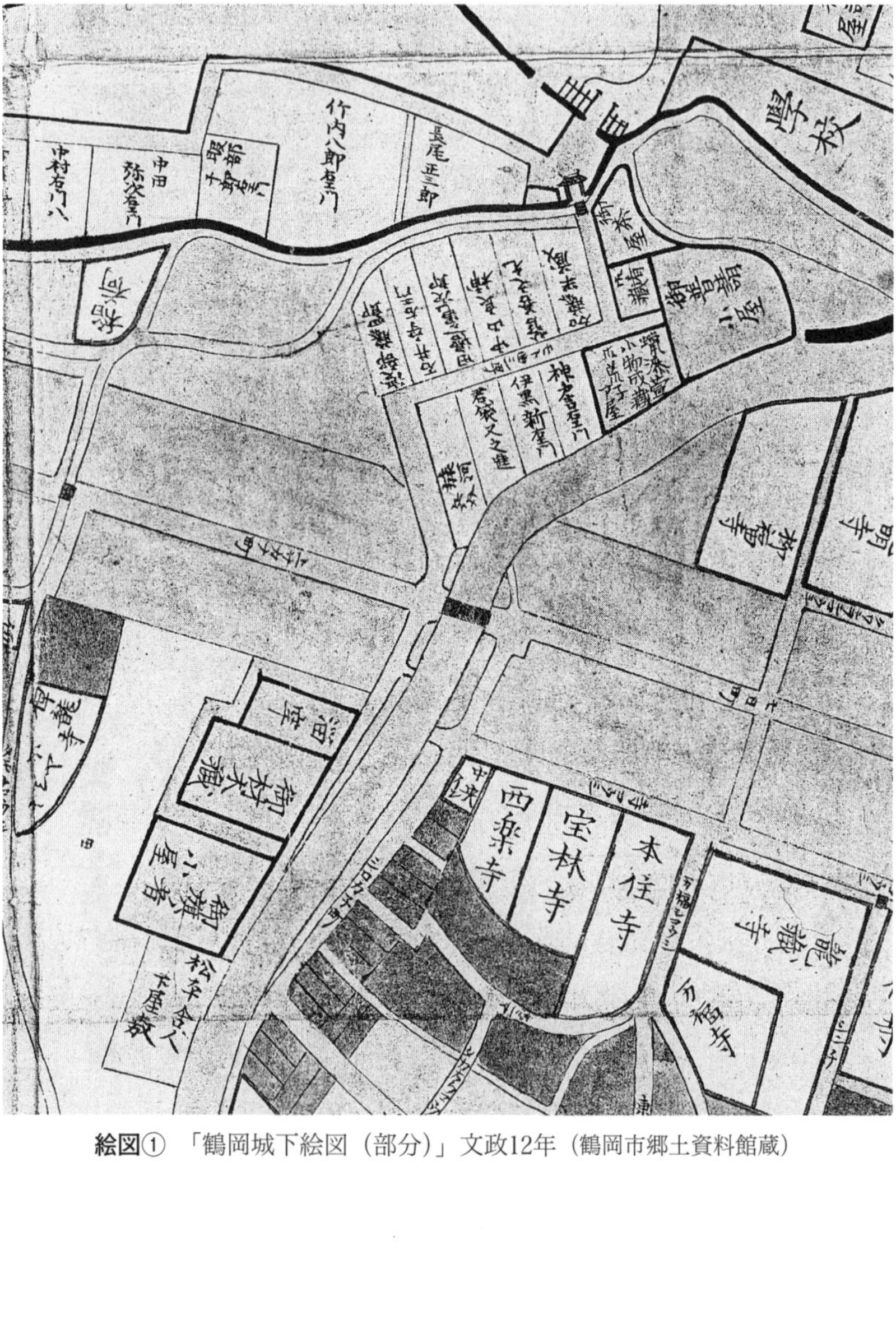

絵図①　「鶴岡城下絵図（部分）」文政12年（鶴岡市郷土資料館蔵）

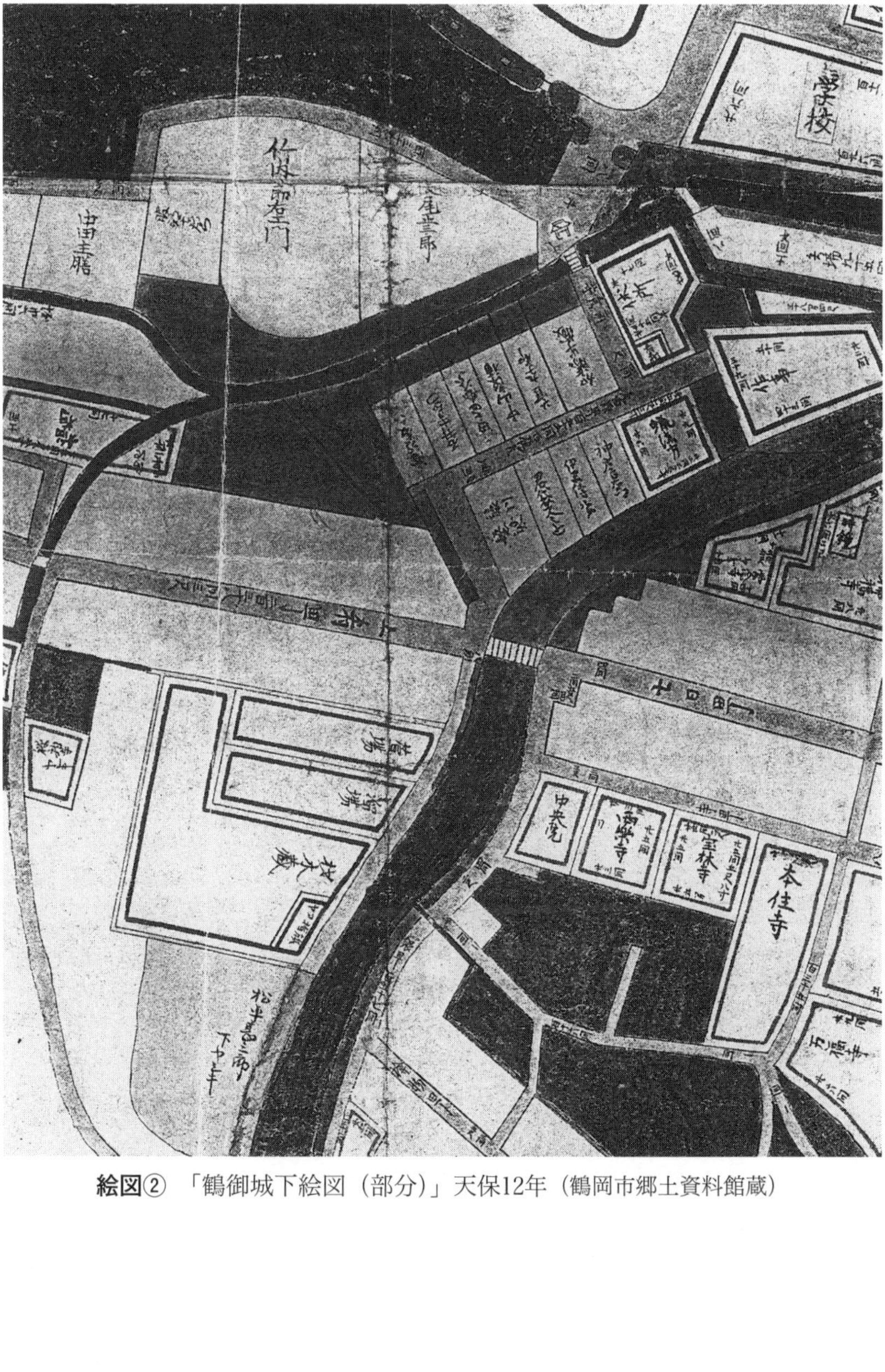

絵図② 「鶴御城下絵図（部分）」天保12年（鶴岡市郷土資料館蔵）

下町鶴岡』（大瀬欽哉著、平成七年第四版、庄内歴史調査会発行）に附載の「鶴岡旧町名地図」によると、文政十二年の「溜牢」、天保十二年の「溜場」の位置は共に元曲師町《もとまげし》に属する。この場所は、元曲師町が内川右岸に添って南に張り出した処で、上肴《かみさかな》町と銀《ぎん》町に挟まれている。現在の住所表示で言えば、鶴岡市本町三丁目の十四番地ないしは十五番地に該当する。元曲師町が侍町、上肴町と銀町は町人町である。

創設の時期　前掲の手塚論文ならびに『鶴岡市史』は、人足溜場の創設を文政元年九月のこととする。手塚論文は、『荘内史年表』（一八一頁、鶴岡市史編纂会編、昭和三十年、鶴岡市役所発行）ならびに、「鶴岡旧地温故便」に依拠する。「鶴岡旧地温故便」に見られる溜場創設の記事は、「大泉叢誌」(7)に基づくと思われるので、同書巻八十五の文政元年九月条を掲記しよう。

一七日町橋向御簱小屋近辺へ新規ニ溜牢出来之筈ニて、御給人之宅地御引上替地被下候、御普請方村岡仲右衛門様に被仰付候、右牢ハ軽き罪人被入置、年限中川さらゐの事等、其外色〻之事ニつかわれ候由、徒罪と申、公辺抔ニも有之よし、

又、中臺葛園著「世の面影」（抄録本、鶴岡市郷土資料館所蔵）にも人足溜場創設にかかわる記事が存し、文政元年十月十二日条には、

此頃溜牢といふものを始めらる〔廿〕間に拵へ罪人を待つ全く肥後を真似すと唱へぬ、

と見え、同年十一月十九日条には、

溜牢の出来し頃の歌に、瓦屋学校を移せしを云ふに上りて見れは煙立つための小窓は賑ひにけり、

という記事が存する。(8)文化十三年（一八一六）、政治と教育は一体のものという主旨により、藩校致道館が曲輪内《くるわうち》の十日町口に移築された時、その屋根は鶴岡城下最初の瓦屋根であった。(9)その屋根の上から南々西の方面を臨むと、人

足溜場の二十間長屋が見えたのである（その間約五百メートル、前掲の文政十二年「鶴岡城下絵図」参照）。

「大泉叢誌」と「世の面影」の記事を総合すると、次のようなことが判明する。すなわち、人足溜場は文政元年九月に設置の指令が出され、普請方役人村岡仲右衛門に施設建設の命が下った。その結果、翌十月十二日頃には二十間長屋が出来上り、さらに一箇月後の十一月十九日頃には少なからぬ収容者があって、長屋の小窓からは煙が立ちのぼっていたのである。

管轄　人足溜場は普請奉行の管轄するところである。普請奉行は収容者の勤惰を把握し、それに基づいて扶持米を支給する（史料二「溜場入之者取扱之覚」第二条）。従って、人足溜場に詰める現場責任者も普請方から派遣された。このことが実施要綱である史料一の第十九条に、

一溜場構之内役所ェ、御普請方下役人壱人宛相詰居、可致指図事、

と見え、この要綱に基づいて史料二の第十五条が、左の如く定められた。

一掛り役人之内壱人宛泊番相勤、夜中両三度囲外□〔虫損〕見廻り心付可申事、

このように「人足溜場」は普請方の管轄下にあったので、軽溜入の者の構外作業は普請方役人の指揮の下に行なわれた（史料二の第一条）。その他、実施要綱第三条は重溜入の者の労役の縄綯の作業量について、「普請方仕物ニ準、追て可相極候」と定め、同じく第六条は軽溜入の者の悪天候下の労役について、「御普請方ニて定より強く可申付事」と定める。前述したように、人足溜場施設の設営を担当したのも、村岡仲右衛門という普請方役人であった。

刑期と処遇法　人足溜場は、史料三「人足溜場定書掛札」に示されているように、重溜場、軽溜場、女溜場の区分が存した。重溜場の刑期は、五年（重溜場二年、その後軽溜場三年）、三年（重溜場一年半、その後軽溜場一年半）、三年（重溜場一年、その後軽溜場二年）の三等級である。重溜場入の者は二年、一年半、一年の期間を重溜場において服役

し、その後軽溜場に移って所定の期間を服役するのである（ただし後述するように、実際の判例ではこの刑期に合致しない判決の出された場合が存する）。軽溜場の刑期は三年、二年、一年半、一年、女溜場の刑期は五年、三年、二年、一年の各四等級である。「人足溜場軽重相分」によると、罪状によっては溜場入に敲の刑を併科する場合があるという。敲の数は三十、四十、五十、六十、七十、百の六種類である。事実、鶴岡町奉行所は文政四年（一八二一）八月二十一日、十四歳の与作に対して「敲之上人足重溜場へ遣し、年数三ヶ年」という判決を出している（第四節の判例6）。敲の数が記されていないが、これは盗みを働いた罪による。盗犯が敲を併科する罪状の一であったことがこの判例によって知られるのである。

いずれの溜場も刑期中は強制労働に従うが、いうまでもなく、諸々の処遇は重溜場がもっとも厳格である。女溜場入の刑は奴とも称し、その処遇は軽溜場におおむね準じている。史料三「人足溜場定書掛札」は、これを各溜場の入口に掲示して処遇法を収容者に明示したのである（「人足溜場軽重相分」第十六・十七・十八条但書参照）。この「定書掛札」によると、重溜場と軽溜場とでは処遇法に差異が見られる。今、その差異に注意を払いながら、人足溜場の処遇法を確認しておこう。

差異の第一は、重溜場に収容中の者はもっぱら構内作業に従事して、収容中は施設の外には一切出られず、一方、軽溜場に収容中の者は、構外作業の人足として就労するために施設外に出られるということである。史料一の実施要綱は、重溜場の構内作業に縄ない、軽溜場の構外作業として川や堀の浚渫、道路の補修などを想定している（第三・四条）。軽溜場の者の労役は外役が原則であって、悪天候や雪中にて人足の仕事が出来ない時に構内作業が課される。手塚論文の引用する「鶴岡旧地温故便」によると、作業について「道普請又は御用所掃除、其外簀編ミ、縄なひ、莚織等夫々取掛らせ候事の由（読点高塩）」と伝えている（前掲書三二〇頁）。

強制労働の対価として、重溜場の者には玄米五合、軽溜場の者には玄米七合五勺が支給される。これが差異の第二である。「人足溜場軽重相分」によると、五合の扶持米は「牢舎扶持」に同じである（第二条）。軽溜場の者のうち、河川や掘割の浚渫等の重労働に従事した場合、および作業にとりわけ精を出した場合に二合五勺の割増米を支給した。しかしながら、所定の作業量をこなさなかった怠け者に対しては、逆に二合五勺を減額した。

違いの第三は休業日である。重溜場では毎月の一日、十五日の二日間、軽溜場では一日、十五日、二十八日の三日間が休業日である。その他、共通の休業日として正月元日より十五日頃まで、五節句、盆、十二月二十日頃以降が免役である。

違いの第四は、焚火と行水についてである。重溜場では火気厳禁で行水も稀に許す程度であった(10)が、軽溜場では夜長の自分仕事に土間の焚火が許され、湯を沸すことが認められた。また、行水は自由に浴びることができた。

差異の第五は、副食物に関する事柄である。軽溜場では月一度、鰕または塩魚の類を摂ることができたが、重溜場ではこれが認められなかった。

差異の第六は、脱走に対する処罰である。重溜場よりの脱走者は、逮捕次第「死罪」に処される。一方、軽溜場や外役先からの脱走に対しては、「召捕次第重き御仕置」が科される。「重き御仕置」が具体的にどのような処罰であるか判然としないが、「人足溜場軽重相分」は、軽溜場からの脱走者に対して「召捕次第牢舎之上重溜場入」を科すと定める（第一七条）。

病気に罹った収容者は、月番の町医がこれを診療する。このことは史料二の「溜場入之者取扱之覚」第八条に、

一病人医師扱、牢舎もの同様之事、

但、月番町医、月〻御普請方御小屋ゑ名前相□□（虫損、届候）筈、病人有之節呼出し、病躰為見候て薬用申付、右薬賄

数留置、七月十二月両度書付役人共ゟ可差出事、

と定める。治療費は藩費によって賄うのである。「鶴ヶ岡町方例秘録」にも月番町医に関する左の記事が存し、人足溜場を担当する町医が二名であったことが判明する。

並御町医弐人

右人足軽重溜場之者病気之節、月番之者ぇ療治申付候、月番名前書、月〻御普請方御小屋ぇ相届候様可被申渡候、

二名の当番町医は、普請方役所に毎月その名前を届出ることが義務付けられていたのである。

手塚論文も注目するところであるが、軽溜場入の罹病者は自宅療養も可能であった。自宅療養に関し、史料二「溜場入之者取扱之覚」は第九条に、

一軽溜入之病人、家元ぇ出養生、家元幷親類等ゟ願出候は相許し、快気次第溜入為致候事、

但、宿下り日数相除、年限日勘定を以可相極事、

と定める。軽溜入の者については、自宅や親類等の申請によって自宅療養が認められ、療養期間は刑期から除外されるのである。重溜場入の者は自宅療養が認められないのであって、この点が差異の第七である。

自宅療養に関し、「鶴ヶ岡町方例秘録」が文政七年（一八二四）の記事を収録するので左に示す。

「同七申二月四日」（朱筆）
一軽重溜入之者共、病気之模様ニ寄、願之通宿下養生申付候所、年を経候ても病気之容体一向不申出、締方ニ差障候、以来病気ニ付宿下養生申付候者、三十日ニ限り病気之様子、以書付人元幷親類共届書差出、其所之役人見届申出候様申達、其時〻当席ぇ可被申聞候、

二月　御町役人共ぇ申達、辻新右衛門ぇも可申達旨、内蔵丞殿ゟ申来ル、

右の記事は家老水野内蔵丞（重栄）から鶴岡町奉行（当時の町奉行は加藤伊右衛門）、ならびに酒田町奉行の辻新右衛

門に宛てた通達である(11)。この通達によると、自宅療養者の中には帰宅後長期間にわたって音沙汰の無い不届者があったようである。そこで三十日ごとに病気の容態を書面をもって報告する義務を課したのである。ただ、この通達には一つの疑問点が存する。それは「軽重溜入之者共」と記されていることである。人足溜場制度の実施後は、重溜場入の病人にも自宅療養を認めたのであろうか。記して後考を俟つ。

「鶴ヶ岡町方例秘録」には、自宅療養者の人足溜場への再収容手続についての記事も載せるので左に掲記する。

一溜入之者、病気ニて養生中宿下申付、快気之上帰溜候節、不意ニ罷出候ては焚出し等二重ニ相成、無益之費相立候段、御普請奉行申出候、依之、御町方溜入之者、病気ニ付宿下申付候もの帰溜之節ハ、前方日限申出候様申達置、申出次第当席ぇも申聞、其元ゟ御普請奉行ぇ可被申越候、〔文政五午四月廿五日〕〔朱筆〕

四月

右の記事は、家老から鶴岡町奉行に宛てた通達である。その内容は、自宅療養者の人足溜場への再収容に際しては、帰溜の日時を前もって町奉行所に届け出させ、町奉行所はただちにその旨を家老席ならびに普請方奉行に連絡すべしというものである。突然の帰溜は食事の用意が二重手間となり、経費も餘分に掛かるという訳である。

なお、人足溜場の病死人の取扱いについても史料二「溜場入之者取扱之覚」に規定が存し、次のように定める（第一〇条）。すなわち、足軽目付が病死人を検視した後、身寄の者に遺骸を引渡し、病死人が無宿などで引取人のない場合は、遺骸処理を賃銭をもって非人に依頼すると定める。非人の遺骸片付につき、「鶴ヶ岡町方例秘録」は左の記事を載せる。

非人

右人足軽重溜場之者病死、可引取身寄之者無之者、取仕舞申付、其毎度賃銭為取可申候、此段可被申付候、

重溜場と軽溜場との間に存する処遇の差異は、以上に見た七点が主なものである。以下には共通するその他の処遇について略述する。

着衣は古着を用いる。夏季は単物、冬季は綿入を仕着せとして支給するのである。ただ、軽溜場入の者が構外作業に出るときは、一般人と間違えないように「看板」を着用させた（「溜場入之者取扱之覚」第一条）。実施要綱の「人足溜場軽重相分」によると、この「看板」は藤布の袖なしで、異様に染め上げたものを予定しており（第四条）、「鶴岡旧地温故便」には「志奈の半被」を着用したと見えている（手塚論文三二〇頁）。頭髪は月代を剃らないで、伸びた時に五六分を残して鋏で切るという簡便な方法によった。

以下、史料二「溜場入之者取扱之覚」によって、その他の処遇法を眺めてみよう。構内作業に関し、日々の勤惰は「日課帳」に記入して、結果を毎日当人に告げ知らせ、月末に一箇月分の勤惰を普請奉行に報告する。作業報酬の扶持米はこの報告に基づいて支給される（第二条）。収容者は、塩・味噌・薪代として一日に五文が支給される（第四条）。労役に精勤した場合は、一日につき二合五勺の割増米が支給されるのだが、この割増米は普請方役人が預り、一箇月ごとにその米を売却して金銭に代えて積立てさせる。積立額を月ごとに当人に知らせ、釈放の際に合算して支給するのである（第五条）。

強制労働の時間外に行なう自分稼ぎ、いわゆる自己労作が認められており、その自己労作で作り出した縄・草履・わらじなどの藁細工製品は売却して金銭に替え、一部は小遣いとして当人に渡し、一部は普請方役人が預って積立てておき、釈放のときまとめて支給する。その小遣いは自由気儘に消費させるのではなく、どうしても必要な場合にのみ遣うよう普請方役人が気を配るのである（第六条）。自己労作の材料費や道具代などの経費は、普請方役人が藩費の預り金の中から立替払いをしておき、製品の売却代金をもって一箇月ごとに精算する（第一四条）。自己労作で稼ぎ出した小遣いで、菜物・塩肴等の副食物を買うことが稀にではあるが認められた（第七条）。

飯焚や買物の世話は、人足溜場に雇われた下働きの者二人がこれを担当した。下働きは人足溜場役所の隣に常駐して、布団の上げ下ろしをはじめとして、掛り役人の小使い役も演じた（第一二条）。

人足溜場は面会禁止である。書面による通信も禁じた。ただし、衣類や必需品の差し入れは、役人点検の上、許されることがあった（第一三条）。人足溜場の開門は午前七時、閉門は午後四時である（第一六条）。

処遇上着目すべきは、切放《きりはなち》の制を備えていることであろう。また、刑期短縮および刑期延長の制を設けたことにも注目しなければならない。切放は収容施設に火災・津波等の緊急の危難が差し迫ったとき、収容者の生命を守るために施設の責任者が収容者を一時的に解き放つことである。このことが各溜場の「定書掛札」（史料三）に明記されている。この規定を重溜場の「定書掛札」によって示そう（第八条）。

一近火之節は一同ニ放遣すの間、火鎮り候は帰るべし、若心得違、帰らさるもの有之は、召捕次第重き御仕置に申付べし、火鎮り早速罷帰、役人ェ届出候もの、溜入之年数を縮め相免し可申事、

庄内藩の切放は、緊急の危難として火災を想定し、鎮火後の帰着を指示する。指示通り帰着した場合は刑期を短縮し、戻らない場合は逮捕次第「重き御仕置」を科すというのである。

刑期の延長については、「定書掛札」に、

一仕物不精幷役人申含を不相用、人柄不改もの、増年限可申付事、

と定め（第九条）、短縮については、

一仕物出精いたし、自分仕事も精入、心掛相直り候ものは、年限を縮め相免し褒美為取候事も可有之事、

と記してある（第十条）。要するに、収容者の改善いかんによって刑期を延長もし、短縮をも認めるという訳である。

以上に一瞥した処遇法は、史料三の「人足溜場定書」に記してあるのだが、前述した如く、この「定書」は各溜場の入口に掛札として掲げてあった。このことに留意しなければならない。つまり、これらの処遇法は人足溜場を管理運営する側の者のみならず、収容者各人にも告げ知らされていたのである。

三　収容手続と釈放手続

人足溜場への収容ならびに釈放の手続は、「鶴ヶ岡町方例秘録」に関係記事が収載されている。以下にことわりなく引用するのは、すべて「鶴ヶ岡町方例秘録」所載の記事である。まず、収容に関する手続は左の通りである。

「〇〔朱筆〕」人足重溜場ぇ遣候者
右申渡書読渡、縄下之儘町離縄取ニて、御同心附添溜場ぇ引連、掛役人ぇ可被引渡事、
「〇〔朱筆〕」同軽溜場ぇ遣候者
右申渡書読渡、縄解、腰縄丁離縄取ニて、御同心附添溜場ぇ引連、掛役人ぇ引渡候事、
「〇〔朱筆〕」女溜場ぇ遣候者
右同断、
右之通、人足溜場え遣候者取扱方可被申付候、
十二月

右は収容手続の原則である。溜場入の者は町奉行所の判決言渡が済むと、直ちに人足溜場に収容される。重溜場へ収容する場合は縄を掛けたまま、軽溜場および女溜場へ収容する場合は腰縄のみにて、いずれも賤民身分の町離[12]が縄

をとる。町奉行所の同心がこれに附添って連行し、人足溜場の掛役人に引渡すのである。この記事には十二月の日付が見えるが、おそらく人足溜場創設の文政元年十二月のことであろう。

次に、未決拘禁の「牢舍」という措置がとられることなしに判決言渡を受けた場合の収容手続の事例を掲げよう。

文政五年午四月廿一日、七日町五太女房きく、七日町属丁宝林寺門前源太郎姉まつよ、牢舎なし溜入被　仰付候ニ付、外記殿へ申上、被　仰渡書読渡、縄なし親類町役人付添、御同心差添候て溜場掛役人ぇ為引渡候、已来牢舎なし溜入之者、右之例可相用候、

五太の女房きくと源太郎の姉まつよの二人は、犯罪発覚の後に拘禁の措置がとられることなく、文政五年（一八二二）四月二十一日、溜場入の判決を受けた。二人の収容手続につき、外記殿に伺いをたて、次のように取扱った。すなわち、判決申渡の後、縄を掛けることなく、親類や町役人が付添って人足溜場に赴くことを許した。連行役は町奉行所同心であって、同心が溜場の掛役人に身柄を引渡すのである。以後、この手続を牢舎なしに溜場入の場合の恒例とせよという訳である。[13]

又、表吟味の上牢舎なしに重溜場入二年の判決を受けた者が、人足溜場に収容された記事が存する。

一五日町属丁片町治右衛門倅治助、表御吟味之上牢舎不被　仰付、重溜弐年被　仰付候、右例差当り不相見候間、御徒目付ぇ致沙汰、羽かひ付、親類共ぇ縄為取、町役人付添、其上御同心差添候て溜場役人ぇ為引渡候、

右申渡出席御徒目付山口平蔵、伊藤平太夫、御足軽目付両人、

右の記事の年次は不明である。その収容手続は、親類共が縄をとって同道することが認められ、町役人が付添い、同心が人足溜場まで連行する。町離が縄をとる前掲の手続よりは緩やかである。常の「吟味」と「表御吟味」とでどのような差異が存したのか未詳であるが、従来、事例の存しなかった「表御吟味之上牢舎」なるが故の手続であろう。

続いて釈放手続についてであるが、家元、親類ならびに所役人が釈放者の身元引受人となり、彼らは釈放者が健全な社会生活を送るように指導し、そのための注意を払うことを誓約した身元引受証書を人足溜場役所に提出する決りであった（「溜場入之者取扱之覚」第十一条）。身元引受の誓約書の実例が存するので、左に紹介する。

御請証文之事

八間町清次郎女房、御停止之致人寄候科を以、去辰十月中、奴溜入被　仰付候已後、御仁恵之趣追〻ニ仰諭被下置候所、諸事実意ニ出精仕候ニ付、壱分五厘方御縮御赦免、私共ぇ御引渡被成下、御慈悲之程難有仕合奉存候、帰宿之上向後諸事御法度相守、家職等出精仕、心得違無御座候様急度申含、厚心添可仕旨被　仰渡奉畏候、依之、御請書指上申候、以上、

文政四年巳正月廿一日

八間町　清次郎
親類荒町属丁道乗寺前　八之助
肝煎　市郎右衛門

人足溜場
御役所

人足溜場役所は清次郎女房を釈放するにあたり、「帰宿之上向後諸事御法度相守、家職等出精仕、心得違無御座候様急度申含、厚心添」すべき事を、身元引受人である夫・親類・肝煎に命じたのである。右は身元引受人がこれを誓約した文書である。庄内藩は人足溜場の釈放者保護にも意を用いていたのである。[14]

八間町清次郎女房が溜場入の判決を受けたのは、前年の十月二十六日のことである。[15] この者は、収容中「諸事実意ニ出精」したという理由により刑期が短縮され、その結果、収容期間は三箇月に満たなかった。[右の「壱分五厘方

御縮御赦免」という文言が、刑期を一分五厘ほどに短縮しての釈放という意味であるならば、清次郎女房の本来の刑期は一年半ということになる。」

四　人足溜場入の実例

前述したように、「庄内古記録」は犯罪類型に従って分類した判決録集であり、そこに人足溜場入の判例が八件存する。又、人足溜場入と関連を有する判例が二件見られる。八件の判例は、文政元年（一八一八）十二月十日付のものが最も早く、天保七年（一八三六）七月二十一日付のものが最も遅い。以下に順次紹介しよう。

人足溜場入の刑の最も軽いのは、軽溜入一年であり、その判例が二例存する。その第一は天保三年（一八三二）二月二日の日付を有する判例で、それは生所不明の者——実は盗人——を自宅に宿泊させ、かつ飯盛女を呼んで大勢にて酒宴を催した罪に対する判決である。

判例1　天保三辰二月二日　　山浜通由良村　三　蔵

其方家ェ去十二月十二日、絹布商人之由見知不申男罷越、雨天ニ付一宿之儀任頼止宿為致候者ハ、小岩川村忠助土蔵ゟ数品盗取候小鍋村出生盗賊卯之吉と申者ニ候、盗賊とは不存趣ニ候へとも、家業躰ニも無之、出所も聢と不致もの為致止宿、飯盛女等呼、大勢ニて酒宴為催候段、兼て申渡ヲ背不届ニ付、人足軽溜入壱ケ年申付者也、

（盗賊止宿の部）

軽溜入一年の第二の判例は、村方肝煎の不正を板札に書き記し、これを往来の激しい場所に公然と掲示し、しかも事実に反する事柄をも書き加えた罪によるもので、天保七年（一八三六）七月二十一日の日付を有する。

判例2　天保七申四月廿七日揚屋、同七月廿一日御仕置　白井太仲中間松根村七郎右衛門子　七　蔵

其方、村方肝煎不正ニ付、村中一統歎之由、板札へ数条相認、当正月十二日之夜、三日町橋・鳥居河原修験勧照院両所へ掛置候始末、実ニ長五郎不正之儀ハ有之候へとも、一件取上ニ相成候様ニとの巧ニて、中ニハ無之事ヲも取拵、其外不取催事迄も書加、往還繁キ場所□(虫損)懸札いたし候段不軽義、重クも可申付候へとも、長五郎勤方不正之筋、勤方不届ニは相違無之、一同之難儀ヲ存詰候ては愚昧之者不弁之事よりと相見、且長〻揚屋入申付置候ニ付、用捨ヲ以、人足軽溜入一ヶ年申付者也、

（建札の部）

次に軽溜入二年の判例を掲げよう。これは禁猟区において漁をした罪、ならびに逮捕時に年齢を詐称した罪とによる。

判例3　天保三辰五月六日　荒町属丁舛形辰之助同居　又　吉

其方、先月十七日、大宝寺新田橋辺ニ於テ殺生いたし候始末、支配尋申付候処、御留場之弁も無ク持網仕かけ候処、雑喉も不取獲、内廻り役人ニ被見咎後、道具被取捕候趣申之候、其上年齢ニより呵之軽重ヲ差考、正年十七才之所十四才之趣偽申聞、御町役人ヲ欺候段、重〻不埒之至ニ付、人足軽溜へ遣し年数弐ヶ年申付者也、

（御留場の部）

右の又吉は、刑罰が軽くなることを期待して年齢を十四歳と詐称している。後述する判例6の与作は、十四歳の「幼年ニ付、以用捨」て刑が軽減されている。庄内藩は十四歳を幼年として扱い、刑罰を軽くしていたのである。(16)

続いて、軽溜入三年の事例を紹介しよう。これは、他領支配の者（最上貝塩村は常陸国土浦藩領で北目陣屋支配に属する）を無届けにて常習的に宿泊させた罪、ならびに博奕の罪等による判決である。刑に処された七三郎は、かつて他所追放の刑を二度まで受けたが、前年九月に恩赦によって刑を宥された者である。

判例4　文政二卯四月十五日牢舎、同壬〔ママ〕四月十六日御仕置
丁り新助名子　七三郎

其方、先月十四日、他所者同道御郭内鍛治町口罷通候処、番人見咎申出候ニ付、遂吟味候処、最上貝塩村豊次郎と申もの度〻為致止宿、郷方会式ニて申合博奕いたし、十四日は寺田村会式ニ付、又〻両人連ニて五日町口ゟ入、鍛治町へ可罷出と存候処、被見咎、其方七年以前不埒之儀有之、他所追放申付候所、同年立帰、又候追放申付候得共、去九月中御法事為御追福御国相免し候所、届も無ク度〻為致止宿、御法度之博奕いたし、剰他所者御郭内同道いたし候段重〻不届ニ付、人足軽溜年数三ヶ年申付者也、
（御番所犯の部）

女溜場入の判決も一例存する。これは文政元年十二月十日、鶴岡城下の龍蔵寺門前出生の無宿きのが、他所奉公および藩の境界を山越した罪とにより、奴三年に処された事例である。[17]

判例5　文政元寅五月十三日牢舎、同十二月十日御仕置
右龍蔵寺門前出生無宿　きの

其方龍蔵寺門前勘兵衛と申もの娘ニて、幼少之節浜温海村へ被貰、其後宮浦村・仙台・石之巻等ニ勤奉公いたし、去五月中帰国、龍蔵寺門前家元へ尋候処、兄□助儀家内召連、江戸へ罷登候由、無拠所〻徘徊、松山領八色木村ニて洗濯等いたし罷居候内、仙台出生庄蔵と心安相成、五月朔日庄蔵ニ被連、羽根ヶ沢山越いたし、新庄佐渡村と申所へ参り勧進致居候処、同村目明久右衛門ゟ被送返候旨申之候、御制禁之他所奉公いたし、其上犯御境目候段重〻不届ニ付、奴三ヶ年申付者也、
（御国外奉公の部）

重溜入の判例は三件見出される。第一に、文政四年（一八二一）八月二十一日、十四歳の与作は盗みの罪により、「敲之上人足重溜場へ遣し、年数三ケ年」という左の判決を受けた。

判例6　文政四巳七月廿五日牢舎、同八月廿一日御仕置
御預地面野山村与三郎倅　与作　年十四

其方儀、勝福寺村久治兼て知る者ニも無之所、弟分ニ相成、武□郎的所へ久治人代り出、使先久治ニ行逢、同人

申ニ任セ、使之品〻売払、直ニ引逃、其後下外内嶋村利兵衛ゟ銭四百文并浴衣盗取売払、且又我老林村太郎左衛門留守之跡へ忍入、品〻盗取候所、追掛被取〆、右品被取返、不届ニ付、重ク申可付候へとも未幼年ニ付、以用捨、敲之上人足重溜場へ遣し、年数三ヶ年申付者也、

（幼年の部）

与作は幼年の故をもって刑が減軽された結果、敲の上に重溜入三年という判決を受けたのである。

重溜入の第二は、重溜入一年、軽溜入一年の都合二箇年の判決となった左の事例である。これは天保五年（一八三四）十一月、赤川の渡守茂七が洪水の折に不用意に船を出して沈没させ、乗船の人馬を水中に投げ出し、その結果、馬喰馬一疋を死亡させた罪状によるものである。

判例7　同（天保五年—引用者注）十一月　　赤川渡守　茂七

先月十日、其方当番之節、大水ニて渡船沈、乗合之人馬水中ニ入、馬喰馬壱疋驚〔ママ斃〕候始末、うねり高水船〔ママ〕ニなり可妨様無之、助船数艘漕出、怪我人は無之候へとも、馬壱疋水中ゟ引揚候後、驚〔ママ斃〕候旨申之候、洪水之節は危無之様手当可致所、平生心得方等閑ゟ右及仕儀、不埒ニ付、人足重溜一ヶ年、軽溜一ヶ年、都合弐ヶ年溜入申付者也、

（眚災の部）

重溜入の第三は、立帰者の久左衛門が老齢を理由に、「格別之以用捨」て「永ク重溜入」の判決をうけた左の事例である。

判例8　文政七申十二月五日牢舎　　山浜通菅野代村立帰　久左衛門

其方不届之儀有之、十三年以前酉年、他所追放申付候所、早速立帰、御領内へ忍居、其後家元へ忍居、村方出入等ニ携候段不届ニ付、他所へ追放可申付候得共、最早七十ニ及候老年之趣ニ付、格別之以用捨、永ク重溜入申付者也、

（老年の部）

久左衛門の罪状は、十三年前の文化十年（一八一三）に他所追放に処されたにもかかわらず、立帰って家元に忍び暮して村方訴訟にも関与したというものである。従って、久左衛門は少なくとも他所追放よりも重い刑――おそらく死刑又は永牢――に処されるべきところ、七十歳にも達する老年の風貌なので、それに代えて「永ク重溜入」が科されたのである。

以上八件の判例を通覧すると、当然のことながら、軽溜入が比較的軽微な犯罪に適用する刑罰であったことが判明する。軽溜入の判決は四例にすぎないが、密猟未遂、他所者を無届けで宿泊させた罪、村方肝煎の不正を告発する建札を立て且つ事実に反する事柄までも書き記した罪などが見られるように、軽溜入は多様な罪種の軽罪に適用する刑罰であった。[すなわち、史料1の「人足溜場軽重相分」に軽溜入を適用する罪状として博奕犯罪をあげ、さらに「其外軽罪之者」と記す如くである。] 女溜入すなわち奴についても同様のことが言える。前節に紹介した八間町清次郎女房の場合は、かねて禁止の「人寄」をした罪、奴三年に処された無宿きのの場合は、他所奉公と藩境を山越えした罪による。

重溜入に関して注意すべきは、「人足溜場定書掛札」に明示された刑期に合致しない判決が出されていることである。「永ク重溜入（判例8）」「人足重溜一ヶ年、軽溜一ヶ年、都合弐ヶ年溜入（判例7）」がそれである。又、「敲之上人足重溜場へ遣し、年数三ヶ年（判例6）」の場合も、これを文字通りに理解すれば、重溜場ばかりに三箇年収容する刑と受けとれる。「人足溜場定書掛札」に示す重溜入三年の刑は、重溜場一年半の後に軽溜場一年半の刑と、重溜場一年の後に軽溜場二年の刑との二種類なのである。人足溜場制度の創設にあたって定めた「溜場入之者取扱之覚」によると、重溜場入の者については病気の自宅療養が許可されないのだが、前述したように、文政七年（一八二四）の通達によると、重溜場入の者も自宅療養が認められているように解される。これらのことから推察するに、重溜場についてはその実施にあたって柔軟な運用がなされたのかも知れない。記して後考を俟ちたい。

さて次に、「庄内古記録」は人足溜場と関連を有する二つの判例を収録するので、それを紹介する。その第一は、溜場釈放者が再犯によって他所追放に処された左の判例である。

判例9　文政四巳三月廿五日揚屋、同五月十三日御仕置

湯田川村　十内

其方溜入中、同溜湯温海村利四郎頼ヲ受、実俣村市太郎へ博奕貸之金子才覚之儀請合、当三月二日溜入免帰村以後、同四日盗賊方御足軽庄司理平太同道、実俣村肝煎へ罷越、其方ハ隠目付久蔵と名乗、理平太役威ヲ借、色〻難題申掛、貸方六両之内三両市太郎ゟ受取、外ニ弐朱理平太へ為賄賂為差出候趣、吟味之上申聞候、溜入日数相縮、以用捨帰村申付候所、無間も右躰之致方重〻不届ニ付、他所へ追放申付者也、

（催促の部）

湯田川村の十内は、刑期を縮めて人足溜場を釈放されたにもかかわらず、釈放後間もなく罪を犯した。彼は隠目付を詐称し且つ盗賊方役人の威を借り、溜場仲間の貸金を取立てると共に、盗賊方役人に対して賄賂を出させたのである。この判例と前節に眺めた八間町清次郎女房の事例は、「人足溜場定書掛札」に記す刑期短縮の制が空文でなかったことを物語っている。ただ、湯田川村十内の場合は刑期短縮の釈放が裏目に出てしまったのである。

人足溜場に関連を有する第二の判例は、次のようなものである。

判例10　文政十一子十二月八日牢舎、巳二月六日御仕置

酒田寺町徳右衛門借宅　与右衛門

其方金子入用之儀有之候得共、自分ゟ申立候ては承知致間敷と存シ、溜場掛り役人手紙ヲ謀書いたし、継母ゟ金子為差出候様、新地東町肝煎迄致文通候段、溜入之身分ニ有之間敷大胆之致方不届之至ニ付、敲之上他所へ追放申付者也、

（謀書判の部）

酒田寺町の与右衛門は人足溜場に収容されている身でありながら、金の工面のために溜場掛り役人の名を騙って手

紙を出したのである。

ところで、人足溜場入の者は鶴岡町奉行所の判決を受けた者のみではなく、右の与右衛門のように酒田町奉行所の判決によって送致される者もいる。又、在方の犯罪者に対しては郡奉行ならびに代官が人足溜場入の判決を下した。庄内藩の地方支配は、三百石以上の家中から郡代が二人乃至三人選任されてこれが農政と財政を総括し、その下に郡奉行四人、代官十六人が任命されて地方支配を分担した(18)。今、郡奉行と代官との裁判管轄をめぐる左の史料を見出したので紹介する(19)。

私共御吟味幷御代官立会御吟味被仰付候節とも、御呵之節村払以上之御呵御座候節、一件拘り之もの軽御呵之者共、私共御代官立会、私とも申渡候様心得可申哉、

但、呼出之儀御呵書御渡之方ゟ呼出、御追放もの送り差紙、御関所番へ文通幷手錠・慎等被仰付候節、御呵申渡後之儀は御免申渡等御代官懸り之事、

御郡代附札
各掛御吟味之上一件懸り合之内、居村払以上之者有之節、御呵書二手ニ相分ケ御渡も如何ニ付、書面之通御心得、立会吟味之者先ハ各主ニ立候事ニ可有之候間、右同様之筋ニ候得とも、品ニ寄御代官主ニ立、各立会迄之事ニ有之間敷モ無之、其節ハ御代官懸御吟味之上、御仕置者之心得を以御取扱之事、

一溜入被仰付候節、私共御吟味・御代官御吟味之無差別、御普請奉行へ引渡之儀ハ御呵書御渡之方ゟ引渡候様心得可申哉、

御郡代附札
溜入は居村払以下之取扱ニ付、兼て被仰付候通御心得候事、

一借牢ニ相成居候もの御呵之節之義ハ、私共ぇ御吟味被仰付候共、軽御呵被仰渡候節は、御代官一手ニて申渡候儀故、御呵書御渡之方ニて受取候様相心得可申哉、

右は先達て村払以上御呵之儀ハ私共御代官立合申渡、其以下御代官一手ニて申渡候様被仰達御座候所、一件模様ニ寄、軽重一度ニ申渡ニ相成候節、混合不都合之次第御座候付、評議之上奉伺候間、何分御指図可被成下候、

子五月　天保十一　　　　　　　　兼帯御郡奉行

右御家老中へ申上候処、付札之通御心得有之様被仰達候間、被得其意御代官ゑも御通達之事、（御郡代附札）

（朱）「六月廿二日

溜入之儀、重溜は他所追放相当之者、軽溜ハ川北川南追放・所払相当之者申付候定ニて、居村払以下之筋ニハ無之、居村払以上之取扱ニ可被心得事、

其外之事ハ付札評議之通ニて可然旨御口達、」

右は裁判手続につき、天保十一年（一八四〇）五月、郡奉行が上司の郡代に問合せた書面であり、その問合せに対する郡代の回答も附載されている。右の史料によると、庄内藩は居村払より重い刑は郡奉行・代官の両者が立会のもとに判決を申渡し、それより軽い刑は代官のみで判決を申渡すというように裁判手続を改正したのである[20]。この改正は天保十年三月の申請によるものである[21]。そこで郡奉行は、人足溜場入の判決の場合について、次の質問を発した。それは、溜場入の者の身柄を普請奉行へ送致するのは、郡奉行の取調べと代官の取調べとの差別なく、判決を申渡した役所が行なうのかという照会である。これに応じた郡代の回答中に「溜入は居村以下之取扱」と見えるが、この理解は前掲の「人足溜場軽重相分」に照らしても明らかに間違いである。それ故、家老共は朱筆付札をもって「溜入之儀、重溜は他所追放相当之者、軽溜ハ川北川南追放・所払相当之者申付候定」と、郡代の回答を訂正したのである。それにしても、人足溜場に関する郡代の認識不足には驚かされる。ともあれ、人足溜場の収容者には鶴岡・酒田両町奉行のみならず、郡奉行や代官の判決を受けて送致される者も存在したということが、右の質疑応答によって判明す

るのである。

五 「人足溜場」の趣旨と特長

実施要綱の「人足溜場軽重相分」によるに、重溜場入の刑を適用するのは永牢よりは軽い盗賊筋の犯罪人、あるいは罪状の重い博奕宿や胴取博徒の類であって他所追放に該当する者に対してである。しかし、公事出入や喧嘩などで当事者双方にしこりが残る罪質の場合で、領分外に出しても殊更他人に害を及ぼすことのない犯罪人については、従来通りに他所追放を適用するというのである。軽溜場入の刑は、罪状の軽い博奕宿や胴取、博奕の主犯格の者、その他軽罪の者であって、従来であれば川北追放、川南追放、所払に該当する者に適用する。そして、これらの領分内追放を全面的に廃止するというのである。従って、人足溜場という刑罰制度の創設は、追放刑の適用を抑制するという効果をねらったと考えられる。そこで、「庄内古記録」に収載する判例に照らし、追放刑抑制の趣旨がどの程度実現しているかを検証してみよう。

庄内藩では最上川右岸地域の遊佐郷、荒瀬郷、平田郷の三郷を川北と称し、最上川左岸地域の狩川通、中川通、京田通、山浜通、櫛引通の五通を川南と称した。川北追放、川南追放はそれらの地に追放することを言う。「庄内古記録」には宝暦五年（一七五五）から人足溜場発足の文政元年（一八一八）までの約六十年間に、川北追放九件、川南追放二件の判例が見出される。人足溜場の実施によってこれらの追放刑を廃止すると宣言したものの、実際には人足溜場の存在した天保年間（一八三〇〜四三）に、川北追放の判例が四件見出される。それらは天保元年八月二十六日（青災の部）、同五年六月二日（騒立の部）、同七年五月二十六日（青災の部）、同十一年五月日欠（咎人押隠の部）の判例である。ただ、四例とも他所追放に処された者の共犯として適用されているから、川北追放は——あるいは川南追放も——他所追放の従犯に限って例外的に適用されたと考えられる。その意味において、川北追放、川南追放は人足溜場の実施によって原則的にこれらの刑を廃止したと言ってよいであろう。

所払とは、居村払ならびに居町払を意味すると思われるが、「庄内古記録」は人足溜場実施以前、居村払の判例を二件著録するにすぎず、人足溜場実施期間には居村払、居町払の判例を共に見出すことができない。しかし、人足溜場断絶後には居町払の判例が二件、鶴岡・亀ヶ崎両城下の立入禁止を併科する居村払・居町払の判例が三件あらわれる。(22) 従って、人足溜場の実施によって、居村払、居町払という所払の刑を廃したと解することができる。

さて次に、庄内藩の領分外に追放する他所追放について、「庄内古記録」はこれの判例を多数収載する。総数は百九件である。この数は「庄内古記録」に登載する判例の四分の一強にあたり、他所追放が庄内藩の主要な刑罰であったことを物語る。百九件の内訳は寛保三年（一七四三）より人足溜場実施までの七十五年間に五十三件、人足溜場存続期間の文政元年九月以降天保十五年（一八四四）までの約二十六年間に四十九件、人足溜場断絶より嘉永七年（一八五四）までの十年間に七件である。この数字から判断するに、人足溜場実施中の他所追放は、それ以前に比べて減少したとは必ずしも言えない。「庄内古記録」は時代が遡る程に採録の判例が少なくなるので一概に断定はできないが、他所追放はむしろ増加傾向にある。

以上のことから、人足溜場入の刑と追放刑の関係について次のことが言えるのではなかろうか。軽溜場入に代替されるべき川北追放、川南追放は、「庄内古記録」に徴する限りそもそも適用例が少なく、所払に至っては適用が極めて稀である。又、重溜場入に代替されるべき他所追放はかなり頻繁に適用され、しかも人足溜場の実施中に適用がかえって増加したと見做される。従って、人足溜場はその創設の趣旨として追放刑の抑制ということを想定したものの、さほど大きな効果をあげなかったと言えよう[23]。

庄内藩の人足溜場は、追放刑の抑制もさることながら、犯罪人を悔悛させて社会に戻すということにこそ大きな眼目が置かれていたと考えられる。すなわち、庄内藩は人足溜場を懲戒の場として捉えると共に、犯罪人を教化改善して社会に復帰させる施設と位置付けていた。その趣旨は、溜場掛り役人の選任方針を定めたくだりに、「仕物出精自分仕事ニも精入、後日御免之節之計を申含、稼候様教訓致し、新規之御法を難有存候様ニ仕入候は、御免之後稼ニ馴、遊惰之民ニ不相成者も出可申」と明確に示されている（「人足溜場軽重相分」第二十一条）。

又、前掲の史料四「溜入之節役人申渡候覚」にも端的に示されている。これは、犯罪人を人足溜場に収容するにあたり、掛り役人が読み聞かせた文言である。その中で「旧来の志を相改、実意ニ立帰」れと諭し、収容中は仕事に精を出して稼ぎ、釈放のときには就業資金としての「元手ニも有付候様可心掛」きであると説く。人足溜場は懲戒よりも社会復帰を第一義とするから、改悛の情が紛れもなく、もはや実社会に戻しても全うに暮らしてゆけると判断される場合は、「年数を縮め御免」とするのである。刑期満了前釈放の実例はすでに見た通りである。これも前述したことだが、「人足溜場定書掛札」は、強制労働のみならず自己労働にも精勤し、心掛けが改善したことを条件として、刑期を縮めると明記した。従って、溜場入の者は刑期短縮の制を熟知していたのである。逆の場合は刑期を延長するとも定める。以上を要するに、庄内藩の人足溜場は、犯罪人の更生を目的とする刑罰制度であったと言えよう。

それ故、人足溜場の特長は、この目的を達成するために採られた様々な処遇法に存する。まず第一に着目すべきは、溜場収容中の労働に報酬を支給したことである。日々の強制労働に対し、重溜場入の者の構内作業には玄米五合、軽溜場入の者の外役には玄米七合五勺、また女溜場入の者には玄米五合を支給してこれを溜場内の生活費とした。しかし、軽溜場入の者がとりわけ精勤した場合や重労働に従事したときには二合五勺の割増米を支給して、この分は強制積立に廻し、積立高を一箇月ごとに本人に告知した(「溜場入之者取扱之覚」第五条)。女溜場入の者についても同様であったろう。積立高を知らせることにより、さらなる勤労意欲を喚起させたのである。

強制労働の作業時間は各溜場とも午前八時より午後四時までで、この時間外に自分稼ぎとして縄ない、草履・わらじ作りなどの藁細工、あるいは各人得意の手業に従うことが許された。その収益は各人のものとなり、割増米と同じく強制的に積立てられた（「溜場入之者取扱之覚」第六条）。これらの積立金を釈放時にまとめて支給し、就業資金に充当したのである。釈放のときに無一文では、いくら更生意欲に満ちていても社会復帰は困難である。この一連の処遇法は、社会復帰を実質あらしめる方策として注目に値する。

特長の第二は、掛り役人による説諭である。収容時の説諭は、前述の「溜入之節役人申渡候覚」によるものである。収容中にも説諭が日常的に繰り返されたと思われる。このことは右「役人申渡候覚」の末尾に、掛り役人に向けた指示として、「右之趣溜入之節申渡し、猶忘却不致様常〻教諭可致事」とあることから窺われる。説諭は釈放時にも重ねてなされる。釈放の際には身元引受人として所役人および家元親類等を出頭させ、一同に「向後心得方之儀急度申付」けたのである（「溜場入之者取扱之覚」第十一条）。人足溜場ではこのように、教化改善主義の見地に立つ教育的処遇が採られていたのである。

特長の第三は、収容者の処遇に進級制を採用したことである。重溜場入の者は収容された当初の二年、一年半、一年を厳格な処遇の重溜場で服役し、その後軽溜場に移って各々三年、一年半、二年を過すのである。処遇の緩やかな軽溜場に移ることで、釈放に一歩近づいたことを体感できる訳で、収容者にとって励みとなる処遇法であったと言えよう。

特長の第四は、収容期間、逃走に対する処罰、切放の制等を含め、その処遇法を収容者に明示したことである。法の内容を公示しないのが一般的であった当時にあって、これは極めて開明的である。

特長の第五は、休業日が認められていたことである。定例の休業日が重溜場では月に二日間、軽溜場では三日間、それに五節句と盆及び年末年始が休業日であった。これは収容者の単調な服役生活に変化と安らぎをもたらすものであったろう。

特長の第六は、人足溜場内の仕事に賤民身分の者が従事しなかったことである。鶴岡城下の牢屋では賤民身分の町離が牢番を勤めたが(24)、人足溜場においては掛り役人の下働きや溜場内の雑用等に賤民身分の者は携らなかったようである。これは、人足溜場を更生のための施設と位置づけたことによると思われる。

特長の第七は、釈放者の身元引受制度である。既述のように、釈放にあたっては家元や親類、それに所役人をも呼び出して身元引受人となし、彼らに就業の世話を命じた（「溜場入之者取扱之覚」第十一条）。これも前述したが、その折に身元引受人は、釈放後の生活ぶりに気を配って指導する旨の誓約書を人足溜場役所に提出する。釈放者保護にも少なからず意を用いていたということである。

以上の特長はいずれも、社会復帰を目指す人足溜場の目的に沿った処遇法である。

六 「人足溜場」の系譜

ところで、犯罪人を教化改善して社会復帰を目指す刑罰制度は、江戸時代においては熊本藩の「徒刑」をもって嚆矢とする。熊本藩は宝暦五年（一七五五）施行の「御刑法草書」という刑法典の中に、徒一年、徒一年半、徒二年、徒二年半、徒三年という五等級の徒刑を定め（この時の正式な刑名は「眉なしの刑」）、次いでこの刑法典を大幅に増補改訂した宝暦十一年（一七六一）施行の「刑法草書」にも徒刑を定めた。その徒刑は笞打ち刑を併科することに改められ、笞六十徒一年、笞七十徒一年半、笞八十徒二年、笞九十徒二年半、笞百徒三年の五等級があり、これに入墨をも併科する更に重い徒刑三等級も設けた。それは刺墨笞百徒三年、額刺墨笞百徒三年、額刺墨笞百雑戸である。熊本藩の徒刑は犯罪人を定小屋と称する施設に収容し、刑期中は強制労働に従事させるのである。熊本藩は徒刑を採用することにより、矛盾と弊害に満ちた追放刑を廃止した。

前掲「人足溜場軽重相分」は、人足溜場の刑期を「徒罪年限」と称し（第十四条）、前掲「大泉叢誌」もまた人足溜場を「徒罪」と捉え、中臺葛園の「世の面影」は、人足溜場創設を述べたくだりで「全く肥後を真似すと唱へぬ」と記す（第二節参照）。これらの言説を裏付けるかのように、熊本藩徒刑と庄内藩人足溜場との間には、共通しあるいは類似する処遇法を数多く見出すことができる。(25)

熊本藩は徒刑の労役に対して賃金を支給し、その半分乃至三分の一程度を積立てさせて、釈放の折に積立金を合算して与え、生業に就くための資金に充てさせた。これは徒刑制度の根幹をなす一連の処遇法であり、それぞれ(1)作業有償制、(2)強制積立の制、(3)元手の制と呼んでいる。人足溜場も実質的に同じ処遇法を採用しているのである。

熊本藩の徒刑は、その他に人足溜場の特長の第二、第六、第七の処遇法をすでに採用している。また熊本藩徒刑は笞刑を必ず併科する。人足溜場も罪質によっては敲という笞打ち刑を併科することがある。すなわち、笞打ち刑の併科という点において類似する。熊本藩では徒刑を「眉なし」とも称すように、刑期中には眉毛を剃り落すとともに、頭髪は月代を剃らずに総髪として徒刑囚の目印とした。これらの目印は釈放にあたって原状回復が可能である。人足溜場の場合は月代を剃らずにおき、伸びたときは五六分残して鋏で短かくする。こちらも原状回復のできる処遇法であり、その点で熊本藩徒刑に共通する。その他、脱走者を死刑に処すことも共通している。熊本藩は脱走した徒刑囚があれば、この目印を便りに逮捕して即刻に首を刎ねる。人足溜場では重溜場からの脱走者に対してのみ死刑を科す。庄内藩の人足溜場の目指すところと、熊本藩の徒刑制度の目指すところは全く同じである。従ってその処遇法には多くの共通点、類似点が見出せるのである。人足溜場は熊本藩の真似であると捉える向きが庄内藩に存したようだが、人足溜場を創設するにあたって、庄内藩は熊本藩から多くを学んだと言うべきであろう。

しかしながら、庄内藩は幕府の「人足寄場」をも参考としながら、人足溜場を考案している。周知のように、幕府は無罪の無宿を収容する施設として、隅田川河口の石川島に人足寄場を設置し、収容中に教化改善して社会復帰を果たさせようと種々の工夫を凝らした。寛政二年（一七九〇）二月の創設である。老中松平定信の指揮のもと、火附盗賊改方の長谷川平蔵が尽力したことも広く知られている。

幕府人足寄場では無宿を収容する際に、左のような申渡を読み聞かせている。

其方共儀、無宿之者ニ付、佐州表ェ可差遣処、此度厚き御仁恵を以、加役方人足ニ致し、寄場ェ遣し、銘〻仕覚候手業を申付候、旧来之志を相改、実意ニ立かへり、職業を出精いたし、元手ニも有附候様ニ可致候、身元見届候ハヽ、年月之多少ニ無構、右場所を免し、百姓素生之者ハ相応之地所を被下、江戸表出生之者ハ出生之場所ェ店をもたせ、家業可為致候、尤公儀よりも職業道具被下候歟、又ハ其始末ニより相応之御手当可有之候、若又御仁恵之旨をも弁へす、申付ニ背き職業不精いたし候歟、或ハ悪時等於有之者、重き御仕置可申付者也、

この申渡は寄場創設時のものである。[26]寛政十年（一七九八）二月になって、「加役方人足ニ致し、寄場え遣し」の箇所を「寄場人足ニ致し」と改めたのみで、その後何らの修正を加えることなく、幕末に及んだと考えられる。[27]

一方、庄内藩の人足溜場においても収容時の申渡が行なわれた。その文言を再び掲げよう。

溜入之節役人申渡候覚

其方共儀、不届之品有之ニ付、他所ヘ追放又ハ所払ニも被　仰付、路頭ニ可立迷身分之者ニ候処、此度厚キ
御仁恵を以、溜入人足仕物年限を以被仰付、在溜中御扶持・御仕着被下置、定之年限充候得は御免、面ミ家元ヘ
御返被成下候儀難有奉存、旧来之志を相改、実意ニ立帰、
上之仕物は勿論、自分仕事ニも精を出し、溜入年限之間ニ餘分を出し、御免之節元手ニも有付候様可心掛候、弥
心得相直り、渡世相続可致躰ニなり候ものハ、年数を縮め御免被成、若可立寄身寄之もの無之ものハ、溜場飯焚
小使ニ可被仰付、若又
御仁恵之旨をも不弁、被仰付ニ背き人足仕物不精ニ致し、或は悪事等有之は、重き御仕置ニ可被仰付候条、此段
急度申渡置候、　（以上、傍線高塩）

右の二つの申渡を比べると、両者は同じ趣旨を述べており、論の組立て方、文章の構造もまったく同じである。傍線部分は文言まで一致する。要するに、庄内藩の「溜入之節役人申渡候覚」は、幕府人足寄場の「寄場人足共へ申渡書」を下敷とし、これに若干の加工を施して作成した文書なのである。このことから、庄内藩が人足溜場を創設するにあたっては、幕府の人足寄場の制度をも参考としたことが判明する。それ故、人足溜場には幕府人足寄場に共通しあるいは類似する点も見出すことができるのである。

幕府人足寄場では右の申渡の時、寄場内で悪事を働いた場合にどのような処罰を科すかということも併せて読み聞かせている。この点について石井良助氏は、

江戸幕府は人民に対して、犯罪に対する刑罰を秘密にする建前をとっているのであるから、寄場人足に対して入場のときに、寄場内での悪事に対する刑罰を公開したことは特別の処置といわなければならない。

と指摘され、更に「寄場で、「刑名を顕」す掟書を作って人足共に示したことはきわめて違例なのであり、（中略）人

足寄場というものが、幕府のそれまでにない新しい姿勢を示すものであった」とも述べておられる。(28) 庄内藩が人足溜場を設置した文政元年の頃、幕府人足寄場では左の九箇条の条目を人足共に読み聞かせていた。(29)

一此度人足に申付候上は、職業出精いたし、渡世相続可致躰ニ成候ものハ、寄場差免し、家業可相成程之手当差遣、身寄之者ぇ引渡、身寄無之ものは、出生之所名主或は地役人ぇ引渡、家業相続為致候事、

一門外ぇ出候儀、堅可為無用事、

一火之元入念大切に可致事、

此度　御仁恵を以、佐州幷在溜を差免候上は、右之条〻堅相守、銘〻職業出精可致もの也、

一寄場を逃去候もの、

一於寄場盗いたし候もの、

一於寄場徒党ヶ間敷儀致し候もの、

一於寄場博奕いたし候もの、

右始末有之におゐては、急度御仕置可申付事、

一右之悪事有之儀を申出候ものハ、其品ニより御褒美可被下事、

一職業を精出さす、或は役人の申付方を用ひ不申ものハ手鎖、又ハ始末により打(折)檻を加へ、猶不用におゐてハ、急度御仕置可申付事、

この条目は、文化二年（一八〇五）六月に二度目の改訂がなされたもので、寄場内で遵守すべき事項と、「急度御仕置」を科すべき違反行為とを主な内容とする。

庄内藩はこの条目に示唆を得て、史料三の「人足溜場定書」を定めたのではなかろうか。庄内藩ではこの定書を各

溜場の入口に掛札として掲示し、人足溜場の処遇法と規律とを収容者に知らせたのである。収容期間、就業時間、労役の種類とその報酬、休業日、頭髪や着衣等々、個別の具体的処遇法まで明示している点で、庄内藩の方が一歩踏み込んだ内容となっている。

人足寄場と人足溜場との間の重要な共通点は、改悛の顕著な収容者に対して期間を短縮して釈放する制度を備えていたことである。寛政四年（一七九二）十二月、初代寄場奉行村田鉄太郎は、収容中の人足一同を集めて六箇条の申渡を読み聞かせた。その中で釈放の要件について、手業を有する人足は溜銭十貫文、手業をもたない人足は溜銭三貫と告知し、しかし「常〻出精」している者については右の額に達していなくとも、不足分を褒美として支給して釈放すると宣言した(30)。寄場にしても溜場にしても社会復帰を目的とする政策なのであるから、改善の徴候が明瞭であって最早実社会に戻して差支えなしとの確証が得られたなら、その時点で釈放するのである。

すでに述べたように、人足溜場の重溜場入の刑には、重溜場から処遇の緩やかな軽溜場に移るという進級制が見られたが、幕府寄場でも類似の処遇法が採られた。江戸の南町奉行所与力として明治維新を迎えた佐久間長敬の伝えるところによると、寄場では人足共に柿色地に水玉模様の仕着を用いさせたが、一年目は水玉の多い仕着、二年目は水玉の少ない仕着、三年目は柿色無地とした(31)。仕着が変わるごとに釈放が近付くのであるから、人足共にとって励みとなったと思われる。また同時に看守役の寄場役人にとっても人足を見分けるのに都合のよい処遇法であった(32)。

その他の共通点として、切放の制を備えていたこと(33)、賤民身分の者を配属しなかったことを指摘できる。又、作業時間が共に午前八時から午後四時までであったこと(34)、毎月の三日間と盆および五節供が休業日であったことも同じである(35)。

このように、庄内藩の人足溜場は熊本藩の徒刑制度を参考としつつ、同時に幕府人足寄場の制度からも多くを採り入れたのであった。しかし、人足溜場は熊本藩や幕府の単なる模倣ではない。重溜場と軽溜場との区分を設けたこと、労役の作業の軽重や勤惰によって扶持米を増減させたこと、病気の自宅療養を認めたこと、釈放の折に身元引受の誓約書を提出させたこと、所管の役所を普請奉行所としたこと、これらは熊本藩や幕府に見られない事柄である。

人足溜場では女溜場も設置し、女溜場入の刑を奴と称したが、熊本藩では女性に徒刑を適用しなかった[36]。幕府の人足寄場では創設当初は女性も収容したが、約十年後の享和元年（一八〇一）七月には女人足は皆無であり[37]、それ以降、天保十三年（一八四二）に女部屋を建設するまで女性を収容しなかった[38]。つまり、人足溜場創設の頃、幕府人足寄場に女人足は存在しなかったのである。以上の事実から諒解されるように、庄内藩は人足溜場を考案するにあたり、主として熊本藩徒刑と幕府人足寄場の制度に範を採りながらも、自藩の事情に応じた工夫を凝らしたのであり、庄内藩独特の徒刑制度を創出したと言えよう。

熊本藩徒刑の開始以後、天明三年（一七八三）に佐賀藩が「徒罪」を、寛政二年（一七九〇）に幕府が人足寄場、会津藩が「徒刑」を創始した。いずれも熊本藩に学んでいる[39]。幕府が人足寄場を実施すると、松本藩がこれを参考として同年中に早くも「溜」という刑罰を創設した[40]。その後、寛政三年（一七九一）に米沢藩が「徒罪」、同九年（一七九七）に弘前藩が「徒刑」、同十二年（一八〇〇）に新発田藩が「徒罪」を実施した[41]。各藩とも犯罪人の社会復帰を目指すという趣旨において同一の刑罰制度である[42]。ただ、実施方法についてはそれぞれに独自の内容を備えており、そこに各藩の工夫と特徴を看取することができる。庄内藩の人足溜場もこうした徒刑制度の一として理解すべきであろう。なお庄内藩と同じように、熊本藩徒刑と幕府人足寄場との両者を参考とした徒刑制度として、文化十一年（一八一四）中に実施に移した津藩の「揚り者」という刑罰を指摘することができる[43]。

むすび

人足溜場の制度は長くは続かず、遅くとも弘化元年（一八四四）までには廃止された。「庄内古記録」によると、「手鎖之上両城下構」の判決が弘化二年十二月（喧嘩の部）、居町払の判決が同三年に出されている（盗賊内済の部）。また川北追放の判決が嘉永三年（一八五〇）十月に再び出されている（盗賊の部）。このことからすると、人足溜場は弘化二年十二月にはすでに廃されていたと考えるべきであろう。

人足溜場に関する唯一の先行研究である手塚論文は、その廃止について次のように述べる（前掲書三二〇～三二二頁）。人足留場の長屋を非人共に下渡したのは「天保年中なるへし」という「鶴岡旧地温故便」の記事によるならば、廃止の時期は天保年間ということになる。ところが一方、『荘内史年表』の弘化元年（一八四四）十一月十八日条に、「御預地御請取、囚人二四人の内一人は病死、一二人は村預。他は上肴町溜場へ差し置かる」という記事が存するので（同書一九九頁）、これによると弘化年代に至っても人足溜場は存続していたことになる。それ故、「溜場の廃止時期については、なお疑いを残しておきたい」との結論に達したのである。ただ、手塚論文は『荘内史年表』の記事について注記を施し、「弘化元年の溜場入りは、旧溜場の施設を一時的に牢獄に代用したのかも知れない」と推測する。

今、右の疑問を解消する史料を見出したので紹介する。この史料は、『荘内史年表』の原拠とおぼしきもので、幕末の郷土史家高橋種芳の編になる「編年私記」の弘化元年十一月十八日条である[44]。

御預地御請取。十七日御請取之日ニ付、松山条太郎・金沢惣五郎等御預地役所ニ罷越、囚人廿四人其外盗賊□□上ニ差置候もの引渡ス。（中　略）右廿四人之内一人ハ病死、其後十二人ハ村預トナル。尤も右のもの共置所も無レ之付、上肴町溜場へ被二差置一候、右のものとも大山富豪のもの多く、埒もなき騒動仕出し、かゝる苦しみ、自為といひなから歎ケハしき事なりけり。

（傍点高塩）

この記事によると、人足溜場に収容されたのは二十三人であって、そのうち、十二人が後に村預けとなったのである。村預となったのは翌年九月六日のことである。「編年私記」同日条に、

於二江戸一大山もの村預被二仰出一。去十一月大山のもの廿四人御預にて溜ニ入□□六日其中拾二人ハ村預被二仰付一候、尤□□之内一人ハ病死ニて当時廿三人也。

と記されている。(45) 従って、残る十一人は依然として人足溜場に収容されているのである。ところで、前者の記事には、

翌巳年正月中より溜場不締之儀有レ之、正月より盗賊方御足軽同所警固被二仰付一候、

という頭注が存する。つまり、弘化二年正月の時点において、人足溜場には普請奉行所所属の溜場掛り役人が不在であったために、盗賊方足軽が警備の任に就いたと推測されるのである、以上のことから、人足溜場は施設としての建物は弘化二年九月までは存在していたが、刑罰制度としての機能は同年正月の時点において既に失なわれていたことが判明するのである。また同時に、「旧溜場の施設を一時的に牢獄に代用した」という手塚論文の推測が的を射ていることも諒解される。

目下、人足溜場の存続が確認できる日付の下限は、天保十一年（一八四〇）六月二十二日と天保十二年五月とである。第四節に、裁判手続に関する郡奉行の照会とそれに対する郡代の回答を紹介したが、そこに示された追放刑と人足溜場入との関係についての家老共の見解が前者の日付を有するのである。後者の日付は、第二節に紹介した「鶴御城下絵図」のそれである。従って、人足溜場はこの時以降、天保十五年（一八四四、十二月二日弘化改元）までの間に廃されたということになる。

廃止の年を天保十五年と仮定しても、人足溜場の存続期間は足かけ二十七年にすぎない。短命に終った理由をさまざまな側面より考察すべきであるが、政治的側面や財政的側面等については後に郷土史家の御教示を仰ぐとして、今は制度的方面より眺めてみよう。結論から述べるならば、犯罪人を教化改善して社会復帰させるという趣旨が、所期の目論見通りに成果があがらなかったからではなかろうか。つまり、実効性の問題に一因が存するのではないかと思うのである。

人足溜場入の実例を数多く検証できた訳ではないが、実効性の疑われる場面がいくつかあった。優良な収容者として刑期を短縮して釈放したにもかかわらず、釈放直後に罪を犯して他所追放となった文政四年の事例（判例9）、収容者が溜場掛り役人の名を騙って継母に手紙を出し、敲の上他所追放となった文政十一年の事例（判例10）がそれである。後者は人足溜場の管理運営の不徹底さを窺わせる。その点では、文政七年以前、自宅療養者が長期間にわたって何らの報告もしないという実態の存したことも同様の不徹底というべきであろう（第二節参照）。又何よりも大きな問題は、天保十一年当時、庄内藩の指導的立場にある郡代ならびにその下僚たる郡奉行が、人足溜場入の刑罰と追放刑との関係を正確に理解していなかったということである。人足溜場制度の弛緩するのも宜なるかなの感がする。

人足溜場について解明すべき事柄をなお数多く残しているが、本稿は一先ずここで擱筆する。

註

（1）手塚豊「荘内藩の『徒刑仕法調帳』」『法学研究』三五巻一〇号、昭和三十七年十月（後に同氏著作集第五巻『明治刑法史の研究（中）』昭和六十年、慶應通信所収）。なお、同年十一月刊行の『鶴岡市史』（鶴岡市役所編纂発行）もまた、人足溜場の設置について言及する。それは牢屋を説明した段落の中に、「町牢は非常に手狭であったが大概の犯罪を死刑と追放で処分してしまったので、初期は何ら不便を感じなかったらしい。しかし時代が下るとこれだけでは不充分になったと見えて文政元年九月、七日町橋のたもとに溜牢《ためろう》を建て、軽罪者を収容して労役に使役した」と記述するものである（上巻五六五頁）。

また、庄内藩の刑罰について、前田光彦氏は簡略ではあるがこれを網羅的に説明していて参考となる（『閑散文庫』上巻〔鶴岡市史資料編・荘内史料集7、昭和六十一年、鶴岡市発行〕の「解題・解説」三八～四一頁）。ただ、この説明は主として「政府秘録」という史料に見える宝暦年間から明和年間に至る約二十年間の判例に基づく概観であるため、人足溜場に関する言及は見られない。

（2）「御仕置等諸扣」という史料名は、『酒田市立光丘文庫所蔵国書分類目録』（昭和六十一年、酒田市発行）が与えた名称である。同目録は、「御仕置等諸扣」に対して「（庄内より問合申越候ケ条等）、寛政二―天保五写」という注記を施しており（三〇二頁）、本書が庄内藩の刑事司法に関する内容を含み、寛政二年（一七九〇）から天保五年（一八三四）までの四十五年間の記事を有する書であることを示している。ただし、本書を通覧したところ、慶応二年（一八六六）八月の日付も見られ、朱筆、附箋等が多く存する（架号、北溟一二）。

（3）「大秘行司録」は、『（鶴岡市立図書館・鶴岡市郷土資料館）郷土資料目録』三六頁所載の史料で（架号、SL三六八―(2)）、巻一・巻二が合冊された二冊本である。同目録は、本書の内容につき、「御町奉行の部類別先例集」と注記する。

なお、「大秘行司録」は愛知県の西尾市岩瀬文庫にも、須貝なる人物の旧蔵本が所蔵されている（三冊、架号、九五―一八九）。

（4）「庄内古記録」は二冊本である。二冊とも表題が無い。「庄内古記録」という史料名は、登録票に記された表題である。題簽には鉛筆で「刑罰窺書（御給人 百姓 町人）一」「刑罰（御給人 百姓 町人）二」と記されている。

（5）「鶴岡城下絵図」（鶴岡市郷土資料館蔵）。同絵図は鶴岡市史編纂会編『図録 庄内の歴史と文化』四三頁（鶴岡市史資料編・荘内史料集22、平成八年、鶴岡市発行）に収載されている。

（6）「鶴岡旧地温故便」は、慶應義塾大学図書館に所蔵する大正十四年の複写本であって、その原本は秋保親民なる人物が明治五年（一八七二）に「諸記の内より要を摘み書記した」ものである（手塚豊前掲著作集三二二頁）。なお、秋保親民は旧庄内藩士である。

（7）「大泉叢誌」全一三九巻は、庄内藩士坂尾宋吾《そうご》（宝暦十三年〔一七六三〕～嘉永四年〔一八五一〕）、万年《ながとし》（天明六年〔一七八六〕

～文久三年（一八六三））、清風《きよかぜ》（文化五年（一八〇八）～弘化二年（一八四五））の親子三代にわたる編著で、庄内藩の群書類従と称される（『新編庄内人名辞典』三三六頁、昭和六十一年、同書刊行会編刊）。「大泉叢誌」の引用は、鶴岡市郷土資料館所蔵の荘内史編纂会の筆写本によった。

(8) 中臺葛園（安永五年（一七七六）～安政元年（一八五四））は、文化十年（一八一三）に代官、文政元年（一八一八）に書院目付、同十二年（一八二九）に勘定目付の役職を歴任した庄内藩士で、学問を好んで藩の碩儒石川朝陽に師事した。その著「世の面影」は、藩内の派閥（恭敬派と放逸派）の軋轢を記録した書である（『新編庄内人名辞典』四九八頁）。

(9) 前掲『鶴岡市史』上巻三八六頁。

(10) 実施要綱の「人足溜場軽重相分」の段階では、焚火も行水と同様に稀に許すと定める（第一条）。

(11) 水野重栄、加藤伊右衛門、辻新右衛門の役職については、鶴岡市史編纂会編『荘内史要覧』（鶴岡市史資料編・荘内史料集15、昭和六十年、鶴岡市発行）所収の「重職歴任者一覧」に依る。

(12) 庄内藩鶴岡城下の町離は、「八間町の牢屋附近に居住し、製皮業の外、牢番や犯人の護送、断罪の跡始末など」の役目をはたし、「彼等の間からも数人の目明が採用され、同心の耳目の役」をも勤めた（『鶴岡市史』上巻五四〇頁、昭和三十七年、鶴岡市役所編纂発行）。

(13) 外記殿とは、当時中老の職にあった里見外記義裕のことであろう。里見外記は番頭里見義成の子で、家禄六百石。文化十三年（一八一六）十二月より中老、文政九年（一八二六）には家老に進み、天保六年（一八三五）十月をもって致仕した（『新編庄内人名辞典』三六五・七一二～七一三頁）。

(14) 城下町鶴岡の十四ヶ町には町人の中から二人の大庄屋と数人の町年寄が選任され、各町にはそれぞれ肝煎が任命され、町政の末端事務を肝煎が分担した（『鶴岡市史』上巻五三六頁）。

(15) 清次郎女房の溜場入の判決に関し、「鶴ヶ岡町方例秘録」は左の記事を収載する。

「文政三辰十月廿六日」
一八間町清次郎女房、支配尋之上溜入被　仰付候節、外向溜入之もの支配ニて申渡、御徒目付等出席無之事故、出席ニ及間敷旨申上、其通被　仰達候、依て御同心并大庄屋計為詰候、被　仰渡は帳付ニ為読渡候、溜入初年之頃ハ御徒目付等致出席候、

(16) 「庄内古記録」幼年の部に収録する五件の判例は、年齢不記載の一件を除き、すべて十四歳の者に対する判例であり、それらは「幼年」という年齢要件をもって量刑が考慮されている。

因みに、幕府の「公事方御定書」は十五歳までを幼年者として扱う（石井良助「わが古法における少年保護」『日本刑事法史』昭和六十一年、創文社、初発表は昭和十九年）。

(17) 文政元年（一八一八）、庄内藩は「郷方・町方の御仕法替を命じ、五人組を再組織し、戸籍人別帳を完備せしめ、他所奉公を厳禁し、また商売で領外に出るものに対しても厳格な許可制をとるなど百姓町人の人口の流動に強い規制を加えた」（『鶴岡市史』上巻三八二頁）。

(18) 前掲『鶴岡市史』上巻二四六～二四七頁。

(19) 「御郡方例帳」下（『閑散文庫』下巻一三二頁、鶴岡市史資料編・荘内史料集8、昭和六十二年、鶴岡市史編纂会編）。なお、この史料は「御仕置等諸扣」（酒田市立光丘文庫所蔵）にも収載されており、ここでは家老の朱筆付札の日付が六月十二日となっている。

(20) 農民に対する裁判手続につき、前掲『鶴岡市史』は「罪の軽重によって代屋吟味、大庄屋吟味、町奉行所扱などがあり、代屋吟味の場合は三日町の代屋に支配の郡奉行、代官が出席して取り調べ、大庄屋吟味は大庄屋宅で大庄屋に郡奉行手代が立ち合つて取り調べ、重罪の場合は町奉行所で取り調べた」と記す（上巻五六〇頁）。これは天保十年三月の改正以前の手続について記述したものであろうか。なお、在方の裁判手続については、「御郡方例帳」下所収の明和年間（一七六四～七一）の「御吟味并御仕置」（『閑散文庫』下巻、前掲書一二六～一二九頁）参照。

(21) 「御郡方例帳」下（『閑散文庫』下巻、前掲書一三〇～一三二頁）。

(22) 人足溜場実施以前における居村払の判例二件は、寛政六年（一七九四）十一月九日（ゆすりの部）、享和元年（一八〇一）三月十九日（博奕の部）のものである。又、人足溜場断絶後における居町払の判例二件は、弘化三年（一八四六）四月日欠（盗賊内済の部）、嘉永三年（一八五〇）七月日欠（客寄の部）のものである。

(23) 「庄内古記録」によるに、庄内藩の追放刑には鶴岡や亀ヶ崎の城下町を追放する刑として、「両城下御追放」（宝暦六年三月十四日、盗賊止宿の部）、「両御城下払」（天明八年三月二十四日、盗賊内済の部）、「御城下払」（享和元年八月晦日、御国外追放の部）という判例が見られる。また領外者の犯罪に対して国外追放を科す「境目追払」の刑も存する。「境目追払」の判例は、文政二年（一八一九）から弘化三年（一八四六）にかけて十五件存する。

(24) 前掲『鶴岡市史』上巻五四〇頁。

(25) 熊本藩の徒刑制度の内容については、高塩博「熊本藩徒刑と幕府人足寄場の創始」(小林宏・高塩博編『熊本藩法制史料集』所収解説、平成八年、創文社)、同「熊本藩に誕生した近代的自由刑」(『刑政』一〇七巻七号、平成八年〔後に『江戸時代の法とその周縁―吉宗と重賢と定信と―』平成十六年、汲古書院に収載〕)、同「人足寄場の創設と熊本藩の徒刑制度」(『歴史読本』四七巻一〇号、平成十四年〔後に『江戸時代の法とその周縁』に収載〕)等参照。

(26) 申渡の原文は、『徳川禁令考』後集第一(五九頁、昭和三十四年、創文社)に「寄場人足共へ申渡書」と題して収載されている。

(27) 人足寄場では文政三年(一八二〇)よりは江戸払以上の追放刑の者をも収容することにしたので、同年十月、追放刑の者に用いる申渡も作成した(『徳川禁令考』後集第一、六一頁参照)。

(28) 石井良助「日本刑罰史における人足寄場の地位」(人足寄場顕彰会編『人足寄場史―我が国自由刑・保安処分の源流―』所収四〇頁、昭和四十九年、創文社〔後に『日本刑事法史』法制史論集第一〇巻、昭和六十一年、創文社に収載〕)。

(29) 高塩博・神崎直美「矯正研修所所蔵「寄場起立御書付其外共」―解題と翻刻―」(『國學院大學日本文化研究所紀要』七七輯一七九～一八〇頁、平成八年)。なお、この史料につき『徳川禁令考』後集第一(六〇～六一頁)参照。

(30) 高塩博・神崎直美「矯正協会所蔵「寄場人足旧記留」―解題と翻刻―」(『國學院大學日本文化研究所紀要』七六輯一六四頁、平成七年)。

なお、幕府人足寄場における処遇法については、辻敬助『日本近世行刑史稿』上(昭和十八年、刑務協会、昭和四十九矯正協会覆刊)、丸山忠綱『丸山忠綱遺稿―加役方人足寄場について―』(昭和五十六年、丸山忠綱遺稿刊行会編刊、非売品、初発表は『法政史学』七～一〇号、昭和三十～三十二年)等参照。

(31) 佐久間長敬「清陰筆記」(原胤昭『出獄人保護』所引四五四頁、大正二年、天福堂)。

(32) 幕府人足寄場において切放の実施が確認できるのは、次の三回である。

①文政十二年(一八二九)三月二十一日の類焼

②弘化三年(一八四六)正月十五日の類焼(安藤菊二「人足寄場周辺記事」前掲『人足寄場史』四〇二～四〇三頁、高塩博・神崎直美「旧幕府引継書「市中取締類集(人足寄場之部)」―解題と翻刻―」『國學院大學日本文化研究所紀要』七八輯一一四～一一五頁、平成八年)

③安政三年(一八五八)八月二十五日の大津波(瀧川政次郎『長谷川平蔵―その生涯と人足寄場―』一八一頁、平成八年、中公文

庫、初発表は昭和五十年、朝日新聞社、高塩博・神崎直美「旧幕府引継書「新撰要集別録（安政・文久）」―解題と翻刻―」『國學院大學日本文化研究所紀要』八二輯二〇二～二〇三頁、平成十年）

(33) 幕府人足寄場の掛り役人は、寄場奉行のもとに吟味役、元締役同心があり、人足共に直接に接する看守役として下役同心があった。下役同心は二十俵二人扶持である。その他に寄場差配人、下男、船頭若干名が居り、寄場を釈放となった者が船頭に雇われることがあった（前掲『日本近世行刑史稿』上八三一頁以下、前掲『丸山忠綱遺稿―加役方人足寄場について―』二二～二三頁等参照）。釈放者を雇用したことも共通する。

(34) 前掲『日本近世行刑史稿』上八九八頁。

(35) 前掲『日本近世行刑史稿』上八九八頁、「寄場人足取扱方、其外手続」（『江戸会誌』二冊八号四三頁、明治二十年）。

(36) 「徒刑」を定めた刑法典「刑法草書」は、総則にあたる刑法例書の婦女犯事条に、「女ハ都て刺墨・徒刑・追放を除く」という規定を設け、女性に対しては入墨、強制移住たる追放、および徒刑を適用しないこととした（前掲『熊本藩法制史料集』三六〇頁）。

(37) 「享和元酉年七月五日　女無宿寄場へ遣候儀ニ付伺書」（『徳川禁令考』後集第一、二七頁）。

(38) 「人足寄場ぇ無宿女差遣候儀ニ付調」（前掲「旧幕府引継書「市中取締類集（人足寄場之部）」―解題と翻刻―」（前掲紀要七八輯一三四頁以下）。なお、前掲『日本近世行刑史稿』上八七一頁、前掲『丸山忠綱遺稿―加役方人足寄場について』二一頁参照。

(39) 佐賀藩の「徒罪」については、池田史郎「佐賀藩の刑法改正―徒罪方の設置―」（『史林』五一巻一一号、昭和四十三年〈後に『佐賀藩研究論攷　池田史郎著作集』平成二十年、出門堂に収載〉）、同「治茂の改革―2徒罪制」（『佐賀市史』第二巻近世編、昭和五十二年）、会津藩の「徒刑」については、手塚豊「会津藩『刑則』考」（『明治刑法史の研究（中）』、昭和六十年、慶応通信、初発表は昭和三十三年）等参照。また、熊本藩徒刑から幕府人足寄場に至る徒刑制度の系譜については、高塩博「草創期の徒刑制度」（『刑政』一〇八巻八号、平成九年〈後に『江戸時代の法とその周縁』収載〉）参照。

(40) 高塩博「松本藩の「溜」制度について―社会復帰を目指す刑事政策―」（『國學院大學日本文化研究所紀要』八七輯、平成十三年〈本書第一章〉）。

(41) 弘前藩の「徒刑」、新発田藩の「徒罪」については、平松義郎「人足寄場の成立と変遷」（前掲『人足寄場史』一二四～一二五頁〈後に『江戸時代の罪と罰』昭和六十三年、平凡社に収載〉）参照。

(42) しかしながら、弘前藩の「徒刑」に関しては、更生よりも懲戒の方に刑罰の重点が置かれていたように思われる。それは四奉行

の通達に、

覚

御刑法之内、徒刑は、是迄被行候儀無御座候故、銅鉱山ぇ送遣候ても、兼て被仰付無御座候ては、山方役人ニて引受方幷苦使之仕方共存申間鋪候間、左之通、

御刑罰之者、其罪ニ寄、徒刑ニ被行、銅鉱山ぇ送遣候ハヽ、同所懸り役人ニて受取、台所中間ニいたし、無給銭、賄斗ニて召使候様、尤一年之者ハ期日、一年半之者ハ十八ケ月、二年之者ハ二十四ヶ月ニ至候は、山方懸役人ゟ苦使相満候儀ヲ、限月之前月ニ断申出候「様〔朱書〕」、

右之趣、兼て山奉行ぇ被仰付置候様、此段申上候、以上、

十二月　四奉行

沙汰之通

と見えるからである（京都大学日本法史研究会編『藩法史料集成』三〇頁、昭和五十五年、創文社）。徒刑囚は銅鉱山の台所中間として無報酬にて苦使させられるのであって、ここには作業有償制、強制積立の制、元手の制という更生のための一連の処遇法が見出せない。

(43) 高塩博「津藩の「揚り者」という刑罰—徒刑思想波及の一事例—」（『栃木史学』一二号、平成十年（本書第四章））。
文政二年（一八一九）、和歌山藩においても熊本藩徒刑と幕府人足寄場の制度を加味した徒刑案が策定されたが、実施に至らなかった（高塩博「和歌山藩の徒刑策草案」『國學院大學日本文化研究所報』一九〇号、平成八年（本書所収））。

(44) 鶴岡市史編纂会編『明治維新史料』幕末期六〜七頁（鶴岡市史資料編・荘内史料集16—1、平成元年）。

(45) 前掲『明治維新史料』幕末期一一頁。

附記　本稿を草するにあたり、前田博氏（酒田市立光丘文庫）、秋保良氏（鶴岡市郷土資料館）には、所蔵史料の閲覧と利用に関して御高配にあずかった。ここに記して深謝の意を表する次第である。

第六章　長岡藩の「寄場」について

はじめに

越後国の譜代大名牧野氏の長岡藩（七万四千石）は、幕末の慶応年間に「寄場」を創設した。本稿が問題とする「寄場《よせば》」は、一般に、犯罪人や無頼放蕩の徒などを収容し、これらに教育的配慮を加味した処遇を施し、健全な社会人として世の中に復帰させることを目的とする施設を指す。

長岡藩の「寄場」は慶応二年（一八六六）十二月に発足し、その存続期間は約一箇年半と短かったが、それは河井継之助（文政十年・一八二七〜慶応四年・一八六八）の実行した施策の一として著名であり、且つきわめて高い評価を得ている。評価を高からしめた第一は、郷土史家今泉鐸次郎《たくじろう》氏がその畢生の著書『河井継之助伝』（明治四十二年初版、昭和六年増訂版）を著して、その中に継之助の事績の一として寄場を紹介したことに存する。(1)これ以降、寄場に言及する諸書は、その多くが直接間接に『河井継之助伝』に依拠している。(2)その第二は、昭和三十三年に慶應義塾大学教授の手塚豊氏が「長岡藩の寄場と松山（高梁）藩の徒刑所—西洋近代的自由刑の移入を問題として—」と題する論文を発表したことにある。(3)手塚論文は、『河井継之助伝（増訂版）』を基礎としつつも、さらに史料を博捜して寄場の内容をより明らかとし、それが備中松山藩の「徒刑所」と関連することを指摘した。同論文は、松山藩の徒刑所が「西洋の獄制の長所を十分に理解し、それに準じて教化改善を主旨とする行刑制度の創立をめざし」て設立されたものであることを推測し、さらに論を発展させ、「西洋の近代的自由刑が、松山藩徒刑所に摂取、移入されたとするならば、長岡藩の寄場もまた、その流れをくむものといわなければならぬ」と記す（三〇五〜三〇六頁）。それ故、わが国の明治維新以後における西洋近代的自由刑の本格的継受の断片的な萌芽を松山藩徒刑所と長岡藩寄場に見い出すことができるとの結論を導き出したのである。

長岡藩寄場を著名ならしめた第三は、司馬遼太郎氏の小説『峠』である。[(4)] 周知のごとく、『峠』は河井継之助を主人公とした作品である。河井継之助はこの小説により、維新の動乱期に長岡藩に殉じた英雄として、全国にその名が知られるようになった。この小説中、司馬氏は今泉氏の『河井継之助伝（増訂版）』に取材して寄場を叙述するが、長岡藩寄場について次のような学術的論評を加えている。

　寄せ場は、博徒、無頼漢の収容所で、これを懲罰するためでなく、隔離して教育するためであった。その場長には継之助の友で外山《とやま》修造（ママ脩）という学者を置き、これに直接教育させることにした。監獄が懲罰主義であった江戸時代としては異例のことで、おそらく近代の教育刑主義の最初の例をひらいたものといえるであろう。

（上四〇八頁、傍点は高塩）

この論評がまったくの間違いであることは、第三節以下を読み進んでいただければ自ずと諒解されるであろう。[(5)]

右の今泉氏の著書および手塚氏の論文は、懐旧談、追想記、聞書等、いわゆる間接史料に依拠して寄場を論述したものである。城下町長岡は戊辰戦役で戦火にまみれ、またこの度の第二次世界大戦においては、昭和二十年八月一日夜の米軍機による空襲により、多くの死傷者を出すとともに市街地の大半を焼失するという災難に見舞われた。[(6)] それらのため、城下町の面影のみならず江戸時代の藩政史料もその多くが姿を消してしまった。それ故、今泉・手塚両氏の努力をもってしても、寄場に関する直接史料を見出すことは出来なかったのである。

そうは言うものの、手塚論文の発表後四十年の歳月が流れ、その間には鐸次郎氏の御子息で郷土史家の今泉省三《しょうぞう》氏の手になる『長岡の歴史』全六巻という浩瀚な郷土史が出版されており、その第五巻中には「寄場の設置」という項があって、ここには寄場に関する三点の新史料が掲載されている。(7)また近年、「寄場一件留」という史料が発掘されて、新しい『長岡市史』の中にその一部分が翻刻されると共に、「寄場の新設」という項の叙述にも利用されている。(8)

そこで本稿は、従来の史料に再吟味を加え、「寄場一件留」の全文を翻刻してこれを活用すると共に、地元の長岡郷土史研究会の方々の協力を得て見出した若干の史料をも利用して、長岡藩寄場の内容とその刑法史上の意義について、あらためて検討を試みるものである。大方の御示教を乞う次第である。

一「寄場」に関する史料（その一）

長岡藩の寄場を論述するにあたり、今泉鐸次郎、手塚豊両氏が用いた主たる史料は、1「思出草」、2「宮下富太郎談話」、3山崎有信「旧長岡藩士小林虎三郎事歴」の三点である。史料1は今泉氏の『河井継之助伝』に引用され、史料2はその増訂版に追加されたものである。しかしながら、これらの史料には解題が附されていないので、その史料的性格がわからない。史料3は手塚氏が発掘されたもので、史料1・2と共にこれを利用している。

さて、史料1の「思出草」は、旧長岡藩士村松忠治右衛門の手記である（戊辰の後、蘆野壽《ひさし》と改名した）。忠治右衛門は、文政元年（一八一八）八月、三間《みつま》利兵衛正言《まさとき》（持高百三十石）の三男として生れ、二十八歳のときに村松家の家督を継いだ。三十代で藩校崇徳館助教役、教授仮役をつとめた後、四十五歳の文久二年（一八六二）に郡奉行に再任され、まもなく敏腕をふるった。河井継之助が推進した慶応年間の藩政改革の折には取次役に昇進し、慶応三年三月には郡奉行・盗賊奉行を兼帯、同年十二月には寺社奉行・町奉行を兼帯し、翌四年正月に奉行格に昇進する活躍ぶりであった。

「思出草」は、その忠治右衛門が五十三歳の明治三年（一八七〇）六月に隠居願を提出した際、娘晴の需めに応じ、藩政時代を振返って用務を中心とする自らの閲歴を記したものである。今日、「思出草」は『長岡郷土史』の特集号「戊辰戦争をめぐって㈡」（一三一～一六四頁、昭和六十一年、長岡郷土史研究会編集発行）に、三男敬次郎の筆写本を底本として翻刻されているので、これをもって披見が可能である（神谷一「長岡藩の財政改革者村松忠治右衛門の手記―思出草―」、末尾に稲川明雄氏の「あとがき」を附す）。村松忠治右衛門は、書き溜めた記録を戊辰の兵火によって焼失したので、記憶に頼って本書を綴ったという。[9] とは言うものの、寄場創設の慶応二年十二月は本書執筆のわずか三年半程前の出来事である。それ故、本書の寄場に関する記事は、寄場の運営を担当した人物――後述のように郡奉行が寄場を管掌――の書き遺した記録として、信頼に足る第一級の史料と見做されよう。「思出草」の寄場記事は、今泉鐸次郎、手塚豊、今泉省三の各氏がそれぞれに引用するところであるが、右の『長岡郷土史』によってあらためて引用しておく（同書一四六～一四七頁）。

史料1　村松忠治右衛門「思出草」（『長岡郷土史』特集号「戊辰戦争をめぐって㈡」昭和六十一年、長岡郷土史研究会）

一、同（慶応）三丁卯年郡奉行盗賊奉行兼帯被仰付之

御勘定頭は御不益を憂慮するより金銭を吝み、郡奉行は支配下を憐むの情より、御不益を顧みる事薄きは、人性の自然なれば、双方兼帯して、実理全を得るを以て、此の命あり。又盗賊奉行は其配下に目明とて、博奕を専ら

にする徒ありて、良民を害する故、是を改正せしめん為め被仰付しなり。当時足軽方に盗賊方下夕役と唱へ候者三人有之。其下たに目明と唱へ候者五人有之。又其下たに目明子分と唱へ候者大勢有之。盗難にかかり候節は、目明の手にて専ら穿鑿し、盗賊の吟味も目明にて、下タ調べいたし候事に相成居候故、此者共は殊の外羽振よろしく、他方にも同業の者多く有之。世間手広にいたし居り候に付、盗品の探索等は能く行届候へ共、前々の悪弊にて、彼等は博奕を渡世にし、諸方の市場等へ子分多勢召連れ、金銭をかち取候を旨とし、甚だ不埒の所業に付、右流弊改正の為め、蠟座役所の跡を寄せ場と改唱し、博奕其外不埒の所業有之者は、寄せ場入申付、平人と紛れざる様に髪の毛を刺〔剃〕り落し、柿色の衣服を着せ、銘々の仕馴れたる事等、日々課業を申付け、或は人足を使ひ、追々善人に立帰り候様、厳重に規則を設け、若寄せ場入りの者、出奔いたし候へば、取押へ次第死刑申付候事に相成候。死刑は苛刻に過ぎ候様被存、種々討論いたし候へ共、当時博徒の勢盛んにして、斯迄厳重不致候はでは制禁難行届、是則一殺万生の道理と申事にて、政府へ伺の上、取極めしが日間無之内、目明多兵衛と申者、窃に博奕いたし居り候を、直に取押へ、寄せ場入申付、又改めてサイノメ、カルタ初め博奕の諸道具は不残取揚げ、寄せ場において焼捨にいたし、博奕の諸道具売買厳禁申付ければ、其後は根を絶ちし姿に相見へ候。

次に史料2の「宮下富太郎談話」であるが、この史料は寄場の実態を具体的に生々しく語っていて、きわめて貴重である。手塚論文によるに『北越新報』の昭和四年三月十六日号に、「紅秋随筆録」第四十七回としてこの談話の抜萃が掲載されているという(10)。しかしながら後述するように、「宮下富太郎談話」は「紅秋随筆録」の方が原典であり、今泉氏は『河井継之助伝』の増訂版を刊行するにあたってここから引用したのである。

『北越新報』は、長岡市に本社を置く北越新報社の発行する地方新聞であり、昭和四年の頃は日刊として夕刊を発行していた。「紅秋随筆録」はその北越新報社々長の広井一《はじめ》が、紙面のトップを飾る記事として、往事を知る古老からの聞き書などを連載したものである。新潟県柏崎市の市立図書館に保存されている同紙によって調査したところ、「紅秋随筆録」の連載は昭和四年一月から七月にかけて一六〇回餘に及んでいる。そのうち宮下富太郎翁からの聞き書は、二月二十六日の第三十九回から三月十三日の第五十四回まで、都合十六回の連載である。このうち寄場に関する談話は、「寄せ場と牢屋」という見出しで掲載された第四十六回（三月五日）より第四十八回（三月七日）までの三回分がそれである。

今泉鐸次郎氏は、この「寄せ場と牢屋」を『河井継之助伝』の増訂版に引用し、補訂にも利用したが、引用にあたっては牢屋の部分を省き、寄場に関する部分にも若干の省略を行なった。又、読みやすくするためであろうか、行文にもわずかながら手を加えている。手塚論文の引用は今泉氏の著書からの孫引である。そこで、宮下富太郎談話「寄せ場と牢屋」を柏崎市立図書館所蔵の『北越新報』からあらためて引用しておく。なお、長文にわたるので牢屋に関する部分は省略した。原文に存する振仮名は適宜残すことにし、また、読みやすくするために段落を設け、送り仮名を補い、句読点を補った場合がある。その際、引用者の補った文字には〔　〕を附した。

史料2　宮下富太郎談話「寄せ場と牢屋」（『北越新報』昭和四年三月五日・六日・七日号、柏崎市立図書館蔵）

呉服町松田周平氏の附近から電気館附近一帯は、戊辰前は御蠟座《おらふざ》と称して蠟を造る所であつた。其の頃新保《にひほ》――城岡《じやうをか》停車場邊より発田《はつた》の土堤一帯、及〔び〕夫から草生津から左近の土堤に至る道の両側には漆の木がずつと植えてあつて、此実を御蠟座に持つて来ては蠟を造つて居たのである。所がどう云ふ理由からか此の御蠟座が廃されて、其の跡へ「寄《よ》せ場《ば》」と云ふものが出来た。まあ懲戒場《ちょうかいば》と云ふ様なもので、今の刑務所と感化院を兼ねた程のものである。そして此處は割合に軽罪人を収容する事になつて居て、重罪犯を入れる為めには別に牢屋（越佐新報社附近）が出来て居た。此の牢屋の方は二十名位さへ収容が出来なかつた。だん〳〵犯罪者が殖えるに連れて、其處が狭くなつたので、此の寄せ場を新〔た〕に設けたのである。

寄せ場の食物は一日に半搗米三合ときまつて居たが、月の六齋日には鯡《にしん》などの御馳走がついたそうで、牢屋よりは待遇はよかつたのである。　〔以上、三月五日号〕

朝四時には板木《はんぎ》を合図に罪人は起《おこ》されるのであるが、之で起ぬ時は枕を叩いて起されたものである。此の枕と云ふのは杉の木の角二間位の長さのもので、之に多勢が頭をならべて寝せられたのであるから、此の木枕を叩かれては頭が痛くて寝て居られず皆飛び起たそうである。

○

寝具は藁を打って造つたネコと称するものを用ゐてあつたから、冬でも相当暖かく休めたものらしい。一体此處へ収容されるものは牢屋と違つて、飲んだくれ、賭博犯、親子虐待、喧嘩殺傷罪等に限られ、刑期も一ヶ月以上一ヶ年位の短期の者なので、取扱ひ方にも御上《おかみ》の御慈悲が可成《かなり》かけられてあつた様に見える。

○

それで仕事も皆与へられ、町のものは仕立、大工、左官と云ふ様なもの、百姓は藁仕事と云ふ様に各々得意のものを分に応じて割り当られ、武家町家等より希望さへあれば、其の家庭へも仕事に出したものである。此の時は五人位を一組として親方が引率して行き、怠ぬ様監督した。彼等は町家《てうか》や士族屋敷へも中々傭はれたが、乱暴や逃亡などする者は絶えてなかつたし、それに賃銀が町方相場の半額なので此の囚人は相当一般から歓迎されたそうである。

○

だが彼等は丁髷を落とされ、三分坊主刈であつて、着物も紅殻《べにがら》で染て渋で色をとめた法被様なものを着せられて居たので、直《すぐ》衆人の眼に付き、それで子供等にも「親を殴つたり、ケンカをしたり、柿の看板赤づきん」などゝはやされ、気の毒にも思はれた。

〇

此の寄せ場の囚人達には、河井氏の計らひで、出入は非常に寛大にしてあつて、夜十時過になれば、自宅や親類なれば行つて来ても宜しい事になつて居た。然し出かける時には七つ時（午前四時）翌朝には屹度戻つて来る様、もし万一其時刻迄に帰獄せぬ時には打首に處する旨、厳重に云ひ渡された。外出を許した丈に、此の違反者は少しの容赦もなく處分されたもので、宮下氏は此の違反者の斬罪にされるのを三人も見られたと云ふが、次ぎに宮下氏の実験〔見〕談を紹介しよう。

宮下氏の実験〔見〕談

古志《こし》郡山通《やまとほり》村青木の某と云ふもの、之は酒ぐせが悪く喧嘩をして寄せ場に収容されたものであるが、或る日願に依つて帰宅を許された。處が此奴《こやつ》翌朝四時になつても戻らぬので、同心が直に捕縛に向つた。某は発見されたら打首になるから、裏の肥桶《こえおけ》の底に隠れたるも、遂に捕はれ、早速寄せ場に引かれて行かれ哀れ斬罪に處せられた。

〇

打ち首は大方《おほかた》月の二十五日の午前十時前に行はれる事になつて居て、此の時にはぞろ〳〵と町の人が見物に出掛けたものである。宮下氏も此の斬罪の時に行つて見られた。所謂土壇場に彼は白木綿の眼がくしで坐つて居り、其前には一尺位の穴が掘つてある。そして同じ服装をした同心が三人計り其廻りに立つて居て、やがて「お念仏を申せ」と云ふ。そして彼がこの南無阿弥陀仏を三遍云ふと、同心は刀を抜き斬る用意をする。その時そばに居る立番《たちばん》が「アイ（間《あひだ》）がある」「アイがある」と、まだ如何にも餘裕があるらしく云ふが之が最後の御別れで、三度目に「アイがある」と云ふと同時に刀はふりあげられ、彼の首はエイとかけ声もろともに両断され、前方の穴へ転げ落ちたのである。遺骸は罪人の敷き詰めた十文字の畳に包み、仕末せられた。〔以上、三月六日号〕

○

宮下氏は此の外に古志郡一之貝の男と、椿澤の男が斬られるのを見たと語られた。情深い河井氏も、掟に反するものには假借せず断乎たる處置を執つたので、犯罪人は餘程少くなつた。河井氏の如きは柔剛二つ乍ら備はつた人で、維新前に監獄制度を早くも案出した英傑である。（以下、牢屋に関する談話省略）〔以上、三月七日号〕

なお、翌日三月八日の「紅秋随筆録」第四十九回には、次のような補足訂正の記事が存する。

牢屋の方は二十名位さへ収容出来ぬので寄せ場を別に作つた様に書いてあるが、寄せ場は懲役と感化院とを兼ねたる位のものにて、牢屋は重罪人を収容する場所で、全く別種の考案から出たものであることを判然として置きたい。牢屋は二十人程度の収容場であるも、平生十五六名位さへ入牢者が居らなかつた。

ところで、宮下富太郎氏の経歴であるが、それは「紅秋随筆録」中、宮下談話の第一回目の二月二十六日の記事に紹介されている。この記事によれば、長岡市渡里町《わたりまち》東川岸に住む宮下氏は、「当年七十六歳の高齢者であるが矍鑠として壮者を凌ぎ、記憶も仲々確《たしか》なるもので、談話も明晰なものである」という。家業の荒物業はもっぱら長男が経営しており、したがって宮下翁は楽隠居の身であって、「好きな古実史話等の調査や研究を楽みにして居」り、また「河井継之助《かはゐつぎのすけ》氏の崇拝家であつて、河井氏の言行、性格、執政等に就ても知る處頗る多い」という。昭和四年（一九二九）に七十六歳ということは、その生年は嘉永六年（一八五三）であり、戊辰の年は十五歳の少年である。このような宮下翁の経歴からするに、寄場についての彼の知識は少年時代の記憶も残っていたかも知れないが、河井継之助に関する事柄の調査をはじめとする、その後の「古実史話等」の調査研究に負うところが大きいのではなかろうか。談話中に「〜したそうである」という伝聞形式が混じるのは、そのためであろう。しかし前掲したように、宮下氏はこの記事中の訂正すべきは訂正するという態度をとっているので、談話の事実関係については、自信をもって語っていると思われる。

続いて、史料3の「旧長岡藩士小林虎三郎事歴」は、彰義隊の研究家として当時著名であった山崎有信氏の談話筆記であり、その中で長岡藩寄場に言及したのである。最初『史談会速記録』第二八七・二八九輯（大正六年、桜井精一編輯兼発行）に掲載され、その後同氏の著書『幕末血涙史』（昭和三年・日本書院）に採録された(11)。この談話は、山崎氏が長岡藩出身の友人小金井権三郎という人物に面会して聞取り調査したものに基づいており、聞取り調査は大正六年一月のことである。なお、権三郎の父小金井儀兵衛は、寺社・町・郡の各奉行を歴任した旧長岡藩士であり、後述のように、寄場創設の時、河井継之助らと共に郡奉行の地位にあった。

史料3　山崎有信「旧長岡藩士小林虎三郎事歴」（『幕末血涙史』八五〜八六頁、昭和三年、日本書院）

慶応の三年頃でありますが、又専ら河井氏等の主唱に依り長岡に徒《と》刑場《けいじやう》（俗に寄場とも云ふ）と云ふものを創設して囚人に柿色の衣服を着せ、片方の眉と頭髪とを半分剃り落して目印と為し、其の逃走を防いで只今の如く懲役囚を外役に使用することを実行しましたが、其の当時小金井儀兵衛氏が盗賊奉行をして居られて、専ら其の局に当り大に功績を挙げられたといふことですが、是れが恐らくは、現今の囚人が柿色の服を着、又外役に従事する抔といふことの嚆矢であらうと思はれます。

この聞き書は山崎氏の法律家としての知識が混在しているらしく、後述するように、正確さに欠ける。

二　「寄場」に関する史料（その二）

続いて、今泉省三氏の「寄場の設置」（『長岡の歴史』第五巻二四〇～二四四頁、昭和四十七年、野島出版）に引用された三点の史料を紹介しよう。

史料4　雁島、片桐家蔵**「書留帳」**

是迄御領内払・組払・居村払等之刑申付来候得共、以来蠟座跡を寄場と唱へ、罪之軽重ヲ以、寄場入申付候、

十二月

史料5　本大島、高橋家蔵**「稀成事書証覚」**

慶応二寅年九月十日頃ゟ寄場入と唱ひ、罪の調、軽重に依て年季あり、罪人は第一を博奕、都て悪徒・物取からめ入、髪を切、布赤袖しきせ、諸普請所え人足として使ひ、飯一日三合扶持、干葉、雑すい、塩煮、

史料6　栃尾入塩川、佐藤権四郎氏蔵**「大書留」**

覚

寄場入

栃尾組
入塩川村百姓
庄　助

此者儀、兼て気随、村役人申付を不相用、農業怠り、悪者ニ馴合、博奕を好、他方へ罷出、ゆすりケ間敷儀有之、去ル辰年咎申付候後、改心之心底も無之、当十日夜、目明幷忠五郎引入、此者幷附近之者共博奕為致候段、重々不埒之至ニ付、御領内追払可申付処、書面之通申付之、

右之通可被申渡候、以上、

慶應三卯年六月

花輪馨之進

疋田水右衛門

椰野弥五左衛門

武山貞右衛門殿

小川善左〔ママ右〕衛門殿

右の三点の史料は、原史料をもってその文面を確認することができなかった。長岡市立中央図書館文書資料室の話によれば、史料4はすでに片桐家の手を離れており、史料5・6についても、中央図書館の収集資料の中に含まれていないとのことであった。従って、右の史料は今泉氏の著書からの引用である。

ともあれ、史料4・5・6が長岡藩の寄場を語るにあたり、見逃すことのできない貴重史料であることは間違いない。史料4「書留帳」の旧蔵者片桐家は雁島村《がんじまむら》（現、長岡市雁島町）の庄屋の家柄であると思われる。(12)それ故、史料4は長岡藩政府が村方に出した触であり、雁島村庄屋がこれを書き留めて置いたものと考えられる。一方、町方に発令した触が『長尾平蔵収集長岡藩史料』に採録されているので紹介しよう。(13)

史料7　**『長尾平蔵収集長岡藩史料**―長岡藩政史料集(4)―』（長岡市史双書№23、九九頁、平成四年、長岡市発行）

。十二月、始メテ監獄署ヲ置カル

是まて御領内払・御城下払・町払等之刑申付来候え共、以来蠟〔ママ〕座後を以て寄せ場と唱ひ、罪之軽重ニ寄、年季を以寄場入申付候、

右の第一行目は長尾平蔵が与えた見出しである。右の史料7と前掲の史料4とでは、文面に若干の差異が存する。史料4の「組払」「居村払」を、史料7はそれぞれ「御城下払」「町払」としているので、村方の「組払」が町方にお

いては「御城下払」に相当したのである。また史料7に「年季を以」という文言の存することに留意する必要がある。文言の差異はさておき、史料4・7は、長岡藩が追放刑に代替する刑罰の執行施設として寄場を創設したというということを語っている。また、史料4・7によるに、寄場への収容は罪の軽重によってその期間が定められていたのである。史料5の「稀成事書証覚」は、その史料的性格を詳かにできないが、ここでも寄場の収容期間は罪の軽重によって「年季」があったと明記しており、この点は看過することができない。

史料6の「覚」は、栃尾組入塩川村（栃尾市入塩川（現、長岡市入塩川））の百姓庄助に対する判決文であり、前科者庄助の博奕行為に対し、「御領内追払」に替えて「寄場入」を宣告したものである。この時、庄助は目明し某と忠五郎なる者とを引入れて博奕を行なったが、その目明しは、史料1の「思出草」に「日間無之内、目明多兵衛と申者、窃に博奕いたし居り候を直に取押へ、寄せ場入申付」と見える多兵衛のことではなかろうか。

次に、「寄場一件留」（長岡市立中央図書館文書資料室所蔵）を紹介しよう。前述したように、平成時代に入ってから刊行された新しい『長岡市史』（資料編3および通史編上巻）は、「寄場一件留」なる史料をはじめて利用した。この史料は、長岡市史編集委員会の収集した鈴木家文書の中に存するもので加津保沢《かつぼざわ》村（現、長岡市加津保町）の割元庄屋[14]であった鈴木惣之丞が記録したものである。

鈴木惣之丞（天保六年・一八三五〜明治二十七年・一八九四）は、十一歳の弘化二年（一八四五）、加津保沢村の庄屋鈴木英之丞の養子となった。やがて抜擢されて近郷数十ヶ村の割元役となり、河井継之助の信任厚く、難局に処すること一再にとどまらなかった。維新の際、官に召されたが応じなかった。鈴木惣之丞は歌人としての令名も高く、訥叟と号した。[15]城下の東方約六キロメートルに位置する加津保沢村は、北越戊辰戦争の戦場となったが、彼の手腕によって被災を免れたという。[16]「寄場一件留」が今日に伝えられたのはそのためである。

「寄場一件留」は、寄場創設の慶応二年十二月より翌三年正月までの正味一箇月餘の期間の記事を存するにすぎず、鈴木惣之丞が備亡のために記録したものと思われる。しかし、ここには寄場経費、寄場管掌の役人、収容者名簿、収容手続、寄場規律、脱走者に対する処刑、収容者に課す作業名、作業のための諸道具一覧と収益等々、寄場創設期の実態が具体的に記されており、きわめて貴重な史料である。以下に全文を翻刻する所以である。後述するように、寄場は郡奉行の所管であり、現場での管理運営は村方の割元次座と庄屋とがこれを担当した。割元庄屋鈴木惣之丞がこの記録を残したのはその故であろう。「寄場一件留」の体裁は、縦一三・二糎、横一八・五糎の横帳にして袋綴、墨附は表紙を含めて九丁、少なからず蠹食が存する。翻刻にあたっては、原文に読点、並列点を施し、判読できない文字は一文字を□で示した。

史料8　「寄場一件留」（長岡市立中央図書館文書資料室蔵、鈴木家文書F―一〇）

〔表紙〕

慶応二寅年十二月

寄場一件留

一慶応二寅年、御蠟座役場御取潰しニ相成、右跡寄場御取建相成、勧善懲悪御仁政之御主意候事、

禁制

一喧嘩

一博奕

一飲酒

右條〻可守もの也

寅十二月

掟

一私ニ他出禁止之、親子兄弟無拠用向ニて罷越候節ハ、掛荘屋へ相断、部屋ニて可令面談儀、一月壱度差免候事、

但、女は一切無用、

一往来之節、近親懇意之ものたり共、立寄候儀は勿論、途中之面談不相成候事、

一掛役人ハ申迄もなく、山刀之ものゑも無礼無之様、厚心付可申事、

一煙草不相成候事、

一出火之節、囲中防守之外、出門不相成候事、

一御用往還共、掛役人之差図を守り、脇道通行不相成、万一出奔いたし候ものは、召捕次第死罪可申付候事、

寅十二月

掛役人

取締掛　西組福田村割元次座　岩右衛門

取締掛　上組赤川新田庄屋　金之助

小使賄之者　上組宮内村　弥平次

同　同組土合村　三九郎

同　北組新保村　市兵衛

同　同組富嶋村　彦右衛門

一掛役人給之事

一刑夫課業之事

藁　蓑

荷　縄

背中当

草　鞋

雑　縄

莚

紙漉直し

一刑夫病気之事

一刑夫死去之節之事

一寄場御取立ニ付、大図り書付

一人夫五十二人　内、山刀弐人　刑人之内ニて撰用

一掛庄屋弐人　強壮之者撰用

一賄之もの三人

〆　五十七人

一米弐十三俵弐斗　掛庄屋両人給

一同弐十五俵弐斗　賄三人給

一同八俵弐斗　山刀両人給

一同弐百五十六俵弐斗　五十七人年中夫食

〆　米三百十四俵

一金拾両位　大豆拾俵

一同拾五両位　糀米七俵弐斗

一同三両三分位　塩五俵

一同三十両位　萱代米拾五俵

此萱九千七百五十わ〔把〕、壱俵代六百五十わ〔把〕図り、

内

萱六千四百拾弐わョ　焚萱見込

米弐百五十六俵弐斗焚用

同三千三百三十七わョ　汁焚萱見込

〆金五拾八両三分位

惣入用

一米三百拾四俵

一金五拾八両三分位

一同　諸入用

〆外一同　初年普請入用

以上

一寄場入刑人有之節は、咎書御証文下り、組〻御代官ニて申渡、村役人差添、寄場へ引渡候事、

但、途中米見遣し候事、

一右引渡済之上、掛庄屋ゟ年番御代官へ相届候事、

刑夫名前

卯正月廿五日
課業宜ニ付、□も
有之候間、髪延候様申渡之、

紙漉業

蛇籠・箕・籠通し
拵候業有之、

北組栖吉村
甚九郎
卯四十七才

裏一ノ丁
伊四郎
卯二十九才

栃尾組栃堀村
吉蔵
卯四十才

同組梅之俣村
藤七
卯四十七才

同組同村
文蔵
卯四十五才

栃尾組一ノ貝村
丑蔵
卯二十八才

同組吹谷村
慶七郎
卯五十三才

柳原町
吉松
卯二十才

右八人、慶応二寅年十二月廿三日出牢、寄場入

右四人、寅十二月廿三日寄場入

寅十二月廿四日入
履物之木綿緒くけ候業有之

寅十二月廿五日入

寅十二月廿七日入

同日入

西組勘兵衛組
文左衛門
卯三十二才

同組来迎寺村
三左衛門
卯四十才

同組五本柳村
健蔵
卯三十七才

上組善兵衛新田
庄屋利右衛門倅
利太朗
卯十八才

牧野平左衛門殿下屋敷
文治長屋住居
清蔵
卯四十三才

上組上前嶋村
玉蔵
卯四十九才

曽根組布目村
兵助
卯四十九才

同組同村
四郎兵衛
卯五十八才

同日入　同組稲嶋村　猪之八　卯六十六才

寅十二月廿七日入　曽根組同村　九蔵　卯四十三才

同日入　巻組吉田村　□七　〔虫損〕卯六十三才

同日入　同組巻村　健左衛門　卯六十一才

慶応三卯年正月四日入　上組千手町村　太郎右衛門　卯二十八才

卯正月十日入　栃尾組□ヶ□村庄屋　楯太郎倅　間右衛門　卯四十八才

卯正月十五日入　栃尾丁　山家屋　治市郎　卯三十二才

卯正月廿一日入　西組本大嶋村　人《ニン》兵衛

間右衛門と申候へ共、同名有之候ハ、右名ニ改、

〔一丁白〕

寄場入用米金渡候覚

一米　三俵　寅十二月廿二日渡
一同　四俵　卯正月十三日
一同　三俵　同　廿三日
一金　弐十両　同　廿三日、岩右衛門渡　請取割元へ預候

〔半丁白〕

細ゝ覚

寅年十二月廿五日

一今日、寄場出席、掟申渡等有之、左之人別出役、
郡奉行　河井継之助
小金井儀兵衛
北御蔵年番、兼て御代官　武山貞右衛門
堤九八郎

十二月〔朱筆〕「廿五」日

一寄場出奔いたし候上組青木村〔朱筆〕「十助」召捕ニ相成、今

日於寄場囲中打首、役方出役等無之、其外者頭出役等
は牢屋御仕置之通有之候よし、

慶応三卯年正月十八日

一取締掛ゟ左之伺書差出、郡方へ伺置、

栃尾組梅之俣村
文　蔵
同　村
藤　七

川前蛇籠・箕・籠通し拵、元立引落候て、平均一日
四百五十文位之働毎〻ニ出来候旨、

道具
山刀一丁、小刀一丁、縁通し針一本

右壱人前分

裏一之丁
伊　四　郎

紙漉、紙屑目方半分漉直紙鼠半切差上、道具四百文
入用ニ不拘、元立引落、平均一日四百五十文位之働
毎〻ニ相成旨、

道具

五　上松板四十枚程　長サ　六尺　幅一尺一寸　厚サ　六分　位

漉舟一ツ　長サ三尺五寸　横　三尺　深サ　九寸　板厚サ一寸

釜　一口　壱斗焚程

紙立□木　弐丁

同　包丁　弐丁

同　盤　弐丁

桁　弐丁

金槌　弐丁

はけ　三丁

右三人前位之分

但、紙屑焚候節は、焚火ハ小使之ものニて相成
候よし、

文治住居
清　蔵

履物之木綿緒くけ候業手馴候旨、平均弐百文位之業
出来候よし、

道具

立物包丁
鋏　一丁
立物盤　一丁
正月廿五日
一今日、九八郎・新五郎見廻り相越、甚九郎髪延し之儀
申付候、

一出掛継之助殿へ相越候処、入用割合高、刈羽組之儀は
先省キ候方之旨咄合有之、町方之儀も同断、割元善蔵
へ申聞候、
一今般武山貞右衛門殿、蒲原ニ下り掛立寄有之候よし、
〔以下三丁白〕

三「寄場」の内容（その一）

名称　「寄場」が正しい。このことは、史料4および7の触書に「寄場と唱え」とあることによって疑いを容れない。ところが、史料3の山崎有信談話は、「寄場」は俗称であり「徒刑場」というのが正式名称であるとする。手塚論文はこの談話を引用して、「徒刑場」という名称が正式であることを確かめるべき資料は見当たらないとする（同論文二九七頁）。「寄場」が正式名称なのだから、それもその筈である。史料8の「寄場一件留」の中にも「寄場御取建」「寄場出席」「寄場出奔」などと記されており、「徒刑」「徒刑場」なる語句はまったく使用されていない。

創設の時期　慶応二年（一八六六）十二月のことである。寄場の創設時期について、昭和六年の旧『長岡市史』は、河井継之助が慶応二年十一月に郡奉行兼番頭格町奉行に就任して第一に行なった改革が寄場の設置であるとし（同書二五三頁）、山崎談話は「慶応三年頃」と曖昧に記す。手塚論文はこの両説をふまえると共に、町民米蔵なる者が慶

応二年十二月五日に追放刑に処せられていることから考え、山崎談話の慶応三年が正しいと推定している（同論文二九七頁）。

史料8の「寄場一件留」によるに、慶応二年十二月二十三日、「刑夫」という名の収容者十二人をはじめて収容している。その二日後の同月二十五日、郡奉行の河井継之助、小金井儀兵衛、武山貞右衛門および代官堤九八郎がうちそろって寄場に出向き、収容者に対して六箇条の「掟」を申渡した。「刑夫」の最初の収容日を創設日とすれば十二月二十三日、「掟」の申渡日を創設日とすれば十二月二十五日、施設の完成をもって創設日とすればそれ以前であろう。

しかし、寄場の創設はそれを発令した触書の日付をもってすべきではなかろうか。在方に発令した史料4の触書には「十二月」と見え、町方に発令した史料7の触書もまた、これを十二月のこととする。ところが、次に示す史料9の触書には、発令の日付が「十二月十五日」と明記されている。

史料9　慶応二年「御用留」（長岡市立中央図書館文書資料室蔵、村松金子家文書六三七—D五二九）

御触書之写

是迄御領内払・組払・居村払等之刑申付来候得共、已来蠟座跡を寄せ場と唱ひ、罪之軽重ニ寄り、年季を以寄せ場入申付候、

寅十二月十五日　　郡方

右之通り被仰出候間、村〻得其意□□候、

したがって、右の史料9をもって、寄場創設日を慶応二年（一八六六）十二月十五日のこととしておく。(17)

創設者　寄場の創設が河井継之助の仕事であることは衆目の一致するところである。今あらためて、このことを検

証してみよう。三島毅の撰文になる「故長岡藩総督河井君碑」は、明治二十三年（一八九〇）八月の日付をもつもので、三島は長岡藩において河井が断行した慶応年間の改革について、

此冬（慶応元年—引用者）任㆓郡奉行㆒、尋兼㆓町奉行㆒、遂自㆓参政㆒陞㆓執政㆒、前後多㆑所㆓釐革㆒、設㆓懲役場㆒、廃㆓技館㆒、除㆓信濃川船税㆒、改㆓士禄㆒、使㆔上下無㆓大差㆒、抑㆓閥閲㆒、戒㆓奢侈㆒、励㆓文武㆒、賞罰厳明、令行禁止、士気大振、又長㆓理財㆒、従㆑政僅二年、府庫充溢倍㆑旧、　（傍点高塩）

と記している。[18]「設㆓懲役場㆒」がすなわち寄場設立のことである。

後にも触れるが、「寄場一件留」には寄場経費の徴収に関する河井継之助の指示が記されている。寄場が河井の主導によって設立され、そして運営されたことはここからもうかがえる。

なお、村松忠治右衛門は河井の恩顧を被った一人であるが、彼は史料1「思出草」の中で、寄場逃亡者を死刑という厳罰に処す、いわゆる「一殺万生の法」を決定するにあたっては、種々に議論を重ねた上、藩政府に伺いを立てたことを記している。これをもって推測するに、寄場設立そのものは河井継之助の構想と決断力に負うものであったが、その実施上の重要事項に関しては、刑事司法担当者の間で話合いの持たれる場合が存したということであろう。

管轄と経費　寄場は郡奉行の管轄とするところである。「寄場一件留」によるに、三人の郡奉行（河井継之助、小金井儀兵衛、武山貞右衛門）ならびに担当の代官（堤九八郎）が寄場に出向き、収容者の遵守すべき六箇条の規律を申渡した。寄場を実地に管理運営する「掛役人」として、取締掛二人、小使賄の者四人が村方から出ている。取締掛には割元次座と庄屋とが任命され、小使賄の者には一般農民が宛てられている。「寄場一件留」の「寄場御取立ニ付、大図り書付」の項を見ると、「掛庄屋」すなわち取締掛をつとめる庄屋は、強壮の者を選用するとある。

「寄場一件留」は、「掛役人給之事」という項目を立てているが、これに対する記事は存せず空白となっている。し

かし、「寄場御取立ニ付、大図り書付」という項に、寄場の年間経費の概略が見積られており、ここには「掛役人」の年俸が明記されている。それによると、掛庄屋二人分の年俸として米二三俵二斗（一人につき一一俵三斗）、賄いの者三人分として米二五俵二斗（一人につき八俵二斗）、また「刑夫」の中から「山刀」と称する者二人が選用されているが、これの給与が二人分で八俵二斗（一人につき四俵一斗）と計算されている。「山刀」は「なた」と訓むらしいが、その役割は収容者をとりまとめる世話係のようなものであろうか。

又、寄場を担当する代官は、北御蔵の管理に当る「年番御代官」が勤めた。前述したように、代官堤九八郎は三人の郡奉行と連れだって寄場に出向いて六箇条の規律を申渡したが、彼の肩書は「北御蔵年番、兼て御代官」である。(19)さらに、掛役人の取締役は新規収容者を報告する義務を有したことが、「寄場一件留」に「右引渡済之上、掛庄屋ゟ年番御代官へ相届候事」と見え、その報告は「年番御代官」になすのである。つまり、掛役人の上司として年番代官が存在したわけでこの年番代官は時々寄場を巡回して掛役人を監督すると共に、後述するように、収容者の処遇に関する指令を発したらしい。

以上のことから、寄場は郡奉行の管轄下にあり、郡奉行の下に担当の代官を配置し、現場での管理運営は村人から任命された掛役人六名がこれにあたったのである。郡奉行による管轄は、創設時より寄場の消滅まで変更がなかったと思われる。

次に、寄場の経費についてであるが、「寄場一件留」の「寄場御取立ニ付、大図り書付」という項には、食糧費と掛役人の俸給についての概算が見積られている。それによると、収容者五二人（この中から世話係とおぼしき「山刀」二人を選用）、掛役人として掛庄屋二人と賄いの者三人、都合五七人分の食糧として米二五六俵二斗（一人当たり一日五合として三六〇日分）、掛庄屋、賄いの者、山刀の給与として米五七俵二斗と計算している。米は合計して三一四俵である。その他には、大豆、糀米、塩、萱等の代金として金五八両三分位を見積っている。これらは主として、味噌製造の原材料購入費および米・汁を煮焚くための燃料費である。

食糧米をはじめとする寄場経費は、在方の七組に割当てられたようである。「寄場一件留」の末尾には、寄場経費についての河井継之助の指示が、

出掛継之助殿へ相越候處、入用割合高、刈羽組之儀は先省キ候方之旨咄合有之、町方之儀も同断、割元善蔵へ申聞候、

と記されている。つまり、寄場経費は刈羽組と町方には割り当てないというのである。

慶応二年十二月か翌年正月の頃、河井継之助は寄場経費として、金五百両、米一百俵を用意するよう在方の七組に命じたらしい。このことに関連する記事が北組の割元庄屋鈴木惣之丞の「役所日記」慶応三年正月二十八日条に、次のように記されている。

史料10　鈴木惣之丞・慶応三年「役所日記」（長岡市立中央図書館文書資料室蔵、鈴木家文書D―一四九）

一同（正月）廿八日

在勤

七ヶ組集會

寄場入用、大図り金五百両米百俵、年番組へ用意被仰付之儀、相談之上、組〻割方相極、先ツ百廿五両丈ヶ、早速當組へ相廻し候事、

右の記事によれば、郡奉行河井継之助は、寄場の年間経費を概算で金五百両および米一百俵と見積り、年番組を通じてこれを徴収することを在方の七ヶ組に命じたのである。そこで、正月二十八日の七ヶ組の集会において金五百両

と米一百俵の各組への割当額を決定し、鈴木惣之丞の北組にはまず一二五両分割り当てられたのである。[20]

郡奉行の管轄下に置かれていたとは言え、寄場には在方の者のみならず町方の者をも収容した。「寄場一件留」に記録されている二十四名の収容者中、三名は長岡城下の者である（裏一ノ丁の伊四郎、柳原町の吉松、牧野平左衛門下屋敷文治長屋の清蔵）。

なお、今泉氏の『河井継之助伝』は、寄場の場長として外山脩造なる人物がいて、夜、収容者を集めて心学の本を読み聞かせることのあったことを記す（増訂版一六〇頁）。外山脩造（天保十三年・一八四二～大正五年・一九一六）は栃尾の小貫《こつなぎ》村の庄屋の家に生まれ、江戸にも遊学して河井継之助に私淑し、北越戊辰戦争の時は終始河井につき従った。慶応二年当時、二十五歳である。[21]「寄場一件留」は創設から翌月の慶応三年正月までの記録であるが、ここに彼の名前を見出すことはできない。外山脩造は、その後掛役人中の責任者に任命されたのだろうか。今泉氏は右のことを外山氏本人から聴取した可能性がある。[22]

「寄場入」の意味　「寄場一件留」によるに、長岡藩では寄場に収容することを「寄場入」と称し、その収容者を「刑夫」もしくは「刑人」と言う。「寄場入」という用語は「寄場一件留」のみならず、史料4・5・6・7・9にも見えている。前節で述べたように、「寄場入」とはすなわち寄場に収容して強制労働を科す刑罰を意味する。そして、この刑罰は、従来の領内払・組払（御城下払）・居村払（町払）という三種類の追放刑に代替するものとして採用された。史料6の判決でも、領内払に替えて「寄場入」の判決を下している。

ところが、長岡藩の寄場は自由刑と保安処分とを併せて執行する場所であると主張する先学の説がある。それは手塚豊氏の前掲論文であり、[23] 今泉省三氏の前掲著書である（二四三頁）。手塚論文がこのような解釈を導き出したのは、昭和六年の旧『長岡市史』に、寄場には「㈠一旦處刑せられた者で帰るに家なき者、㈡同上再犯の虞ある者、㈢浮浪の徒、㈣素行不良なる者を収容し」たとある記述（同書二五四頁）に影響されたからである。しかしながら、前掲の史料1〜8、あるいは今泉氏『河井継之助伝』の記述を読んでも、右の如き無罪の者を収容する保安処分の性格を看取することはできない。又、本稿を草するにあたっての調査でも、後掲するような追放刑に代替する「寄場入」の事例は見出すことができたが、旧『長岡市史』が指摘したような保安処分としての事例を発見することはできなかった。長岡藩は刑罰の執行場として寄場を設立したのであって、それ故、収容者に「刑夫」「刑人」という呼称を用いたのだと思う。

附言するに、寄場は男性の犯罪人のみを収容する施設であったらしい。それは次のような事柄によって判明する。第一は、確認することのできた「寄場入」の事例――「寄場一件留」の二十五人（青木村重助を含む）と村方文書からの九人にすぎないが――がすべて男性であることである。第二は、後述するように寄場は親子兄弟の面会を許す場合があったが、女性の面会人を認めなかったことである。なお、「寄場一件留」に記録された「刑夫」は六十六歳が最年長であり、十八歳が最年少である。

刑期　この点も前節で触れたが、寄場入には本来決められた刑期が存したことと思う。それは、史料4の触書に「罪之軽重ヲ以、寄場入申付」とあり、史料7の触書に「罪之軽重ニ寄、年季を以寄場入申付」と見えるからである。また史料5にも「寄場入と唱ひ、罪の調、軽重に依て年季あり」と記されている、

次に示す史料11は、同一案件について主犯と従犯とで判決文が別々になっている事例である。

史料11　慶応三年「御用向諸廻状万事留帳」（長岡市立中央図書館文書資料室蔵、安藤家文書A―7）

覚

寄場入　上組四郎丸村　又四郎

此者儀、兼日心得方不宜、古米作り直し之節、毀在米弐斗余有之趣米見共ぇ申立候処、同人共代金取替、供ミ飲酒およひ、且出人足出奔之浦助鼠切(米)壱俵取隠し置、売捌方頼入候処同意致し、窃ニ売払、代銭配(分)いたし候段、利欲ニ嗜み不埒之至ニ付、御領内追払可申付(之)処、書面之通申付之、

同村
寄場入　駒　蔵
与久次

此者共儀右同断、又四郎重立取計候事とは乍申、同意いたし候段不埒之至りニ付、組払可申付之処、書面之通申付之、

右之通可被申渡候、以上、

十一月廿六日　花輪馨之進
疋田水右衛門
小金井儀兵衛殿
武山貞右衛門殿

（以下略）

※高塩註……（　）内の文字は、村松金子家文書の慶応三年「御用留」を以て校訂したものである。

右によれば、主犯に対しては領内払に代替する寄場入、従犯の二人に対しては組払に代替する寄場入の判決が下されている。これを以て考えるに、判決文に刑期こそ明記されていないが、寄場入は領内払・組払（御城下払）・居村払（町払）という三種類の追放刑に対応する形で、あらかじめ刑期が定まっていたと推測されるのである。刑期についての具体的記述は、史料2の宮下翁談話に、「牢屋と違つて、飲んだくれ、賭博犯、親子虐待、喧嘩殺傷罪等に限

られ、刑期も一ヶ月以上一ヶ年位の短期の者なので」とあるのが唯一である。

以上が筆者の考えであるが、寄場入を不定期刑と捉えるのが従来の説である。今泉鐸次郎氏の『河井継之助伝』は、「刑期は別に定めず、改悛の実蹟現はるゝに於ては、随時其罪を赦して本籍に還らしめたり」とし（増訂版一六〇頁）、旧『長岡市史』はこの説を継承し（二五四頁）、手塚論文（二九五・二九七頁）や今泉省三氏の著書（二四三頁）も不定期刑説を採用している。

ところで、寄場入という刑罰には収容中、改悛の情の顕著な者については、刑期満了前であっても釈放を認めるという刑期短縮の制が存したように思われる。事実、「寄場一件留」によるに、寄場担当の北組代官堤九八郎と新五郎（代官近藤新五郎）は、収容一箇月後の慶応三年正月二十五日、「課業宜ニ付」という理由をもって、「刑夫」の北組栖吉村甚九郎に対し、髪を伸ばすよう指示している。これは釈放を前提とした措置である。刑期短縮の制は不定期刑の考え方が加味されてはいるが、不定期刑そのものではない。今泉鐸次郎氏は刑期短縮の制をあやまって不定期刑と解釈されたのではなかろうか。不定期刑説は今泉鐸次郎氏に端を発して御子息の省三氏に及んだのである。なお、平成八年刊行の新『長岡市史』は、不定期刑説を採っていない（七三五頁）。

「寄場入」の手続き　この点について「寄場一件留」は、

一寄場入刑人有之節は、咎書御証文下り、組ゝ御代官ニて申渡、村役人差添、寄場へ引渡候事、

但、途中米見遣し候事、

と記す。史料6および11の「覚」に見られるように、「咎書御証文」と称する判決文が奉行から郡奉行に通知される。史料11の判決文は、村松金子家文書（長岡市立中央図書館文書資料室蔵）の慶応三年「御用留」にも収載されていて、ここでは発給人が「御奉行」、名宛所が「御郡所」となっている。したがって発給者として名を連ねる花輪馨之進、

疋田水右衛門、椰野《なぎの》弥五左衛門の三名は、いずれも長岡藩上士で奉行の任にあり、一方、名宛人の小金井儀兵衛、武山貞右衛門、小川善右衛門は郡奉行の地位にあったのである。(24)

この判決文は郡奉行が所轄の代官に伝達し、代官が犯罪人に判決を申渡す。村役人はこれを承けて犯罪人を寄場に連行し、身柄を引渡すのである。連行の途次、米見役の者が派遣された。なお、割元庄屋は寄場入の者が出たことを村々に触れ出した。このことが左の史料12によって知られるので掲げておく。(25)

史料12　慶応三年「御用向諸廻状万事留帳」（長岡市立中央図書館文書資料室蔵、安藤家文書A―7）

覚

上組千手町村　多郎右衛門

寄場入

此者儀、去丑年十月廿四日、酒屋村船頭理助と申者、木綿荷六箇此者方ぇ相送り候旨、槇下村入役番所ぇ相届候ニ付、當正月役銀差出(候)様申聞候処、右荷不参旨相断、役銀不指出、此節右理助罷越候ニ付取糺候処、相違無之旨申立候ニ付、猶及掛合候処、相届ヶ候段申達し不届ニ付、御領内払可申付之処、書面之通り申付之、右之通り可被申(渡)候、以上、

慶応三寅(卯)年正月廿二(八日)日

花輪馨之進
疋田水右衛門
椰野弥五左衛門

小金井儀兵衛殿
河井継之助殿

右之通り被仰出候間、村〻可被得其意候、以上、

正月九日　　　　　　　　　　　　割元

四郎丸村
新組村〻
戸左衛門神殿
林　新　田
町組村〻
町　前　川

此廻状二月三日、庄右衛門新田へ八百屋
相届候ニ付、直ニ
古川村へ遣し候、

町〻　　　　右村〻
　　　　　　庄屋中

※高塩註…（　）内の文字は、村松金子家文書の慶応三年「御用留」を以て校訂したものである。

ところで、村方に発生した犯罪を処理する司法手続について、『長尾平蔵収集長岡藩史料』に次のような記事が見られる(26)ので参考までに掲げておこう(27)。

代　官

一代官ハ所轄内人民ノ裁判ヲナスノ権ヲ有ス、
一裁判ヲ申付クル前ニハ、事実ヲ取調タル上、之ヲ郡奉行へ上申ス、郡奉行ハ又之ヲ上間列席へ上申、上間列席ノ評決ヲ尽シ、御奉行ノ名前ヲ以テ郡奉行へ申渡ス、此申渡書ハ代官へ下渡シ、代官ハ其人民ヲ御蔵へ呼出シ、之ヲ申渡スノ手順ナリ、
　代官ノ申渡ニ服セス、難渋ヲ申立ツル時ハ郡奉行へ上申シ、郡奉行ノ裁断ニ任スル者トス、

四 「寄場」の内容（その二）

作業　「刑夫」は収容中に強制労働が科されたが、この点について史料1の「思出草」は、「銘々の仕馴れたる事等、日々課業を申付け、或は人足を使ひ」と記し、史料2の宮下翁談話は、これよりも詳しくかつ具体的に、

仕事も皆与へられ、町のものは仕立、大工、左官と云ふ様なもの、百姓は藁仕事と云ふ様に各々得意のものを分に応じて割り当られ、武家町家等より希望さへあれば、其の家庭へも仕事に出したものである。

と語っている。宮下翁は「刑夫」の外役について、さらに言葉を継いで、

此の時は五人位を一組として親方が引率して行き、怠ぬ様監督した。彼らは町家や士族屋敷へも中々傭はれたが、乱暴や逃亡などする者は絶えてなかつたし、それに賃銀が町方相場の半額なので此の囚人は相当一般から歓迎されたそうである。

と語る。これらの証言をもって見るに、「刑夫」は各人が仕立、大工、左官、藁仕事など手に覚えのある仕事をし、あるいは人足という労役に就いたようである。又、武家や町方の労働力として市中相場の半額の賃金にて雇われるという外役の存したことが判明する。(28)

「寄場一件留」によるに、「刑夫課業之事」という項目が存し、ここには藁蓑、荷縄、背中当、草鞋、雑縄、莚、紙漉直しという藁細工を中心とする七種類の作業が記されている。寄場は発足一箇月間に二十四人の刑夫を収容したが、はやくも四人に竹細工、紙漉直し、履物の鼻緒すげの作業を宛てがった。そして必要経費を差引いた後の収益として、竹細工と紙漉直しがそれぞれ一日に四五〇文、鼻緒すげが二〇〇文に達すると記録されている。

ところで、注目すべきは今泉氏の『河井継之助伝』が、

労役の法を立て、平素の職業に応じ、一定の時間内にそれ〴〵労役を課し、日々製作の賃銀中より食費を控除し、残餘は積立て置きて放免の日に之を与へ、以て正業に就くの資に供さしめたり。

と記すことである（増訂版一六〇頁）。ここには、労役に対して賃金を払ったこと、それを積立てたこと、積立金を釈放時にまとめて支給してこれを就業資金に充当させたことが記されている。この記事は――その史料的根拠を明らかにしていないが――おそらく信頼に足るものと思う。「労役の法」として具体的に記述しているので、何らかの確実な史料もしくは当時を知る古老からの聞書等に基づいていると推測されるからである。

処遇　収容者の処遇については先学も述べるところだが、あらためて記述しておく。「刑夫」がどのような処遇を受けていたのか、その様子は史料2の宮下富太郎談話にもっとも詳しい。まず「刑夫」の着衣であるが、それは柿色である。紅殻で染め、渋で色をとめた法被様のものであり、子供達はそれを「柿の看板赤づきん」と囃したてたそうである。髪型は丁髷を落して三分刈の坊主頭とした。史料1の「思出草」は、「平人と紛れざる様に髪の毛を剃り落し」と表現する。[29]このような異様な身なりをさせるのは、逃亡を防ぐための目印であることは勿論だが、収容者に「刑夫」であることの自覚を促すことをもねらったためと思われる。［「寄場一件留」によるに、刑夫の甚九郎は釈放間近になったため、「髪延し之儀」が命じられている。］

食糧について、「寄場一件留」の「寄場御取立ニ付、大図り書付」には、収容者一人につき一日米五合の割合で計算してあるが、宮下富太郎翁は次のように述べている。すなわち、食物は一日に半搗米三合、月の六斎日には鯡などの御馳走がついたそうで、牢屋よりも待遇がよかった。[30]寝具は藁を打って造ったネコと称する大型のむしろ、冬でも相当に暖かかったという。「刑夫」たちは二間ほどの長さの角木を枕として頭をならべて寝かされており、起床は朝

四時と早かった。板木の合図でも起床しないときは、この木枕を叩いて起こされた。「寄場一件留」は「刑夫病気之事」「刑夫死去之節之事」という項を設けているが、この項は空欄にて内容を示す記事が存しない。

「刑夫」の処遇上、注目すべきは外泊の制であろう。宮下富太郎談話には、「寄せ場の囚人達には、河井氏の計らひで、出入は非常に寛大にしてあつて、夜十時過になれば、自宅や親類なれば行つて来ても宜しい事になつて居た」とある。

又、「寄場一件留」には慶応二年十二月二十五日に申渡した六箇条の「掟」が載せられているが、この「掟」第一条によると、毎月一度、親子兄弟の面会を認める場合があるとする。この点も処遇上の特筆事項であろう。「掟」はその他に、外役先への往来の途次に近親知己の処へ立寄ったり面談することの禁止、「掛役人」をはじめ、「山刀《なた》」（「刑夫」より撰用）にも従順たるべきこと、喫煙の禁止、出火の際の行動のことを定め、最後の第六条は逃走者は逮捕次第、死罪に処すことを定めている。村松忠治右衛門が「思出草」の中に「追々善人に立帰り候様、厳重に規則を設け」と記しているが、「掟」第六条は厳重な規則の典型であり、村松はこれを「一殺万生の道理」と表現している。

宮下翁談話によるに、外泊の際にも、定刻に帰らぬ場合は打首に処す旨を申聞せて送り出したという。しかし、寄場に「刑夫」を収容した初日、はやくも逃走者が発生した。それは上組青木村の重助（十助とも）という者で、慶応二年十二月二十三日、牢屋を免されて寄場に移された九人中の一人である。重助は二十三日の夜に外泊を許されてそのまま逃走し、翌日、肥樋の底に隠れているところを発見され、翌々二十五日、いち早く処刑されたのである。宮下翁談話は、この処刑について実際にその眼で見たままを語っていて極めて貴重な実歴談である。

「寄場一件留」は重助処刑について、十二月二十五日のこととして、「今日於寄場囲中打首、役方出役等無之、其外者頭出役等は牢屋御仕置之通有之候よし」と記しており、その処刑は寄場構内で行なわれたのである。この処刑の次第を書き留めた記事が存するので左に掲げよう。

史料13　慶応二年「御役向手扣」（長岡市立中央図書館文書資料室蔵、片山家文書A―一一）

寄場入元青木村重助、打首御仕置被仰出候ニ付、場所寄場屋敷ニて可致様、組目付多左衛門・角右衛門自罷越、

寄場掛庄屋福田村岩右衛門・草生津村金之介〔ママ〕案内致、如図人足相仕ひ為拵候、

此節、介錯縫之助、介添彦右衛門、

御検使、廿一日通り夕七ッ時前御出役被成、玄関口ニて御證文御読聞、左之通、

打首　　　　　　　　　　　　　　　上組青木村出　重　助

此者儀、寄場入申付置候処、逃去り候ニ付、書面之通り申聞之、

夫ゟ場所へ引連、御刑相果一統引取、案内有之候ニ付、縫之助殿宅へ祝義罷越候、御肴、一さめのた、一ほしこ、数のこ一たら、大こん、一吸物たふ、フ、一じん、ば口かさめし〔ママ〕、夜五ッ時前引取申候、

右重助、当廿三日牢舎御免、同日寄場へ被引移候処、同夜逃去、目明伝吉手養ニて取押、今日寄場迄相送、相組ニて手鎖之儘、腰縄ニて受取申候、

其節固め六人ニて被受取候、

右の「御役向手扣」は、日記の体裁をとった備忘録である。筆者は片山為右衛門脩徳という人物であり、この時二十六歳である。[31] 宮下翁談話に「同心が三人計り」とあるのは、介錯役縫之助、介添役彦右衛門および片山為右衛門のことであり、この三人は町同心と呼ばれる下級武士である。「御役向手扣」によるに、為右衛門は四日前の二十一日、牢屋内において打首を執行した際の介錯役を勤めている。

人足共を指揮して処刑場を拵えさせた寄場掛の庄屋福田村岩右衛門と草生津村金之介〔ママ〕は、「寄場一件留」の掛役人

中に「取締掛」として記される二人のことであろう（金之介は、「寄場一件留」における肩書が上組赤川新田庄屋となっているが、この地は草生津村に隣接する処である）。

重助に対する打首執行は、宮下富太郎少年をはじめとする一般の人々が見物したようだが、収容中の「刑夫」も間近な位置で見物させられた。これは、片山為右衛門がスケッチした見取図に示されている。

青木村重助の処刑日と「掟」の申渡日は、同日（慶応二年十二月二十五日）である。前述したように、逃走者を死刑に処す「一殺万生の法」は、種々議論の末に藩政府の承認を得て決定したと「思出草」にある。寄場創設早々にして逃走者を出した結果、河井継之助はじめ関係者が至急に協議して「掟」第六条を定立した可能性が強い。宮下翁は、青木村重助以外に二人の男の斬られるのを見たと語っているので、その後も逃走者が出たようである。

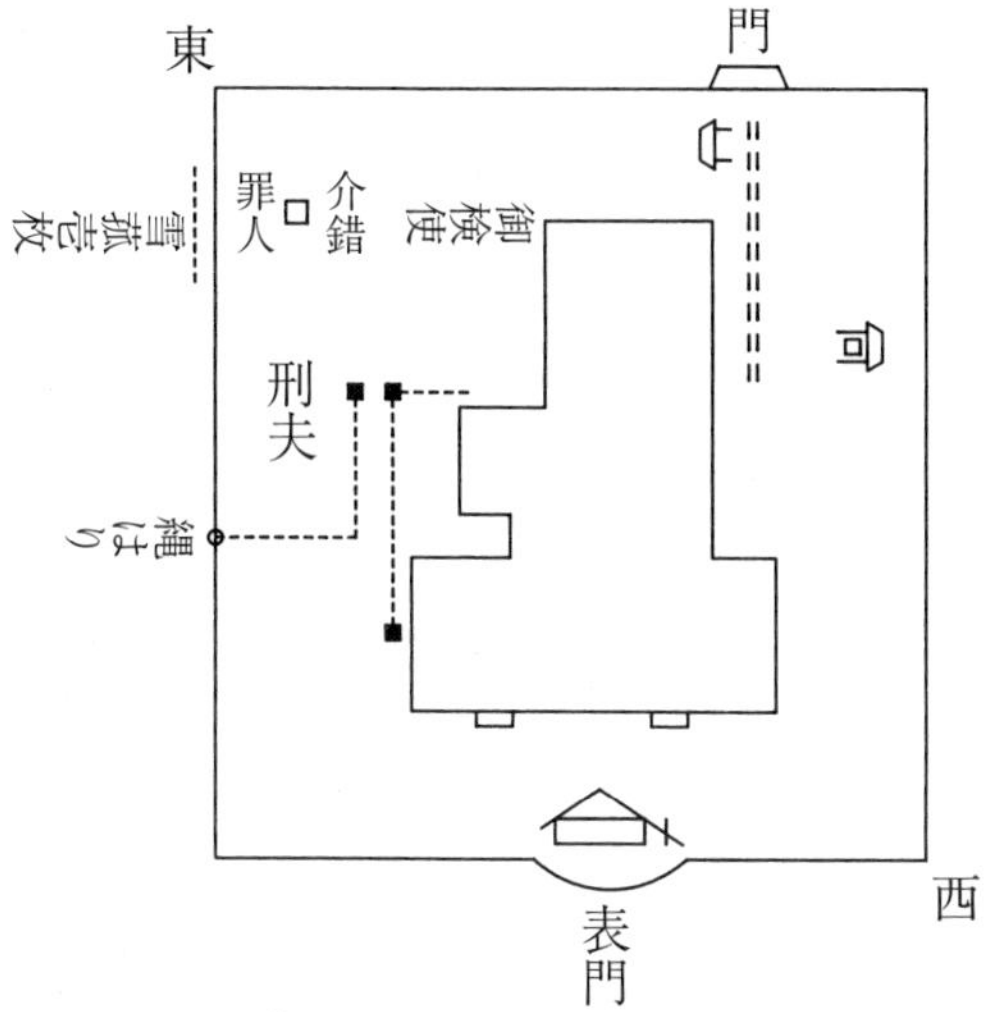

寄場の見取図（「御役向手扣」）

施設　右の片山為右衛門の記事には、「如図人足相仕ひ為拵候」とあるように、寄場とその処刑場について上のような見取図がスケッチされている。

慶応二年十月ごろ、長岡藩は蠟の製造所である蠟座を廃止した[32]。蠟座は蠟の製造所のみならず、原料を貯蔵する施設と蠟座役所を併設している。寄場はこの蠟座跡に創設されたのである。今日、長岡市呉服町二丁目に蠟座稲荷と称する稲荷神社が鎮座するが、蠟座はこれに隣接する北側に置かれていた。「内

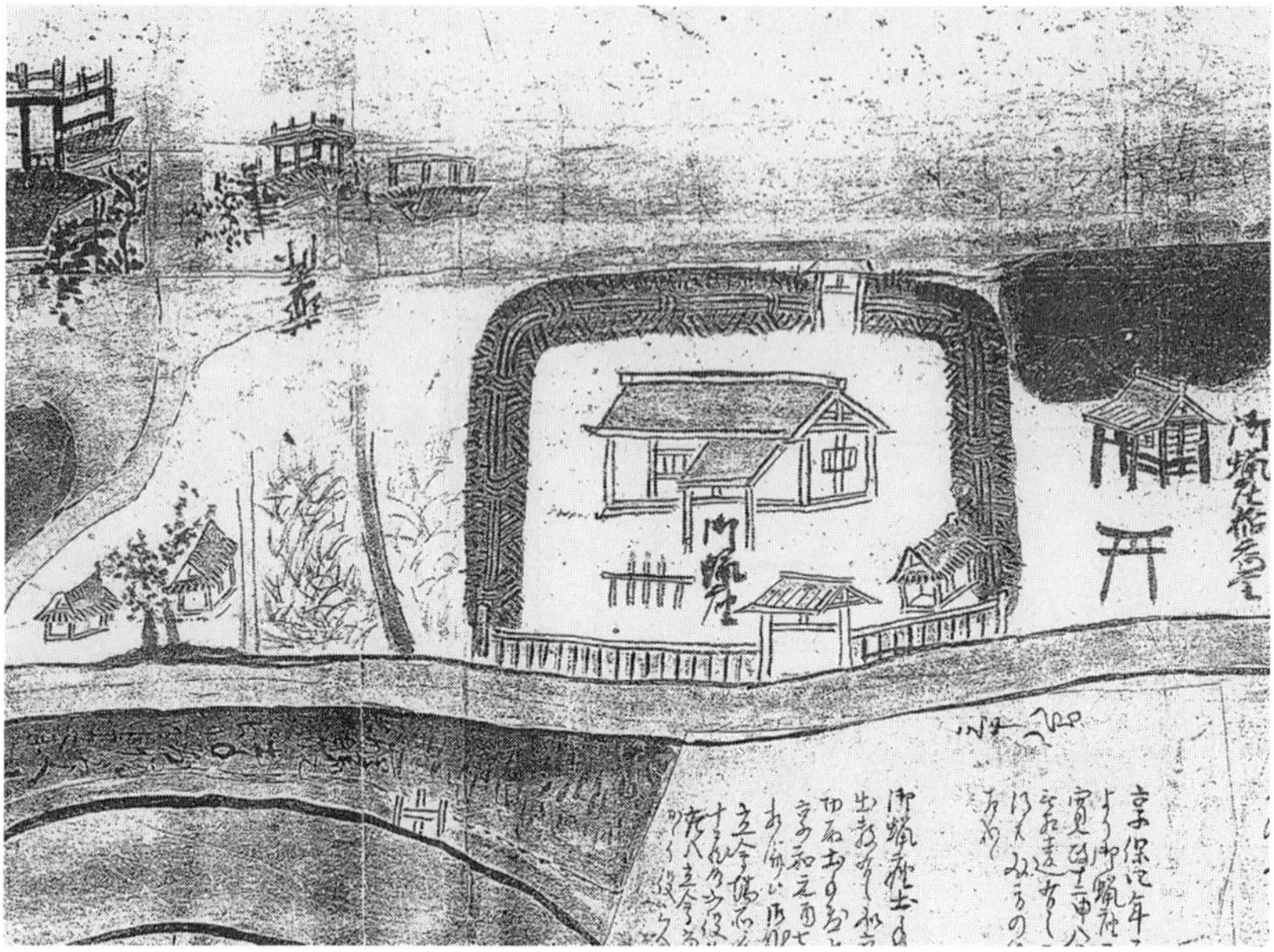

蠟座および蠟座稲荷（「内川付近及び大川東通絵図（部分）」長岡市安禅寺蔵）

川付近及び大川東通絵図」[33]から、蠟座および蠟座稲荷の部分を掲げておく。絵図全体は享保十四年（一七二九）のものだが、絵図中この部分は寛政十二年（一八〇〇）の様子を示している。この絵図によると、蠟座の正面は内川（柿川ともいう）に添って南北に延びる道筋に面しており、表門の両側は板塀で仕切られている。裏側と両側面は柴垣のようなもので囲まれており、裏側に小さな門が描かれている。表門と裏門の位置が前掲の片山為右衛門のスケッチに同じであることに注意すべきであろう（絵図とスケッチは同じ方位で描かれている）。

次に蠟座の建物の間取図を示そう。色の濃い部分が土間である。この間取図は、天保十一年（一八四〇）頃の作製と考えられている[34]。つまり、十代藩主牧野忠雅の天保十一年、武蔵国川越に転封する話がもち上り、その折に急遽作られたらしいのである。この間取図を見ると、建物全体の形が前掲したスケッチと似ていることに気づくと思う。スケッチの見取図から推測するに、寄場は蠟座建築の本体部分につき、何がしかの改造を加えてその施設としたと考えられる。蠟座の附属建物の雑蔵と土蔵とを撤去すると共に、本体建物の中央右側に張り出した部分（図面に蠟燭方、土間とある）、および右側手前に二間続く土間のうち外側を省いている。又、本体左側に張り出した土間（木部屋とある）も省いたらしい。おそらく、本体建物中もっとも広い面積を占める土間が、「刑夫」を収容する部屋に改造されたのだろう。蠟座の廃止から寄場に「刑夫」を収容するまでの期間は、わずかに二箇月程である。しかも冬場の二箇月であることに留意する必要がある。前述したように、この年の十二月二十一日、片山為右衛門は牢屋内での死刑執行に打首役を勤めたが、この時の町家引廻しは雪のために行なわれなかった。

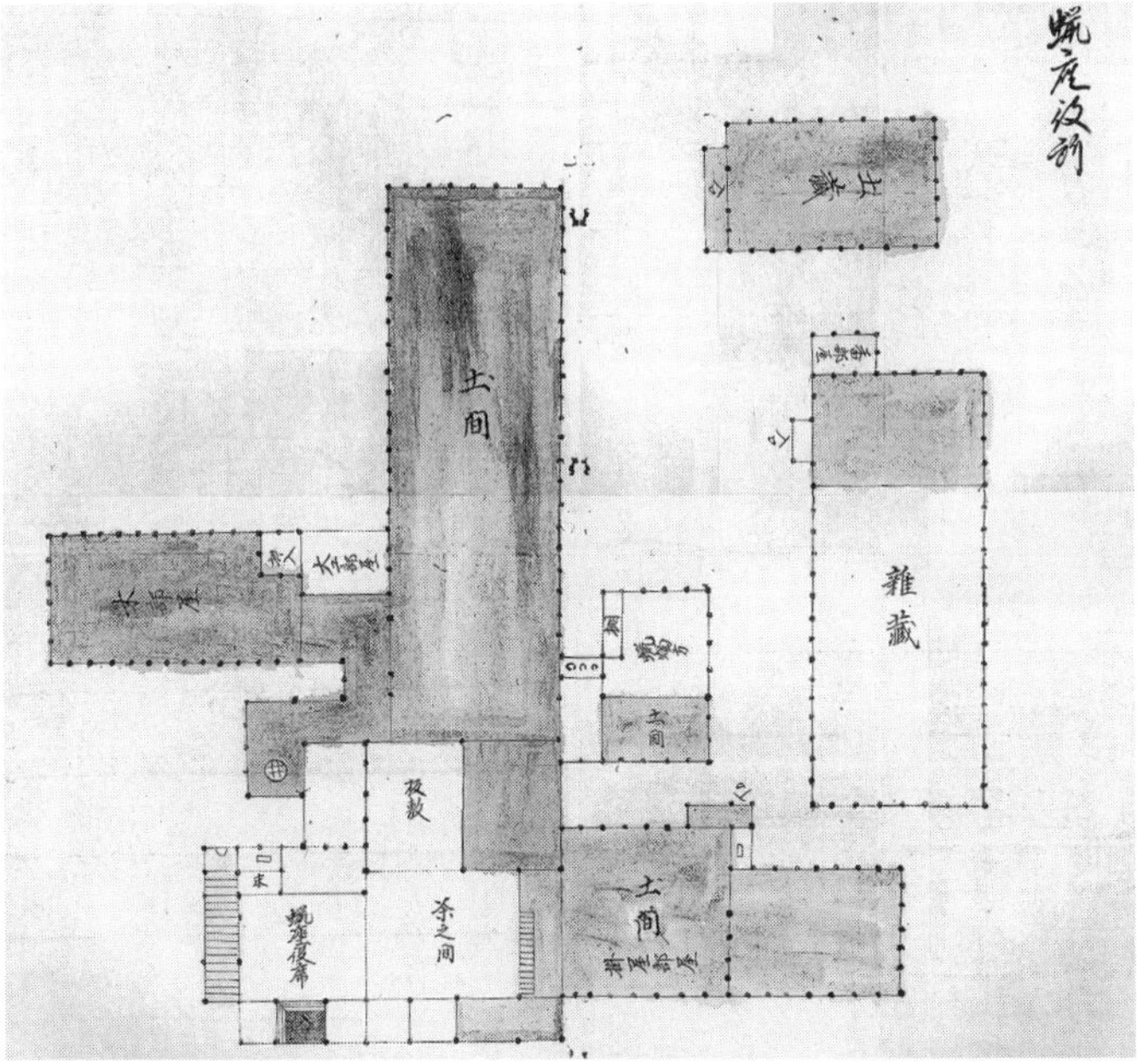

蠟座の間取（「蠟座役所間取図」長岡市立中央図書館蔵）

　また、村松忠治右衛門の「思出草」に「蠟座役所の跡を寄せ場と改唱し」とあるのを見ても、寄場施設として新しい建造物を用意したような物言いではない。

　以上のことから推測するに、蠟座施設を出来るだけそっくり活用する工夫がなされたのだと思う。蠟座は、寛政十二年の絵図に見られるように、板塀や柴垣のようなもので外部と遮断する囲いが、おそらくその廃止に至るまで存続したのだろう。河井継之助は、犯罪人を収容する施設として、そのような蠟座を好都合なものとして着目したのだと思う。

「寄場一件留」の「寄場御取立ニ付、大図り書付」の項は、収容者数を五十二人として食糧を見積っているので、寄場は少なくともこの人数程度は収容可能な規模の施設であったと思われる。

寄場の消滅　慶応四年五月、長岡藩は軍事総督河井継之助の指揮のもとに北越戊辰戦争に突入するが、寄場はこの時まで機能していたと考えられる。同年閏四月八日の寄場入の事例が存するので、左に掲げよう。

史料14　慶応四年閏四月八日「覚」（長岡市立中央図書館文書資料室蔵、廣井幸雄家文書三七—D一六三八）

覚

寄場入　　長倉村 徳左衛門

此者儀、兼〻厳重申付置候処、博奕宿いたし候段、不埒□□〔虫損〕ニ付、組払可申付之処、書面之通申付之、

右之通可被申渡候、以上、

慶応四年 辰閏四月八日　　村松忠治右衛門

植田十兵衛殿

奥山七郎左衛門殿

右之通被仰出候間、村〻可被得其意候、以上、

閏四月十二日　　割元㊞

四郎丸村ゟ

新組村〻

右村〻　戸左衛門新田
庄屋中　迄
町ゟ

村松忠治右衛門が発給者であるが、彼は慶応四年正月十四日、奉行格に昇進したのである（「思出草」[35]）。閏四月二十八日、戦場へ物資を運搬するための要員として、河根川組槇下村の農民五十人が寄場に集められた[36]。つまり、寄場はこの時までは存続していたのである。しかしながら翌五月十九日をもって寄場は消滅したとみなしてよい。すなわち、同日、長岡城は西軍の手に落ち、寄場所在地の呉服町附近はその折の西軍の進撃路にあたっていたから、この一帯は激しく戦火を被り、寄場施設も灰燼に帰したと考えられるのである。戦火を被った際、収容者は寄場を解放されたと思われるが、そのことを推測させる史料が存するので左に示そう。

史料15　「郷中諸願留」（長岡市立中央図書館文書資料室蔵、本多史郎家文書Ｄ―九）

乍恐以書付奉願上候
私子栄五郎、不都合之筋有之、去ル申年（万延元年）御領内払被仰付、去卯年（慶応三年）八月立帰り候ニ付、寄場入被仰付候処、当五月以来帰村仕居候得共、除帳者ニて当惑至極ニ候、尤深改心仕候ニ付、何卒以御慈悲、居村住居御免被成下置度奉願上候、此段御聞済被成下置候ハヽ、難有仕合奉存候、

明治元辰年九月
西組上除村東
先源助後家
すま
同むら親類
二右衛門

右両人ゟ奉願上候通、宜敷御聞済被成下置度奉願上候、以上、

役人連印

御民政所
御役人様

右の史料15は、割元庄屋本多弥兵衛の手扣であり、ここには「寄場入」の栄五郎が慶応四年五月以来、村に戻っていることが記されている。栄五郎は「領内払」という追放刑の立帰り者として寄場に収容されたから、人別帳からはずされたままの状態なのであり、そのため村に居住することができないのである。そこで彼の居住を認めてくれるよう、母親と親類とが連盟で民政役所に嘆願したのである(37)。栄五郎の釈放が正規の手続きによるものならば、「除帳」のままに放免することは考えがたい。五月の帰村は、戦火のための緊急の解放であったと理解すべきだと思う。従って、長岡藩の寄場は慶長二年十二月十五日に発足し、同四年五月十九日をもって消滅したのである。その間、約一箇年半の命脈であった(38)。

五　「寄場」の性格

長岡藩における寄場の制度は、改善主義の考え方に立脚した刑事政策である。村松忠治右衛門は、「思出草」に「追々善人に立帰り候様、厳重に規則を設け」と記し、今泉鐸次郎氏は『河井継之助伝』中に、

夜に入りては、時々囚徒を一堂に集め、場長自から心学本を読み聞かせ、勧善懲悪の道理を説き、只管遷善の手段を執りて、是が感化に力め、（中略）改悛の實蹟現はるゝに於ては、随時其罪を赦して本籍に還らしめたり。

と叙述している(39)（増訂版一六〇頁）。

つまり、「寄場入」という刑罰は、収容者を教化改善して社会に再び戻すことを目的とした自由刑なのである。前述したように、長岡藩の寄場制度には、(1)刑罰としての労役に賃金を支給する作業有償制、(2)日々の賃金を食費を控除して積立てる強制積立の制、(3)この積立金を釈放時にまとめて支給して就業資金に充当させる元手の制が存する。寄場の現場責任者外山脩造は、教化改善の方策として心学を採用し、収容者に勧善懲悪の道理を説いて聴かせたという。また寄場創設と同時に、鼻緒すげ、紙漉、竹細工など、収容者の得意な作業を強制労働として採り入れている。これらの処遇法を見るに、長岡藩当局者が「寄場入」という刑罰の目的を応報や懲戒とのみ捉えているのではないことが明瞭である。

当時、追放刑の矛盾と弊害は誰の目にも明らかであったが、諸藩の多くはこれを廃止できなかった。長岡藩はそのような中にあって、犯罪人を追い払うことで事足れりとしてきた従来のやり方に代えて寄場制度を創始したのであり、これは刑事政策上の一大転換である。

江戸時代において、犯罪人の社会復帰を目的とした自由刑は、宝暦五年（一七五五）四月、熊本藩の「徒刑」に始まる。長岡藩寄場を溯ること、実に百十二年前である。熊本藩の徒刑制度には徒刑囚に対する教諭、就業の世話、釈放後の保護観察などの施策も見てとることができる。熊本藩に誕生した徒刑思想は、天明三年（一七八三）の佐賀藩の「徒罪」、寛政二年（一七九〇）の会津藩の「徒刑」に継承され、同じく寛政二年、幕府が墨田川河口の石川島に設置した、いわゆる「人足寄場」にも及んだ(40)。これらの刑事政策は、いずれも改善主義の考え方に立ち、収容者の処遇に関しては(1)作業有償制、(2)賃金の強制積立、(3)元手の制を採用している。これらは収容者の社会復帰を目指した一連の処遇法なのであり、江戸時代徒刑制度の根幹をなしている。そして、この徒刑制度は、追放刑を全廃しあるいは制限する機能をもっていることが特長である。

宝暦の藩政改革をなしとげた熊本藩治政に対する名声と、これに併せて幕府が寛政四年（一七九二）、寄場を常設の機関として運営し、文政三年（一八二〇）からは江戸払以上重追放にいたる追放刑の判決を受けた者をも収容するようになると、右のような考え方と処遇法とを有する徒刑制度が、全国の諸藩に徐々に広まっていった。今日、作業有償制の実施が確認でき、あるいはその存在を伝える記事の存する徒刑制度としては、米沢藩の「徒罪」[41]、新発田藩の「徒罪」[42]、津藩の「揚り者」[43]、幕府領長崎の「溜牢細工所」[44]、庄内藩の「人足溜場」[45]、水戸藩の「徒罪」[46]、新庄藩の「徒罪」[47]などがあり、又、そのような徒刑制度を創設する計画をもった藩として、和歌山藩[48]、久留米藩[49]が挙げられる。

前述したように、長岡藩の寄場は、改悛の著しい収容者に対しては刑期を短縮して釈放した。徒刑制度が改善主義にねざすもので、犯罪人の社会復帰を最終目的とする刑事政策であったとすれば、収容者の改悛の情が顕著であって、もはや社会に戻しても差支えないと判断された時、刑期満了を待たずに釈放するのは当然の帰結である。会津藩は寛政二年、士分の揚座敷の刑について刑期満了前の釈放を認め、同八年には庶人の徒刑についてもこれを認めた[50]。

幕府の寄場は、創設当初は主として無罪の無宿を収容したが、寛政四年十二月、収容の人足に対して釈放の条件を次のように申渡した。すなわち、強制積立の溜銭が技能労働者の場合は十貫文、単純作業に従事する者の場合は三貫文に達することを原則とし、しかし、作業に励んで改悛著しい収容者については、右の金額に達していなくとも、不足分を補充して釈放すると申渡したのである[51]。佐賀藩の場合は、寛政九年二月に刑期満了前の釈放の制を設けている[52]。その後に実施された庄内藩[53]、彦根藩[54]などの徒刑制度においても、改悛の情顕著な者に対する刑期満了前釈放の制を確認することができる。長岡藩寄場に見られる刑期短縮の制も、右の諸藩に遅れて登場した一つの事例にすぎないのである。

長岡藩の寄場では、収容者の着衣として、紅殻で染めて渋で色をとめた法被用のものを用いた。少し黄色味を帯びた赤茶色、いわゆる柿色の衣服である。頭髪は、丁髷を落して三分刈の坊主頭である。一見して「刑夫」であることが明瞭な風貌にさせたわけである。

江戸時代の徒刑制度において、多くの場合、収容者の逃走防止を主たる目的として、彼等に通常人と異なる身なりをさせている。たとえば、熊本藩では髪型を総髪とし、眉毛を剃り落した。したがって、熊本藩では「徒刑」を「眉なし」とも称した(55)。また、津藩の「揚り者」という刑罰の場合、着衣は柿色の綿入半天(冬季)、頭髪は一寸八分の散切として月代を細く剃り上げることにし、眉毛を五日ごとに剃る定めであった(56)。着衣に柿色を用いるのは、犯罪人には赤茶色の衣服を着用させるという中国古来からの赭衣(赭色の獄衣)の伝統にちなむものであり、幕府寄場でも柿色を基調としている(57)。そのほかに、新発田藩(58)・米沢藩(59)・水戸藩(60)・松山(高梁)藩(61)などでも柿色の着衣を用いている(62)。

以上に見たように、刑罰思想および処遇法の両面から勘案するに、長岡藩の寄場制度は熊本藩に始まった江戸時代徒刑制度の一事例として捉えることができるのである。長岡藩寄場では、場長の外山脩造自らが収容者に心学を読んで聴かせたというが、心学を用いた教化方法は、幕府寄場が採用した方法として著名である(63)。心学による教化法については河井継之助をはじめ、江戸遊学の経験をもつ外山脩造もあらかじめ承知していたことと思われる。「寄場」という呼称も、幕府寄場の公式の名称に同じである(64)。河井継之助は長岡藩寄場を創設するにあたり、幕府寄場を参考としたことが想像されるが、幕末の頃になると徒刑制度はある程度全国に普及していたのだから、河井が訪れた松山(高梁)藩の徒刑所の実情については勿論であるが、各地の徒刑制度についても何がしかの知識をもっていたと考えられるのである。

手塚豊氏は――前述したように――長岡藩寄場が松山藩徒刑所を通じて間接的に西洋の自由刑の影響のあったことを推測された(65)。これに対し平松義郎氏は、長岡藩寄場は「利用可能な史料による限り、人足寄場的施設以外のなにものでもない」として、西洋の自由刑の影響を明快に否定しておられる。[66] すでに指摘したように、私は長岡藩寄場を江戸時代徒刑制度の一として捉えている。従って、平松氏と同様、ここに西洋の自由刑の影響を看取することはできないと考えるのである。

むすびにかえて―「寄場」の特色―

長岡藩の寄場には次のような特徴をみてとることができるように思う。その第一は、「寄場入」は比較的軽い犯罪に適用する刑罰であったということである。何度も述べたように、長岡藩の寄場は領内払、組払（御城下払）、居村払（町払）という追放刑に該当する犯罪者を収容したのだが、本稿に引用した事例を見るに、「寄場入」は次の犯罪に適用されている。史料11の事例では、米二斗餘の代銭の詐欺および鼠切米一俵についての贓物牙保の罪によって首犯が領内払、従犯二人が組払にそれぞれ該当し、史料12の事例では木綿荷六箇の横領罪が領内払に該当し、これらに寄場入が適用されたのである。逃走して打首に処された青木村重助にしても、酒ぐせが悪くて喧嘩をしたために寄場に収容されたと伝えられる（宮下翁談話）。

特徴の第二は、寄場設立の大きな眼目として、博奕の悪弊の撲滅が掲げられていたことである。当時、盗賊奉行も勤めた村松忠治右衛門は、「思出草」の中で博奕の「流弊改正の為め、蠟座役所の跡を寄せ場と改唱し、博奕其外不埒の所業有之者は、寄せ場入申付」と述べている。また郡奉行河井継之助は、盗賊奉行村松等とともに、領内の博徒共を集めて賭博の害毒を説き、彼らより回収した賭博道具を寄場にて焼却した。そして、河井は自ら旅賭博打の姿に変装し、おとり捜査に出向いたという逸話も伝えられている。[67]

史料6の領内払による寄場入の事例は、平生素行の悪い前科者の博奕犯罪である。また、史料14の寄場入は博奕宿の罪によって組払に該当する場合である。博奕犯に対する刑罰について、「長岡領賞罰法」は、

博奕、潜上無礼、詐欺、落し文、野荒し等重きは其組内を構へ追放す、之れを組払いと云ふ、軽は其居村内を構へ追放す、之れを村払と云ふ、共に家財は家族に下附す、

と記す(68)。又、今泉省三氏は「博奕にたいする刑罰は、前記実例に示すように比較的に緩やかであった。重くて自由刑の追放、つぎが追払い、あるいは叱りのほか過料財産刑が科せられる」と指摘される(69)。いずれにせよ、博奕犯は追放刑に処された犯罪中に多数を占めたと想像されるのである。

博奕禁止令は、諸藩の例にもれず長岡藩においてもしばしば触れ出された(70)。寄場設立の約半年後の慶応三年七月にも、村々に次のように通達されている(71)。

博奕之儀、兼ゝ御厳禁之処、窃ニ相催候者も有之趣相聞、不埒之事ニ付、今度改て穿鑿方申付候間、以来御領分中は勿論、他方ニても博奕致候者ハ屹度可申付候間、心得違無之様堅く相慎可申候、

右之通支配下ぇ可被申候、以上、

七月

村松忠治右衛門は「思出草」の中で、「改めてサイノメ、カルタ初め博奕の諸道具は不残取揚げ、寄せ場において焼捨にいたし、博奕の諸道具売買厳禁申付ければ、其後は根を絶ちし姿に相見へ候」と述べ、寄場の設立が博奕の悪弊一掃に絶大の効果を奏したと評価している〔補註1〕。寄場が博奕犯罪の撲滅にかなり貢献したことは認めてよいと思うが、根絶とまでにはならなかったようである。事実、史料14の博奕宿による寄場入の事例は、慶応四年閏四月のことである。

以上に見たように、「寄場入」という刑罰は、博奕犯罪にしてもその他の犯罪にしても、比較的軽い犯罪に対して適用したのである。したがって、長岡藩の寄場には、死刑制限の効果は認められない。(72)

特徴の第三として、収容者に対する寛大な処遇とそれに違反した場合の厳しい措置を挙げることができるであろう。午後十時過より翌朝四時までの夜間、自宅や親類宅へ出掛けることのできる外泊の制は特筆に値する。幕末の頃、九州の小倉藩（譜代大名小笠原氏十五万石）でも徒刑が実施されていたようだが、ここでは徒刑囚が外使いによって市中に出たとき、事情によっては外泊の許される場合があったと伝えられる。(73)今日、外泊の制は長岡藩、小倉藩以外には報告されていない。

また、親子兄弟との面会が一箇月に一度宛、認められている点も注目すべきである。親族面会の制は、天明七年（一七八七）二月、会津藩の徒刑実施構想の中にも盛り込まれており、そこには「父母妻子抔、日を定、立会ニて為致対面、是等ニも教誡為致、先非を悔改候様仕懸第一ニ候」と述べられている。つまり、親族面会を教化改善の手段と捉えているのである。ただし、この制の実施の確認はできていない。(74)長岡藩の場合も同様である。(75)

外泊の制は、慶応二年十二月二十三日、寄場に刑夫を収容したその初日から実施されたらしく、青木村の重助は早速外泊に出てそのまま逃走したのである。長岡藩は逃走者に対しては極刑をもって臨むことにしたのであり、重助は逮捕後その翌日に打首に処された。この処刑は、刑夫一同ならびに一般の人々にも見学させ、寄場敷地内にて執行した。逃走者を極刑に処して収容者一同の見せしめとする厳罰主義の藩に、熊本藩および同藩に学んで徒刑制度を実施した会津藩、津藩があり、(76)新発田藩、水戸藩でも同様であったらしい。(77)

長岡藩寄場の最大の特徴は、運営経費を村方が負担すると共に、現場の管理運営もまた農民の手にゆだねられていたことであろう。前述したように、六人の掛役人のうち取締掛二人が現場責任者であり、割元次座と庄屋とがこれに任命された。場長として心学による教諭を実施したという外山脩造もまた栃尾組小貫村の庄屋である。取締掛のもとで働く小使賄の者四人は一般農民から選任された。たとえば、幕府の寄場では、人足に直に接して戒護、作業の督励などを担当する下役（天保十三年十一月には三十二人）ですら、二十俵二人扶持を支給される同心の身分である。(78)

寄場収容者の大半が在方出身者であるから、その取締と教化とを庄屋階層の者が受け持つのは理にかなっているのかも知れない。少なくとも「刑夫」の心裡をつかむには、士分階級の者より庄屋階層の方が巧みであり、その方が教化改善の効果が期待できるという考え方もなりたつ。河井継之助の心中にはこのような目論見が存したように推察される。

又、「寄場入」は追放刑に代替する刑罰であるから、追放刑に処された者が村々を徘徊して治安を乱すという弊害を除去することができ、ひいてはそのような犯罪者を健全な農民として本籍地に戻してやるということである。つまり、寄場制度は農村部に恩恵をほどこす政策なのである。したがって、この反対給付として村方に寄場経費を醵出させ、加えて、寄場の現場監督を農民にまかせることにしたのであろう。想像するに、郡奉行河井継之助はこの理屈をもって村方を説得したのではなかろうか。

蠟座跡地および蠟座役所の建物という既存の施設を再利用する方法といい、寄場運営に農民の力いわゆる民間の力を活用する手法といい、ここには河井継之助の現実主義的な姿勢が反映していると見てとれる。そして、この点こそが長岡藩寄場の特色となっているのである。

長岡藩の寄場制度は、河井が主導した藩政改革の一翼を担う政策である。しかし、本稿は藩政改革における寄場創設の意義や、他の改革との関連等についてはまったく言及していない。また、江戸時代の長岡藩政に占める寄場制度の位置付け、明治時代に入ってからの行刑と寄場との関係等、寄場をめぐって考察すべき餘地は多々残されている。

これらの諸点については、史家の研究に俟つこととしたい。〔補註2〕

註

（1）今泉鐸次郎『河井継之助伝』、明治四十二年初版九〇～九三頁・博文館、昭和六年増訂版一六〇～一六五頁・目黒書店（長岡市）。なお、増訂版は昭和五十五年に象山社（東京）から覆刊されている。

今泉鐸次郎氏（明治六年・一八七三～昭和十年・一九三五）は、旧長岡藩士の家に生まれた。旧制長岡中学校の教員を二十七歳で辞し、その後は「東北日報」「長岡日報」「北越日報」の主筆として健筆を奮い、そのかたわら県会議員、市会議員として地方政界でも活躍した。新聞社に入る前から、河井継之助の事績を世にあきらかにする準備を進めていたといわれる。昭和四年には、宮内省より維新史料編纂委員を委嘱されている。号は木舌、編著書に『鵜殿春風』『北越名流遺芳』『越佐叢書』などがある。以上、佐藤正「今泉鐸次郎—郷土の維新史研究家—」（『ふるさと長岡の人びと』一五四～一五五頁、平成十年、長岡市編集発行）による。

（2）たとえば、『長岡市史』二五三～二五四頁（編纂責任者丸田亀太郎、昭和六年、長岡市役所発行）、蒲原拓三『長岡藩風と常在戦場の精神』二七三～二七四頁（昭和十九年、経済書籍合資会社）、安藤英男『河井継之助の生涯』一四六～一四八頁（昭和六十二年、新人物往来社）など。

（3）手塚豊「長岡藩の寄場と松山（高梁）藩の徒刑所—西洋近代的自由刑の移入を問題として—」（慶應義塾大学『法学研究』三一巻五号・昭和三十三年、後に同氏著作集第五巻『明治刑法史の研究（中）』昭和六十年、慶應通信所収）。

（4）『峠』は、昭和四十一年十一月より四十三年五月にかけて毎日新聞に連載され、昭和五十年、上下二冊として新潮文庫に収められた。平成九年十二月現在、六十刷をかぞえる。

（5）司馬遼太郎氏の小説が歴史事実を誤って叙述している場合のあることは、『法史学への旅立ち—さまざまな発想—』三九～四一頁（石川一三夫・矢野達雄編著、平成十年、法律文化社）にも具体的に指摘されている。

なお、『長岡郷土史』（同研究会編集発行）という地元の研究誌に、佐々木セツ氏の「河井継之助考」という論考が掲載されており、この論考は長岡藩の寄場に言及して、「全く他藩に例のない新工夫」であると、何らの根拠も示さずに断じている（同誌二三号一三頁、昭和六十年）。この説もまた、司馬氏の論評に同じくまったくの妄説である。

(6)『長岡市史』通史編下巻六五四～六六五頁（芳井研一氏執筆、平成八年、長岡市編集発行）。
(7) 今泉省三『長岡の歴史』第五巻二四〇～二四四頁、昭和四十七年、野島出版（新潟県三条市）。
(8)『長岡市史』資料編3近世二（七二九～七三一頁、平成六年）および『同市史』通史編上巻近世の第五章中の「寄場の新設」の項（七三五～七三六頁、剣持利夫氏執筆、平成八年）。
(9) 以上に述べた村松忠治右衛門の経歴ならびに「思出草」の解題については、『長岡郷土史』特集号に掲載の「思出草」本文と末尾の稲川明雄氏「あとがき」による。
(10) 手塚豊「長岡藩の寄場と松山(高梁)藩の徒刑所」前掲書三〇〇頁。
(11) 山崎有信氏の経歴は、『幕末血涙史』の序文や「旧長岡藩士小林虎三郎事歴」中に語るところ等によるに、明治三年（一八七〇）に福岡県企救郡（現、北九州市小倉区）に生れ、大阪の関西法律学校（関西大学の前身）を明治二十九年に卒業、その後明治政府の内閣宗教局、同馬政局、同拓殖局等に勤務し、退職後の大正四年、弁護士試験に合格した。晩年は北海道旭川市に弁護士を開業し、昭和二十五年、七十五歳にて没した。『幕末血涙史』の巻末には、『彰義隊戦史』『彰義隊顚末』『大鳥圭介伝』『天野八郎小伝』『旭川十傑』など十五冊の著書が掲記され、近刊・未刊として『豊前人物志』など七冊が予告されている。
(12)『角川日本地名大辞典』15新潟県の「雁島」の項に、「嘉永五年片端村片桐祐之助が庄屋になった」とある（同書四四五頁）。
(13)『長尾平蔵収集長岡藩史料―長岡藩政史料集(4)―』長岡市史双書No.23、九九頁（長岡市史編集委員会近世史部会編、平成四年、長岡市発行）。
本書の編者長尾平蔵氏（安政五年・一八五八～明治四十一年・一九〇八）は、長岡学校の卒業後から明治三十九年九月までの三十一年間の長きにわたって母校の教員生活を送った人物で、本書は退職後の明治四十年頃にまとめられた。本書の典拠資料は旧長岡町役場に所蔵されていた大量の旧記類だと思われるが、これらの旧記類は昭和二十年八月一日の空襲によって灰燼に帰した（同書はしがき）。
(14) 長岡藩領の村々は、地域ごとに左記の七組に編成され、各組に三～五名の割元庄屋が任命された。割元庄屋は、庄屋のうちより人材を選んで任じられる役職で、その組を支配し、郡奉行・代官の命を承けて、収納、諸触達および組内の訴訟の下調べに預り、二～三人扶持が支給された。七組と割元庄屋の人数は、上組・北組各五名、西組・栃尾組各四名、河根川組三名、巻組五名、曽根組四名である（「長岡領民制度（続）」『温古乃栞』一〇編三頁、明治二十三年、大平覚太郎編輯、温古談話会発行〔古志郡長岡町)」。

なお、長岡藩は文久二年(一八六二)に刈羽郡中の十九箇村を替地として受取り、これを刈羽組とした。七組の分布図は、『長岡市史』通史編上巻(三二八頁、松永克男氏執筆、平成八年、長岡市編集発行)に掲載されている。

(15) 村島靖雄編『越佐人名辞書』三三三頁(昭和十四年、新潟市・同書刊行会発行)、『長岡市史』通史編上巻六五二頁(平成八年、長岡市編集発行)。

なお、鈴木惣之丞について、広井一「奇骨稜々たる鈴木訥叟氏」(『明治大正北越偉人の片鱗』昭和四年、北越新報社)が存する由であるが、未見である。

(16) 『角川日本地名大辞典』15新潟県の「かつぼざわ」の項(三六二頁)。

(17) 平成八年刊行の新『長岡市史』は、河井継之助の略歴を一覧表の形で掲げており、そこでは寄場新設を十二月十五日のこととする(通史編上巻七三四頁)。『長岡市史』もまた、史料9をもって根拠としたのであろうか。

(18) 『如蘭社話』巻二十一、第十五丁(明治二十三年、郁岡良弼・渋谷啓蔵編)。「故長岡藩総督河井君碑」は、現在、長岡市の悠久山公園に立つ石碑の碑文である。この碑文は、矢吹活禪編『悠久遺芳』巻上(昭和六年、編者発行)をはじめ、河井継之助に関する多くの著書に掲載されている。

三島毅(天保元年・一八三〇〜大正八年・一九一九)は、備中松山藩出身の漢学者で、中洲と号す。今日、二松学舎大学の創立者として知られるが、明治初期に新治裁判所長、大審院判事等を歴任した司法官でもあった。右の碑文に「大審院検事」と署名しているのは、明治二十一年三月にこの職を拝命したからである。三島は山田方谷の高弟で、三歳年長の河井継之助とも親交があった。周知のように、河井継之助は三十三歳の安政六年(一八五九)、備中松山に赴いて山田方谷の門を叩いている。

(19) 代官堤九八郎は、文久二年(一八六二)改正の「御家中総名順」にも、三十八石取で台所町に居住する北組御代官としてその名が見えている(小川当知『長岡懐旧雑誌』長岡市史双書№35、一四二頁、平成八年、長岡市史編集委員会編)。

(20) 長岡市立中央図書館には「寄場米金一条手扣」なる史料が電子複写版によって所蔵されている。この史料は北組の割元次座岩渕助右衛門の書き残したもので、「寄場入用」の金五百両と米一百表の各組への割当額をはじめとして、ここには主として七組の分担した寄場経費が記されている。いずれ機会を得て紹介したいと思う〔本書第六章補遺〕。

(21) 外山脩造は幼名を寅太といい、軽雲と号した。安政六年(一八五九)、十八歳の夏、前年に引き続いて再び江戸に遊学し、昌平校に入学する。二十一歳の文久二年（一八六二）、郷里に戻って庄屋を継いだ。戊辰戦争後は明治六年（一八七三）に大蔵省紙幣寮に出仕し、大阪第三十二国立銀行総監役、日本銀行理事兼大阪支店長を歴任、明治二十年（一八八七）には商工業視察のために欧米を歴遊した。時に四十六歳である。その後は大阪の経済界を活躍の舞台とした。明治二十三年、大阪貯蓄銀行を起して副頭取となり、同二十五年、商業興信所を開設して所長となり、同年には衆議院議員にも当選した。明治三十二年（一八九九）には阪神電気鉄道株式会社を組織して社長となった。以上、武内義雄著『軽雲外山翁傳』（昭和三年、商業興信所発行、非売品）による。

(22) 今泉鐸次郎氏は『河井継之助伝』中に外山脩造の追懐談を収載し（増訂版四九七、五八〇、六三二頁等）、明治四十二年初版の「自叙」中にも助力を仰いだ一人として外山脩造の名を掲げて謝意を表している。

(23) 手塚豊氏は、「寄場は主として従来の追放刑に該当する者を収容するために設けられたものであって、拘禁刑を執行する施設であり、併せて保安処分を行い、その労役は外役が多く、かつ収容期間は共に不定期であった」と述べておられる（「長岡藩の寄場と松山(高梁)藩の徒刑所」前掲書二九五頁）。

(24) 史料6および11に発給者として名を連ねる三人は、小川当知著「懐旧歳記」（『越後長岡年中行事懐旧歳記』反町茂雄校訂、昭和三十九年、弘文荘発行、非売品）所収の文久年中改正の「長岡旧御役人附」、ならびに同じ著者の「懐旧雑記」（『長岡懐旧雑記』長岡市史双書No.35、長岡市史編集委員会編、平成八年、長岡市発行）所収の文久二年（一八六二）改正の「御家中総名順」によるに、花輪馨之進が二百石の者頭同格で御目付、疋田水右衛門が四百五十石で御奉行、かつ評定役を兼務、椰野弥五左衛門が二百五十石で寄合組に属し、御用人の地位にあった。「覚」の慶応三年六月の時点で彼らがどのような役職に就いていたかは不明であるが、右の三人が長岡藩において相当の上士であったことは間違いない（疋田水右衛門の家は先法家といって、家老・中老に就く家柄の次に位置し、奉行に就く家柄である）。

また、名宛人として名前の見える三人のうち、小金井儀兵衛、武山貞右衛門は前述した如く、寄場創設時、河井継之助とともに郡奉行であった。もう一人の小川善右衛門は、右の小川当知その人である（当知は号）。右の二書によるに、小川は四十石取で曽根組の代官である。安藤家文書「御用向諸廻状万事留帳」によると、小川は慶応三年四月の時点ですでに郡奉行に昇進している。

(25) 史料12の千手町村多郎右衛門と、「寄場一件留」の「刑夫」の項に見える千手町村太郎右衛門（二十八歳、慶応三年正月四日収容）とは、――判決の日付と収容の日付とで齟齬が見られるが――恐らく同一人物であろう。

(26) 前掲『長尾平蔵収集長岡藩史料』二二六頁。

(27) 今泉鐸次郎氏は、長岡藩の司法手続について、「従来藩制として、刑事は専門の奉行に、民事は概ね代官、郡奉行等に處理せしめしかど、重大事件の起るあれば、特に平侍の中より俊材を選抜し、是が審理裁判の任に当らしめ、以て其技倆を試むるを例とせり」と記す（『河井継之助伝』増訂版四三頁、傍点は引用者）。
(28) 「寄場一件留」中の「掟」（慶応二年十二月二十五日申渡）を見ると、そこには「往来之節、近親懇意之ものたり共、立寄候儀は勿論、途中之面談不相成」「御用往還は掛役人之差図を守り」という規律が定めてある。つまり、寄場は創設の当初より外役を想定していたのである。
(29) 史料3の山崎有信談話は、「片方の眉と頭髪とを半分剃り落して目印と為し」とするが、これは恐らく誤りであろう。
(30) 牢屋に収容中の者の食事について、宮下富太郎氏は、「牢屋の食物は寄せ場より悪く一日玄米三合であつて、副食物も唯塩に味噌位のものであつたらしい」と語っている（広井一「紅秋随筆録」第四十八回、『北越新報』昭和四年三月七日号）。
(31) 片山為右衛門脩徳は、長岡藩のお抱え絵師の片山為右衛門叡の子で、彼自身も絵をよくし、多くの風景画や風俗画を残した。父と同じく翠谷と号す（『ふるさと長岡の人びと』二七四頁、平成十年、長岡市編集発行）。
(32) 慶応二年十月の頃、長岡藩は蠟の原料である山里蠟実穂の自由流通を認めることにした（『栃尾市史』上巻六五八頁、栃尾市史編集委員会編、昭和五十二年、栃尾市役所発行）。
(33) 「内川付近及び大川東通絵図」長岡市安禅寺蔵、原寸縦一九五・〇、横二二六・〇糎。この絵図の全体は、『長岡の地図』（長岡市史双書No.22、一四頁、長岡市史編集委員会・自然地理部会編、平成四年、長岡市発行）に掲載されている。
(34) 「蠟座役所間取図」長岡市立中央図書館蔵、原寸縦五三・九、横五三・〇糎。この間取図は、前掲『長岡の地図』五一頁に掲載されている。
(35) 史料14の名宛人の一人の奥山七郎左衛門は、武山貞右衛門の後任の郡奉行である。その就任日は慶応四年閏四月四日、もしくはその直前のことである（山本喜内「御用日記」長岡市立中央図書館蔵、山本義雄家文書）。
(36) 『長岡市史』通史編上巻七五九頁。
(37) 明治新政府は長岡を制圧した後、民政局を置いて統治を開始した（『長岡市史』通史編上巻七六二頁以下参照）。
(38) 今泉省三氏はその著『長岡の歴史』（第五巻二四四頁）に、「寄場は、のちに中島に移され、明治にはいってから廃止となり」と述べるが、中島移転の根拠は明らかでない。

(39) 宮下富太郎談話にも、「寄せ場は懲役と感化院とを兼たる位のものにて、牢屋は重罪人を収容する場所で、全く別種の考案から出た」と述べられている（傍点高塩）。

(40) 熊本藩徒刑の内容、およびその徒刑思想と佐賀藩徒罪、会津藩徒刑、幕府寄場との関連等については、手塚豊「会津藩『刑則』考」（『明治刑法史の研究（中）』同氏著作集第五巻、昭和六十年、慶應通信、初発表は昭和三十三年）、高塩博「熊本藩徒刑と幕府人足寄場の創始」（小林宏・高塩博編『熊本藩法制史料集』所収、平成八年、創文社）、同「草創期の徒刑制度—熊本藩徒刑から幕府人足寄場まで—」（『刑政』一〇八巻八号、平成九〔後に『江戸時代の法とその周縁—吉宗と重賢と定信と—』平成十六年、汲古書院に収載〕年）等参照。

(41) 米沢藩の徒罪は寛政三年（一九七一）三月に始まったが、頼春水（広島藩儒）の書き遺した手控記録である『春水掌録』の文化四〜五年（一八〇七〜八）の項に、米沢藩徒罪のことが「博奕小盗　ヤウカン色ニテとノ字ノ羽織ニテ普請御用ツトメ、十ヶ年缺所、妻七年、連坐八五ヶ年（下サレ銀アルワ《〔ママ〕》リアリ）」と見えている（『随筆百花苑』第四巻所収二四三頁、昭和五十六年、中央公論社）。

(42) 寛政十二年（一八〇〇）八月制定の新発田藩「徒罪規定書」は、所定の数量以上の牢内作業を有償とし（第一九条）、普請人足の外役には日当二五文を支給すると定めた（第二十条）。「徒罪規定書」は、三扶石雲居編『新発田藩之法度書（法律）集』（昭和二十九年、新発田郷土研究社）、『藩法史料集成』（京都大学日本法史研究会編、昭和五十五年、創文社）等に収載されている。なお、林紀昭氏執筆の「新発田藩解題」（『藩法史料集成』四四〜四七頁）参照。

(43) 津藩の「揚り者」という徒刑は、文化十一年（一八一四）に始まり、収容者の作業は有償であった。その賃銭を帳簿に記入する形で積立て、釈放時にまとめて支給した（高塩博「津藩の『揚り者』という刑罰—徒刑思想波及の一事例—」『栃木史学』一二号、平成十年〔本書第四章〕）。

(44) 遠山左衛門尉景晋が長崎奉行在勤中の文化十一年（一八一四）十一月、浦上村の溜牢内に細工所を建設し、細工所において縄莚などの藁細工作業をさせ、その製品を買上げて賃銭とした（森永種夫「長崎人足寄場」人足寄場顕彰会編『人足寄場史—我が国自由刑・保安処分の源流—』所収、昭和四十九年、創文社）。

(45) 庄内藩は文政元年（一八一八）九月、人足溜場という施設を造って自由刑を開始した。この人足溜場の状況の調査記録である「徒刑仕法調帳」によると、作業に出精した場合は二合五勺の割増米を与え、これを積立てて置いて釈放のときに支給し、藁細工作業の場合は出来高に応じ、小遣銭を渡した残りを積立てて釈放時にまとめて支給するとしている（手塚豊「荘内藩の『徒刑仕法調帳』」『明治刑法史の研究（中）』同氏著作集第五巻所収、昭和六十年、慶應通信、初発表は昭和三十七年参照）。

(46) 水戸藩は天保九年（一八三八）九月に徒罪を開始し、同十四年五月に改正して適用範囲を広めた。水戸藩の徒罪は、一日六文の鼻紙料を与え、時間外の労働には賃金を支給した。また、餘暇の任意作業による製品の売却代金は、積立てて置いて生業資金に充当させた（辻敬助『日本近世行刑史稿』上九五五～一〇〇四頁、昭和十八年、矯正協会、『水戸藩史料』別記巻十一、五九九～六一五頁、昭和四十五年、吉川弘文館）。

(47) 新庄藩は嘉永元年（一八四八）十二月、川原町に徒罪小屋を設置し、藁細工製品の売却代金の三分の一を釈放の際に支給した（手塚豊「新庄藩の徒刑」『明治刑法史の研究（中）』所収、初発表は昭和三十三年、根本敬彦「新庄藩徒刑考」『明治大学大学院紀要』法学篇一八集、昭和五十六年参照）。

(48) 高塩博「和歌山藩の徒刑策草案」（『國學院大學日本文化研究所報』一九〇号、平成八年〈本書所収〉）参照。

(49) 久留米藩においては、戸田熊次郎が起草した「徒罪規則」中に「一細工幷夫役相勤候へは、日数丈ヶ一日壱人ニ付、銭壱匁ツ、遣候事、但、三ヶ壱造用として日〻与へ、三ヶ二は積置、年限明キ差許候節与へ候事」とある（高塩博「久留米藩の『刑法下案』とその附属法」『國學院大學日本文化研究所紀要』七七輯二一一頁、平成八年）。「徒罪規則」の起草時期は慶応二年（一八六六）の頃と思われるが、実施には移されなかった。

(50) 高塩博「会津藩『刑則』の制定をめぐって」（『國學院大學日本文化研究所紀要』七一輯一四六～一四八頁、平成五年）。

(51) 丸山忠綱「加役方人足寄場について（二）」（『法政史学』八号二九頁、昭和三十一年）。なお、寛政四年十二月の申渡しの原文は、高塩博・神崎直美「矯正協会所蔵『寄場人足旧記留』—解題と翻刻—」（『國學院大學日本文化研究所紀要』七六輯一六四頁、平成七年）を参照されたい。

(52) 池田史郎「佐賀藩の刑法改正—徒罪方の設置—」（『史林』五一巻一一号一三五頁、昭和四十三年〈後に『佐賀藩研究論攷　池田史郎著作集』平成二十年、出門堂に収載〉）。

(53) 庄内藩の「徒刑仕法調帳」には「軽重とも正路ニ仕物出精、心得直り候者ハ、定年数より早く免し候儀も可有之事」と見えている（手塚豊「荘内藩の『徒刑仕法調帳』」前掲書三三四頁）。

(54) 「筋方御役所四壁張出」（彦根市立図書館蔵）に収載する「天保七丙申年徒刑被仰出候御定法一件書類」によれば、彦根藩は天保七年（一八三六）に徒刑制度を定めたことが判明するが、ここには刑期の短縮について、「徒刑之者、格外致出精、本心ニ立戻り候者は、年月を詰、帰村帰町御免被下置候事」と記されており、刑期の延長についても、「徒刑之者、本心ニ不相成候ハヽ、徒刑之年月を相増候事」と定められている。

なお、「筋方御役所四壁張出」は、中央大学法制史研究会「法制史資料集録㈢㈣・二藩法関係文書」（『法学新報』六八巻四・六号、昭和三十六年）および大久保治男「法制史資料集成『藩法関係文書』彦根藩・筋方御役所四壁張出―彦根市立図書館所蔵―」（『駒沢大学法学部研究紀要』五四号、平成八年）に翻刻されている。ただ残念なことに、両者ともに翻刻史料に対する解題が施されていない。

(55) 熊本藩は、宝暦五年（一七五五）施行の「御刑法草書」中に五等級の徒刑を定め、これを「眉なしの刑」と称した。ついで、宝暦十一年施行の「刑法草書」には笞刑を併科する八等級の徒刑を定めて正式名称も「徒刑」に改めたが、「眉なし」なる呼称は依然として使用された（高塩博「熊本藩刑法の一班―笞刑について―」『國學院大學日本文化研究所紀要』七二輯六七頁、平成五年）。

(56) 高塩博「津藩の『揚り者』という刑罰―徒刑思想波及の一事例―」（前掲書四六～四七頁（本書第四章一六七～一六八頁））。

(57) 丸山忠綱「加役方人足寄場について」㈡（前掲誌三三頁）、平松義郎「人足寄場の成立と変遷」（『江戸の罪と罰』一九四頁、昭和六十三年、平凡社、初発表は昭和四十九年）。

(58) 新発田藩「徒罪規定書」に柿染と定める（註（42）参照）。

(59) 註（41）参照。なお、久留米藩士村上量弘の著した「米沢会津見聞録」（天保十四年（一八四三）序、国立公文書館内閣文庫蔵）にも、米沢藩の徒罪について、

刑法之内徒罪之制有り、足軽等之内博奕等ヲ犯候者ハ、赤地へとの字半被ヲ為着、城中之草取等ニ被役候、

と見えている（傍点高塩）。

(60) 前註の村上量弘は、天保十三年（一八四二）から翌年にかけて水戸に遊学し、その折に「水戸見聞録」を著している。この見聞録の中に水戸藩の徒罪についての記述があり、その一節に、

徒罪に入候者は赤色の半天為着、半天の背に白丸を大につけ、其中に片仮名のトの字を黒色に大に染有之候、

とある（久野勝弥編『他藩士の見た水戸』所収一三三頁、平成三年、錦正社）。

また、山川菊栄『覚書幕末の水戸』にも徒罪を叙した箇所があり、ここにも「徒罪囚は赤い仕着せを着せられ、人夫、雑役夫な

どに使われ」たと出てくる（同書七〇頁、昭和四十九年、岩波書店）。

(61) 国分胤之の回顧録である『昔夢一斑』（六〇頁、平成三年、高梁市郷土資料刊行会覆刻、初版は昭和三年）に、徒刑囚には「弁柄染の袖なし、背に徒の字を大書したるものを着せ夫役に召遣也」と伝える（手塚豊「長岡藩の寄場と松山(高梁)藩の徒刑所」前掲書三〇三頁参照）。

旧高梁藩士国分胤之（天保八年・一八三七〜昭和三年・一九二八）は、高梁町長、旧藩板倉家の家宰などを勤め、俳諧を能くして宗匠となり、確所と号した（田中誠一編著『備作人名大辞典』坤巻一一五頁、昭和三年、編著者発行）。

(62) 赭色の囚衣は、明治・大正時代を通じて用いられ、法令上は昭和十九年八月十九日の司法省訓令刑政甲第二八八四号によって消滅した。しかし物資不足のため、実際上は戦後の昭和二十三年まで用いられた（重松一義『図鑑日本の監獄史』三九〇頁、昭和六十年、雄山閣）。

(63) 幕府寄場に果たした心学の役割については、石川謙『石門心学史の研究』（昭和十三年、岩波書店）、細川亀市「心学と囚人教化」（『日本法の制度と精神』昭和十九年、青葉書房、初発表は昭和十七年）、瀧川政次郎「人足寄場における心学講話」（『日本行刑史』昭和三十九年再版所収、青蛙房）、竹中靖一「人足寄場と心学」（人足寄場顕彰会編『人足寄場史』所収、昭和四十九年、創文社）等参照。

(64) 高塩博・神崎直美「矯正研修所所蔵「寄場起立御書付其外共」—解題と翻刻—」（『國學院大學日本文化研究所紀要』七七輯一五五、一六三、一七四頁、平成八年）。

(65) 手塚豊「長岡藩の寄場と松山(高梁)藩の徒刑所—西洋近代的自由刑の移入を問題として—」（前掲書三〇六頁）。

(66) 平松義郎「刑罰の歴史—日本（近代的自由刑の成立）—」（荘子邦雄・大塚仁・平松義郎編『刑罰の理論と現実』所収六一頁、昭和四十七年、岩波書店）。

(67) 今泉鐸次郎『河井継之助伝』増訂版一六六〜一六七頁。

(68) 『温古乃栞』第八編五頁、明治二十三年。

(69) 今泉省三『長岡の歴史』第二巻四八九頁、昭和四十三年、野島出版。

(70) 今泉省三『長岡の歴史』第二巻四七七頁〜四九二頁。

(71) 「御用向諸廻状万事留帳」上組赤川庄右衛門古新田、安藤家文書A—7（長岡市立図書館文書資料室蔵）。

この博奕禁止令の前月、栃尾組入塩川村の百姓庄助が博奕犯罪によって寄場入の判決を受け、この時に目明し某もまた仲間として逮捕されている（史料6）。この目明し某はおそらく「思出草」の中にいう多兵衛のことであり、この事件を契機として長岡藩は再び博奕禁止令を発した。ここに掲記したものが、その博奕禁止令であると思われる。

［目明某が太兵衛であることは、『新潟市史』資料編四（七七一頁、平成五年）所載の「郡方より文通幷書付写」（大竹家文書）によって確認することができる。］

(72)　たとえば、熊本藩における八等級の徒刑のうち、最も重い額刺墨笞百雑戸やその次に重い額刺墨笞百徒三年などは、死刑を制限する役割をもった。すなわち従来では死刑に処していた犯罪でも、これらの徒刑を適用することによって、死刑の数量を減らす効果をもたらしたということである。

(73)　内山圓治「郷土資料彙集」大正十五年（『豊前叢書』第六巻所収三六五頁、昭和五十六年、国書刊行会）。

(74)　高塩博「会津藩『刑則』の制定をめぐって」（前掲誌一四九頁）。

(75)　一方で、親族知己の面会禁止を明文をもって定める藩も存在した。熊本藩では「刑法草書」の施行に関する法令を輯録した「御刑法方定式」に「徒刑之者、小屋ニ居候節は、他人ハ勿論親類たり共、対面難成候事」という規定が収載されている（小林宏・高塩博編『熊本藩法制史料集』九五五頁）。又、津藩でも同様に面会禁止の措置をとっていた（高塩博「津藩の『揚り者』という刑罪―徒刑思想波及の一事例―」前掲誌四七頁〔本書第四章一六八頁〕）。

(76)　熊本藩、会津藩については手塚豊「会津藩『刑則』考」（前掲書二七〇頁）、津藩については高塩博「津藩の『揚り者』という刑罰」（前掲誌四八頁〔本書第四章一六九頁〕）をそれ〴〵参照されたい。

(77)　新発田藩については、寛政十二年（一八〇〇）の「徒罪規定書」に、「万一逃去候得は死罪被仰付候訳合等、得と小頭ゟ利害可申含事」と見えている（京都大学日本法史研究会編『藩法史料集成』一八二頁）。

水戸藩については、村上量弘「水戸見聞録」に「徒罪は逃候へは打首の御法也」とある（久野勝弥編『他藩士の見た水戸』所収一三三頁）。

なお、実施に移されなかった和歌山藩の「徒刑策」（文政十二年十月）、および久留米藩の徒刑案（慶応二年二月「徒罪之者共へ読聞せ候掟」）においても、逃走者を死刑に処すことを規定している（高塩博「和歌山藩の徒刑策草案」前掲誌四頁〔本書附三二四頁〕、同「久留米藩の『刑法下案』とその附属法」前掲誌二一二頁参照）。

(78) 辻敬助『日本近世行刑史稿』上八三二頁、丸山忠綱「加役方人足寄場について」㈡前掲誌二六頁参照。

附記　本稿を草するにあたり、新潟県長岡市の御出身である國學院大學法学部教授小林宏氏には、数々のご教示とご助言をいただきました。また、地元の長岡郷土史研究会の稲川明雄、古田島吉輝、本山幸一の各氏には長岡藩の歴史ならびに寄場史料についてご教示を得、長岡市立中央図書館の今井元彦、同図書館文書資料室の長谷川勉の両氏には史料の閲覧と利用に関してご高配をいただくことができました。ここに特記して感謝の意を表する次第です。

〔補註1〕　寄場において博奕道具を焼却したのは、慶応三年七月二十日のことである。このことは、『新潟市史』資料編四（七七一頁、平成五年）に収載の「郡方より文通并書付写」に記されている（長岡郷土史研究会本山幸一氏の御教示による）。つまり、博奕禁止令と博奕道具の焼却処分とは、慶応三年七月中に実施された一連の措置なのである。

〔補註2〕　拙稿公表後、本山幸一氏の「目明にみる長岡藩の治安維持」なる論文が公表され（『長岡郷土史』三六号、平成十一年）、長岡藩の寄場について拙稿が利用しなかった史料を用いて記述しておられる（同誌七七頁）。拙稿を補う貴重な記述であるので左に掲げておく。

まず、慶応二年十二月、藩はこれまでの「御領内払い・組払い・居村払い等之刑」（追放刑）に相当する者に対して、「蠟座跡を寄せ場と唱ひ、罪之軽重により年季をもって寄せ場入り」を命ずることにした。その対象の第一は博奕であった。

「博奕は元来御法度ニ候処、今度御蠟座跡寄せ場と唱ひ、博奕いたし候者第一として、渾て悪業有之者御手当被成候」と定め、村々へは翌春に「小供福引きも相慎候様」命じた。慶応二年十二月十五日、川西組福田村の割元次座岩右衛門（三年四月に頭取）と上組赤川新田の庄屋金之助が寄せ場取締掛に命じられた。そして、領内払い、組払いの対象となった者が寄せ場に送られて、各自の課業に従事させられた。その数はこの月二十二日から翌年六月にかけて川西組だけでも八人に達したが、禁制・掟をよく守って一年以内に帰村した者もあった。

第六章補遺　長岡藩「寄場」に関する史料紹介

――「寄場米金一条手扣」――

「寄場米金一条手扣」は、長い間筆者の書架に眠っていた。この史料を入手したのは、平成十一年三月発表の拙稿「長岡藩の寄場について」（『國學院大學日本文化研究所紀要』八三輯、本書所収）の校正中のことであり、もはやこの史料を活用する余裕もなく、そのまま忘却の彼方においやられていたのである。右の拙稿を本書に収載するにあたってあらためて読み直したところ、拙稿を増補すべき内容を持つことが判明したので、ここに翻刻し紹介するものである。

「寄場米金一条手扣」は、長岡市立中央図書館が湿式コピーにて所蔵していたもので（架号N―二一三―イ）、それを乾式コピーにて複写させていただいた。原本の所蔵者は不明とのことであった。縦一九・五糎、横一三・八糎の横丁で、墨付は表紙を含めて三一丁である。

この史料は、岩渕新田（現、長岡市百東町）の割元次座岩渕助右衛門が書き遺した手扣で、北組宮路村の庄屋菊池清左衛門の寄場米をめぐる不正の顚末を記したものであり、時系列に従って記述する。菊池清左衛門は、「御蔵掛」を勤めた際に寄場米を横領し且つ寄場米を不正に追加徴収した罪により、慶応三年十二月十三日、叱蟄居の判決を受けた。本書の記者である助右衛門は同役であり、清左衛門の不正を見逃したことと、寄場米を現物で徴収すべきところを現金で徴収した罪により、叱戸〆の判決を受けた。この時、もう一人の「御蔵掛」である東片貝村の割元格水沢豊吉もまた、清左衛門の不正を見逃したという廉で、叱追込に処された。

この史料は、寄場経費の負担と徴収、ならびに寄場配備の人員に関して、新しい知見をもたらしてくれる。表紙には「慶応三年卯十月写之」と見える。しかし、本文は右の判決が三人に申し渡された日すなわち同年十二月十四日までの記事を載せる。表紙への記入は、同年十月の四日と十日との両日の取り調べが済んだ段階でなされたと思われる。ところが、取り調べは翌十一月五日以降も続いたので、その後決着に至るまでを書き継いだのである。

「寄場」は、長岡領内七組の経費負担によって運営された。すなわち、長岡藩は上組、西組、北組、栃尾組、河根川組、巻組、曽根組の七組に対し、それぞれの石高に応じて寄場米と寄場金を徴収したのである。町方と刈羽組を除く領内七組が寄場経費を負担したわけである。年間経費として割り当てられた寄場米が二百六十五俵、寄場金が五百両である。寄場発足当初、河井継之助は経費として金五百両と米一百俵とを用意するように在方の七組に命じた（本書二六二頁）。本史料によると、その後さらに百六十五俵の寄場米を追加徴収したのである。

寄場米および寄場金の徴収を担当したのは北組割元である。寄場米は北蔵に保管した。それは北蔵が蠟座跡地の寄場にもっとも近い位置に立地したからであろう。北蔵を管理した村役人すなわち「御蔵掛」が右に記した三人である。慶応三年十月四日、岩渕助右衛門、水沢豊吉の両人は、郷横目から呼び出しをうけて取り調べられた。同月十日、この両人は菊池清左衛門を郷横目善左衛門方に呼び出して帳簿の不具合を問いただしたところ、「彼是動き、勝手ニ取扱、我意而已申居候」という有様であった。取り調べは十一月四日以降も続くのであるが、助右衛門は十一月二十日条に「清左衛門殿、彼是と不分り事申、私宅へ被参申候」とも記す。助右衛門は、菊池清左衛門の行状にほとほと困惑していたのである。

本史料には、寄場に配置された「取締掛」三人、「小使」四人の名が見える。これらの人々に支給する「給米」の数量を記しているのであって、その支給額は取締掛岩右衛門、金之助に各八俵、定吉に六俵、小使三九郎に八俵、市兵衛、弥平次に各七俵、彦右衛門に六俵である。前掲の拙稿は取締掛および小使について、「寄場一件留」に依拠して次のように述べた。すなわち、「寄場を実地に管理運営する「掛役人」として、取締掛二人、小使賄の者四人が村方から出ている。取締掛には割元次坐と庄屋とが任命され、小使賄の者には一般農民が宛てられている」と（本書二六〇頁）。「寄場一件留」に記される取締掛は、西組福田村の割元次坐岩右衛門と上組赤川新田の庄屋金之助とである。本史料にはこの二人に加えて定吉の名が見える。定吉もまた、おそらく割元次坐かあるいは庄屋などの村役人を勤めるものであろう。つまり、慶応三年中に三人の取締掛が存したことが本史料により判明するのである。「寄場一件留」は「掛役人」に続いて「掛役人給之事」という項目を立てるが、これに対する記事が存せずに空白となっている。しかしながら「掛役人給」は、本史料によって米八俵乃至六俵であったことが知られる。

以上を要するに、長岡藩の寄場は経費のみならず、現場の人員もまた在方の負担によって運営がなされたのである。

史料翻刻
「寄場米金一条手扣」

（表紙）

慶応三年 寄場米金一条手扣 卯十月写之　岩渕助右衛門

覚

一米百俵　　寄場入用
割高、八万七百六十七石八斗八升五合
高千石ニ付
　米壱俵弐分三厘八毛壱〻三
内
高壱万五百四拾七石六升五合
米拾三俵弐升三合四勺　上組
高六千六百石四斗弐合
同八俵六升八合八勺　西組
高壱万四千五百三拾石弐斗三升八合
同拾七俵三斗九升六合　北組
高壱万六百七拾九石六斗弐升弐合
同拾三俵八升九合　栃尾組
高六千弐百弐拾七石六斗五升九合
米七俵弐斗八升四合五勺　河根川組
高弐万三百四拾四石壱斗四升六合
同弐拾五俵七升五合四勺　巻組
高壱万千八百三拾八石七斗五升弐合
同拾四俵弐斗六升三合壱勺　曽根組
〆

一米百六拾五俵　　寄場入用追割
高八万七百六拾七石八斗八升五合割
高千石ニ付
　米弐俵四厘弐毛八九
内
高前同断
米弐拾壱俵弐斗壱升八合六勺　上組
同拾三俵壱斗九升三合六勺　西組
同弐拾九俵弐斗七升三合五勺　北組
同弐拾壱俵三斗弐升六合九勺　栃尾組
同拾弐俵弐斗八升九合　河根川組

同四拾壱俵弐斗弐升四合三勺　巻組
同弐拾四俵七升四合壱勺　曽根組
〆　五月廿五日諸組へ触出ス、

二口
〆米弐百六拾五俵

一金五百両　寄場入用
割高、前同断
高千石ニ付
永六貫百九拾文五分六厘五毛
一永六拾五貫弐百九拾弐文三分　上組
一同四拾貫八百六拾文弐分弐厘　西組
一同八拾九貫九百五拾壱文五分四厘　北組
一同六拾六貫百拾弐文八分九厘　栃尾組
一同三拾八貫五百五拾弐文七分三厘　河根川組
一同百弐拾五貫九百四拾壱文七分六厘　巻組
一同七拾三貫弐百八拾八文五分六厘　曽根組
〆

組々ゟ金取立

二月朔日
一金拾両　河根川組ゟ
同二日
一同拾両　西組ゟ
同日
一同拾七両　栃尾組ゟ
同日
一同拾五両三分三朱　上組ゟ
同廿四日
一同三拾壱両　巻組ゟ
同日
一同拾八両　曽根組ゟ
三月十日
一同五拾両　巻組ゟ
同廿二日
一同拾七両　栃尾組ゟ
同廿二日
一同拾両　河根川組ゟ
四月朔日
一同拾六両　上組ゟ
同三日
一同五拾五両壱朱　曽根組ゟ
銭三百拾六文
二月中
一永弐拾九貫六拾文四分八厘　北組ゟ

寄場え渡金

一金弐拾両　卯正月廿三日

一同弐拾八両壱分　同廿七日

銭百四拾文

大豆拾壱俵代米や茂吉へ渡ス、

一同拾両　二月十二日

一同拾五両　同十三日

一同弐拾両　同廿七日

一同弐拾両　三月八日

一同拾五両　八月十六日

一同弐拾両　九月八日

一同三拾両　十一月十一日

一同三拾両　同廿六日

寄場へ飯米給米共渡

一米三俵　寅十二月廿二日

一同四俵　卯正月四日

一同三俵　同廿三日

一同四俵　二月三日

一同三俵　同十八日

一同三俵　同廿八日

一同四俵　三月八日

一同三俵　同十八日

一同三俵　同廿三日

一同四俵　四月十日

一同五俵　同十八日

一同四俵　同廿八日

一同三俵　五月八日

一同十八日
同拾弐俵　　　内　拾俵　飯米
　　　　　　　　　弐俵　小使給米
一同廿八日
同拾俵
一六月十八日
同五俵　　　　　富嶋村へ
　小使彦右衛門給米
一同日
同壱俵　　　　　宮下村へ
　同同断
一同日
同六俵　　　　　福嶋村東へ
　小使市兵衛給米
一六月十八日
米壱俵　　　　　福嶋村南へ
　小使市兵衛給米
一同日
同八俵　　　　　上立用通へ
　小使三九郎給米
一同日
同七俵　　　　　右同通へ
　小使弥平次給米
一同日
同八俵　　　　　右同通へ
　取締掛金之助給米
一同日
同八俵　　　　　右同通へ
　取締掛岩右衛門給米

一同日
同六俵　　　　　右同通へ
　右同断定吉給米
一同廿日
同五俵　　　　　右同通へ
　寄場飯米振替候分
一同日
同弐俵　　　　　亀貝村へ
　右同断振替候分久蔵断
一同日
同壱俵　　　　　富嶋村へ
　右同断振替彦右衛門断
一同日
同壱俵　　　　　福嶋村南へ
　右同断振替市兵衛断
一同日
同壱俵　　　　　成願寺村へ
　右同断振替同人断
小以百弐拾八俵　此処へ弐百六十五俵割出し
残て
　米百三拾七俵
　　内
一七月十三日
米四俵
一七月十八日
米四俵

同廿三日
一同五俵
八月三日
一同四俵
同八日
一同五俵
同廿三日
一同五俵
同廿八日
一同五俵
九月八日
一同五俵
同十三日
一同五俵
同廿三日
一同六俵
同廿八日
一同五俵
十月二日
一同五俵
同八日
一同八俵
同十三日
一同五俵
同廿三日
一同八俵
同廿八日
一同五俵
十一月三日
一同五俵
同八日
一同八俵
同十八日
一同五俵
同廿八日
一同八俵

当六月、御蔵掛ニて寄場米金共多分引込有之趣ニて、此度郷横目両人へ取調被仰付候ニ付、十月四日、権十郎方助右衛門・豊吉両人、郷横目ゟ呼立取調之上達之写し、

寄場入用米取調

一米百俵　元割　七ヶ組ゟ取立
一同百六拾五俵　追割　右同断
〆米弐百六拾五俵
内
三俵　寅十二月廿二日
四俵　卯正月十二日
三俵　同　廿三日

四俵　二月三日
三俵　同十八日
三俵　同廿八日
四俵　三月八日
三俵　同十八日
三俵　同廿三日
四俵　四月十日
五俵　同十八日
四俵　同廿八日
三俵　五月八日
拾弐俵　同十八日
拾俵　同廿八日
五俵　六月十八日　富嶋村へ
壱俵　――　宮下村へ
六俵　――　福嶋村東へ
壱俵　――　右同村南へ
八俵　――　上立用通へ
七俵　――　右同通へ
八俵　――　右同通へ
八俵　――　右同通へ
六俵　――　右同通へ
五俵　――　右同通へ
弐俵　――　亀貝村へ
壱俵　――　富嶋村へ
壱俵　――　福嶋村南へ
壱俵　――　成願寺村へ

小以米百弐拾八俵

残て
米百三拾七俵　過
　当十二月迄渡見込御蔵掛預り米

右米遣ひ方幷御蔵掛指引取調候処、左之通御座候、
五俵　曽根組ゟ入不足
　新役御蔵番小使給
五俵弐斗五升八合六勺　上組不足
三俵弐斗六升三合四勺　西組不足
弐俵三斗六升弐合三勺　河根川組不足
右三口、去寅年御宛人両度米取替追割候分入不足、

弐拾壱俵余　富嶋村　善左衛門　不足
九拾七俵余　先御蔵掛　清左衛門　不足
弐俵余　同　祐　助　不足
三俵余　御蔵小使　茂　七　不足
壱俵　役所小使　結之助　不足
三俵余　同　六　蔵　不足
七俵余　同　久　蔵　不足
壱俵余　杖庄屋　祐左衛門　不足
〆

寄場入用金取調

二月中
一金百弐拾五両　七ヶ組高割取立金
三月十日
一同五拾両　巻組ゟ
同廿二日
一同拾七両　栃尾組ゟ
同廿三日
一同拾両　河根川組ゟ
四月朔日
一同拾六両　上組ゟ
同三日
一同五拾五両壱朱　曽根組ゟ
銭三百拾六文
〆金弐百七拾三両壱朱
　銭　三百拾六文
内
弐拾両　正月廿三日渡ス
弐拾八両壱分百四拾文　同廿七日、大豆拾壱俵代金
拾両　二月十二日
拾五両　同十三日
弐拾両　同廿七日
弐拾両　三月八日
拾五両　八月十六日
弐拾両　九月八日

小以金百四拾八両壱分
　　銭　百　四　十　文
残て
　　金百弐拾四両三分壱朱　過
　　銭百七拾六文
　　　　当十二月迄渡見込、御蔵掛ニて預り金

御蔵掛指引取調候処、左之通御座候、

一金百四拾八両余　　先御蔵掛 清左衛門　不足
一同弐拾七両弐分余　　助右衛門　過
一同四両弐分余　　豊吉　不足
〆

右之通郷横目ニて取調御達申上候処、十月十日、右帳面御郡所ゟ御蔵へ下り、御蔵ニて安藤五郎左衛門殿御呼立御渡相成、同人ゟ私共両人呼立右帳面被相渡、早速不足之届ゟ古通新通直段違ひ候分取立指出し候様被仰付候由相談候ニ付、早速清左衛門、善左衛門方へ呼出し、私共ゟ申遣し右之趣談し候処、清左衛門彼是動き勝手ニ取扱、我意而已申居候、

一十一月五日、尚又寄場米取調候御郡所御手附諏佐泰助殿当役所へ御出、郷横目両人へ割元ゟ被申遣、立廻ニて役所裏堂ニて取調被申候処、先日郷横目ニて取調之通りニ御座候、米金共三人之分過不足書取ニして夕方御帰り相成候、
一同六日、尚又諏佐氏役所へ被参候由ニ候得共、拙義ハ福嶋村米納之義ニ付叱追込被仰付遠慮ニ付、役場ニ不居合候、
一同七日、尚又泰助殿役所へ被参、今日は清左衛門も参り、私ハ不居合候得共、割元清水而已郷横目小林立廻之上、同役と対決被致候由候、

北御蔵掛
　　助右衛門殿　　　　　　諏佐泰助

相尋候御用有之候間、今昼後竹屋清左衛門方へ可被罷出候、以上、
　　十一月十二日
右之文通ニ付、同日昼後竹や方へ参り候処、上立用通ゟ私場へ更ニ七十俵米以本日御尋有之候ニ付、最初ゟ之次第柄一ミ申候、
十一月十三日、夕飯後、左之通書付御蔵ゟ御渡被成候趣ニて

割元鈴木氏ゟ私共両人呼立御見せ被成候、尤清左衛門方へも呼出し被申遣、右之米金共十八日迄ニ詰方致し候様、今晩ゟ田村之上慎居候様被申渡、其後当分郷横目両人へ御蔵掛兼帯被仰付候、然ル処、私共当分割方ニ掛り居候処、常指問之筋も有之由ニ付、郷横目両人ゟ相達し、明日米金帳面取調之上引渡支□之処、割元中へ被相達候ニ付、今夜引取不申候、十四日夕飯後、両人ニて役ば引取申候、

覚

一米百四拾七俵三斗八升七勺　北御蔵掛三人不足米
　内
　米八拾弐俵弐斗　七月十二日、弐俵七分五厘ニて御払相願候、
残て
　米六拾五俵壱斗八升七勺　三人全不足米
　此米元米百四拾七俵三斗八升七勺割
　　米壱俵ニ付、四分四厘弐三八弐
一米弐拾五俵　清左衛門
　去七月廿日相締、当七月二日新通て過済、
　此差分、永五拾六貫百六拾三文六分五厘
一同三拾弐俵弐斗三合九勺　同人
　此元米七拾三俵壱斗九升五合
　此差分、永七十三貫三十五文三分四厘
一同弐拾四俵三斗五升五勺　豊吉
　此元米五拾六俵九升三合
　此差分、永五拾五貫八百八拾弐文九分三厘
一同八俵弐斗六合三勺　助右衛門
　此元米拾八俵九升弐合七勺
　此差分、永拾八貫百弐拾文壱分壱厘
〆米九拾俵壱斗八升七勺
　永弐百三貫弐百弐文三厘
　此金弐百三両三朱ト銭百拾六文
　　両替八貫文
一弐番札御払直段四俵三分五里
　壱俵ニ付、永弐貫弐百九十八文九分〇八
一当六月御直段弐俵弐分
　壱俵ニ付、永四貫五百四拾五文四分五厘四
差引シテ
　永弐貫弐百四拾六文五分四厘六
　全差分
卯十一月

覚

一米四拾壱俵弐斗弐升四合三勺

八月二日直段弐俵九分ニて元利金七拾四両三分三朱、銭百六拾九文

助右衛門・豊吉両人ニて受取、

右請書弐枚上ゟ下り候趣ニて、割元中ゟ相渡候ニ付写取申候、

一十一月十四日、右差分金両人丈ケ之分、十八日迄ニ指出候様被談候得共、今日左之仕分付ケ割元鈴木惣之丞殿御渡し申候、尤両人之米ハ、明十五日、米や次郎兵衛ゟ万通へ地入候旨断り置申候、

覚

一永五拾五貫八百八拾弐文九分三厘

豊　吉

一同拾八貫百弐拾文壱分壱厘

助右衛門

〆永七拾四貫三文四厘

此金七拾四両ト銭弐拾四文

右之通指上ケ申候、以上、

卯十一月十四日

豊　吉

助右衛門

割元所

以口上書御達申上候

一万通不足米差分金被仰付候ニ付、別紙差分之通指上ケ候間、早速御上納被下度奉願上候、

一米四拾壱俵弐斗弐升四合三勺之代金、私共両人へ指出し候様被仰付奉畏候得共、是ハ三人ゟ指出し候差分不足米〆高九拾俵壱斗八升七勺ニ相成り、寅万通ニて六十四俵壱斗三升三合弐勺過米ニ相成居、二口〆米百五拾四俵三斗壱升三合九勺ニ相成候処、寄場米六月迄渡し残り百三十七俵之処、右指引ニして米拾七俵三斗余も過米ニ相成候様ニ奉存候、然ル処、右代金指上ケ候得は前書四拾壱俵弐斗弐升四合三勺之米御上ゟ御地入被成下候と奉存候間、左候得は万通多分ニ過米ニ相成り申候間、此段宜敷御達被成下度奉願上候、以上、

卯十一月十四日

豊　吉

割元所　　　　助右衛門

右之通十一月十四日夕認〆、鈴木氏へ指上ケ申候、尚又御上候ても□□□御達申上候、

寅年万通

表
小以米千八百五拾九俵三斗六升五合壱勺

一米弐俵三斗三升九合七勺　栃尾立用通ゟ
大割通切手

〆米千八百六拾壱俵三斗四合八勺
内
千七百九拾七俵壱斗七升壱合六勺　払米
米六拾四俵壱斗三升三合弐勺
指引残て
全万通過米

十一月十三日改

巻組指引写

一米四拾壱俵弐斗弐升四合三勺　巻組

寄場追割米之分

此永百四拾三貫三百拾弐文九分三厘
直弐俵九分ニシテ
永三貫五百八拾弐文八分弐厘
右二ヶ月半利足

〆永百四拾六貫八百九拾五文七分五厘
内
金七拾壱両三朱
銭弐百四拾壱文　八月二日請取
此永三十四文四分

永七百拾弐文弐分　右戻り利壱ヶ月分

小以永七拾壱貫九百三十四文壱分

残て
金七拾四両三分三朱
百六拾九文　九月朔日請取

一十一月廿日、清左衛門殿、彼是と不分り事申、私宅へ被参申候、

割元次座
岩渕助右衛門様　　割元

御用
新町ゟ村継

尚〻片貝ぇも申遣候、以上、

以手紙致啓上候、然は寄場米割出之内、巻組ゟ遣候米代金早
速上納可致趣、去ル十八日御代官所ゟ御沙汰之処、安藤・清
水承被居候処失念候哉、不被申遣旨御才覚御都合可有之候間、
成り合早立上納之方可然候、右可得御意如斯御座候、以上、

十一月廿日

割元
新町ゟ村継

割元次座
岩渕助右衛門様
御用

以手紙致啓上候、然は兼て寄場米割出代金遅日候てハ不宜候、
向〻候間成り合早立御出可被成候、右可得御意如此御座候、
以上、

十一月廿一日

尚〻片貝へも申遣候、以上、

一十一月廿二日、夜食後、中村や半七方へ内〻出シ、私訳も
出シ、

一同廿三日、半七方

一同廿四日

一同廿五日、役場へ出申処、割元中ゟ被談候ニハ、御蔵掛役
所諸入用共入組不分候ニ付、取調申慎御免被仰付候ニ付、
今日取掛り取調候様御談有之申候、尤郷横目ゟも達之上御
聞済之趣ニ御座候ニ付、同夜ゟ役はへ止宿致ス、

割元
新町ゟ村継

割元次座
岩渕助右衛門様
御用

以手紙致啓上候、然は明廿五日於　御蔵被仰渡候御用有之候
間、朝五ツ時役所へ御出可被成候、右可得御意如此御座候、
以上、

十一月廿四日

尚〻明日は例之米金一条取調被仰付、役方幷清左衛門・諏佐
泰助殿も出席之事ニて、無御座相違御出可被成候、以上、

覚

一金七拾壱両三朱　銭弐百四拾壱文　八月二日
一同七拾四両三分三朱　銭百六拾九文　九月朔日
〆金百四拾六両弐朱　銭四百拾文

右は巻組米代金、役場ニて請取預り置候分指上ケ申候、以上、
　卯十一月廿八日　　北御蔵掛
　　割元所
右之通書付相認、十二月廿八日、割元迄両人ニて指出し申候、
割元横山氏・関根氏、
右金之内
　七拾壱両弐朱ト四百拾文　　水沢ゟ
　五拾両　　助右衛門ゟ
　弐拾五両　　場ゟ
　　此ハ徳松へ秋中貸付置候分取、此節之上ケ□場へ用ひ申候、
〆金百四拾六両弐朱トせん四百拾文

乍恐以口上書達申上候
巻組ぇ売米差分金指上兼候趣、助右衛門・豊吉ゟ御達申上候、右ニ付奉申上候、八月八日役所へ罷出候処、助右衛門申候は、人足扶持見図り減し万通不足ニ相成候、爰ニ　稲垣主税様ゟ古通米出候由承り候得共、右御屋敷ゟ手伝無之候、其許ニは手引之人無之哉申候ニ付、御足軽方喜幸次殿肴や徳松方へ来臨相頼、助右衛門倶ゝ右之儀相頼候処、直様小林門蔵様へ立越被下候得共、最早時節後れと相成、古通ニてハ次引不相成様子、依て出米ニて請取払候外無之候、乍併今一応上御蔵へ伺之上挨拶可致、次米ニ相成候得は屋敷ニても都合之事と御申之趣、喜幸次殿被申候ニ付、左候ハヽ私は帰宅仕候、貴殿ハ居懸り之事ニ付、無除才取掛幾重ニも右之米入手ニ相成候様いたし度、金ハ一日も間有之候得はいつニても出金可仕旨、助右衛門と約諾仕候、三四日過様子為問合候処、右同様之返事ニ付不出来之事と奉存候、然ル処、八月廿四日五日頃丑万通仕付勘定之節、去十一月二日、御払米助右衛門場へ請置候分相廻し、右記八場へ移し、俄丑万通助右衛門場七拾四俵余之不足ニ相成候ニ付、左様候事ハ貴殿も多米之不足ニ相成、御上向も宜有間敷と助右衛門申見候得共不聞入候得は、去役後之事ニ付押て可申訳ニも無之候、其後追ゝ罷出、寅万通幷金銭請払帳見候得は、七拾俵助右衛門場へ請置候、此米直段ハ五俵ニて買入候趣、去十一月、御払米ハ四俵半直段、且利分之十ヶ月も徳分ニ相成候訳を以配米取計候哉、右米之儀はしめニ取懸候訳合を以配米いたし呉候様申出候得は、と得愚考仕候得は私へ配米可望訳ニ無之候、右七拾俵代金出所ハ巻組へ四拾壱俵弐斗弐升余、直段弐俵九分ニて売、四俵弐斗七升余直段弐俵弐分ニて売候代金を以先方へ相渡シ買入候米ニ候得は、矢張組ゝ用之筋と奉存候、其上先日徳松当座帳見候

処、八月十五日、小林門蔵様ぇ右米之儀ニて御蔵懸名ニて酒肴指出候得は、一入之儀と奉存候間、右七拾俵之内ゟ巻組二口之分引残米、助右衛門へ被　仰付被下度、左候得は助右衛門・豊吉ニ差分金指上候、迷惑聊無之候、右有躰奉申上候、以上、

慶応三卯年
十一月廿二日
宮路村
庄屋
清左衛門印

御代官所

乍恐以口上書奉願上候

去丑六月、元御蔵番茂右衛門儀、先御蔵掛善左衛門ゟ弐拾俵余取米有之趣申候ニ付、善左衛門へ其段申入候処、夫程遣米無之候、其中茂右衛門と申合、米数取極候て指引相頼申度候間、両人之場〆括指延呉候様被申候得共、無際限相延候ニ付、当二月善左衛門出勤之節茂右衛門呼立置、書付為指出、右を以善左衛門へ為見候処、其通り私場ゟ茂右衛門場へ遣し仕切立いたし候様申聞候ニ付、其段取計申候、其後善左衛門ゟ米数違ひ有之不極之趣申候得共、役場之帳面一旦取極候上は引直出来不申候旨相断申候、且善左衛門申候は、私ゟ切手も不指出分切候は不宜之旨申候得共、万通之内割元中始山刀小使迄勤役之者は銘ミ場有之、則場ゟ場へ移し候米は、口上而已ニて前ミゟ取計仕候、村ミ庄屋ニても、百姓銘ミ場ゟ場へ移候米ニ書面為指出候義は何れ之村方ニも無之、矢張万通迚も同様ニ御座候間、善左衛門御呼立早速詰方仕候様被　仰付被下置度奉願上候、以上、

慶応二寅年七月
御蔵掛
右記八
同
割元次座
助右衛門
同
同
清左衛門

御代官所

前書之通相違候ニ付御達申上候、以上、
割元
安藤五郎左衛門

乍恐以口上書奉願上候
宮路村
庄屋
清左衛門

一春中私当番之節、寄場入用米金割方被仰付候ニ付、杖庄屋へ加勢相頼割方仕、割元中奥印之帳面七ヶ組へ相廻候、
一五月中も私当番之節同所追割《本ノママ》被仰付、右同様割方仕、割元中奥印之帳面七ヶ組へ相廻候、

一米弐拾五俵、此永五拾六貫百六拾三文六分五厘差上候様被
仰出、此儀ニ付奉歎願候、御蔵掛先役善左衛門・祐助・善
八郎在勤之節、御蔵番茂右衛門ぇ莫太之貸米仕置候ニ付、
丑七月茂右衛門呼立為相詰候、残米ハ善左衛門ゟ取米有之
趣申出候、此儀別紙寅七月助右衛門・右記八・私ゟ奉願上
候書面、幷寅二月茂右衛門ゟ指出候書面写奉入御覧候、且
子万通善左衛門場切口助右衛門筆 茂右衛門場請口清左衛門筆右之通私共両人ニて請払仕候、
一先御蔵番引負等之儀ニて、私共三人去七月十二日証人蔵入
被仰付、奉恐入早速相詰候処、同十九日一同出勤被仰付、
両人は帰り、私当番相勤居候処、翌日御代官所ゟ米弐拾壱
俵弐斗善左衛門論米之由ニて、万通不足と相成候処、御郡
所ゟ蔵掛三人善左衛門証人蔵入被仰付候、乍去只今相詰候
ハヽ、一応手当申付候処、早速相済候ニ付□免候旨可申上と
被仰聞候ニ付申上候は、昨十九日大金指上候下ニ付、只今
一分ニて才覚仕兼候、同役共へ急飛相立打合之上取計度奉
存候、何卒明朝迄御差延被成下度奉願上候処、一刻も不相
成候、弥以詰方致兼候ハヽ、新通切出呉候、夫を以出金可仕
被仰聞候ニ付、随仰米弐拾五俵切手私一名ニて指上候処、
賄通ゟ代り米弐拾五俵切手被仰付、米屋甚九郎へ五俵八分
直段ニて相払、代金四拾三両余ニ相成、此内甚九郎へ口銭
異外〔ママ〕三両三分私ゟ足金仕、御皆済仕候、委細助右衛門・右
記八承知仕居候、

右弐拾壱俵弐斗
　此永四拾六貫七百七拾七文七分
　　直段四俵五分
　右上納金
此永五俵八分、直段ニして此米弐拾七俵五升弐合四勺
差引て
　米六俵三升弐合四勺　損分

右は新古直段違ニて、即座損分有之候得共願達中ニ付、善左
衛門ゟ出金之催促、助右衛門・右記八・私ゟ割元中へ相願置
候、然ル処、連々相延候中米高直ニ相成、就中万通ニハ年送
り扱米も有之候ニ付、新通ニて返米仕候得は、為指損分も無
之旨申合取計候儀ニ御座候、其中ニは善左衛門分送付ニ相成
可申奉尋、助右衛門・私両人にて割元中へ願出候処、善左衛
門殿数度之呼出し御座候、此儀最初ゟ之次第御憐察被成下置
度奉願上候、惣て万通ニは御蔵番・小使等不足は何ヶ年過候
事も、其節在役之者損分仕候例ニ御座候間、善左衛門・祐
助・善八郎之元貸過へ損分被仰付被成下候歟、又は善左衛門
へ出金被仰付被成下度奉願上候、以　御慈悲右願之通被仰付

被下置候ハヽ、生〻世〻難有仕合奉存候、以上、

慶応三卯年
十一月廿二日　庄屋 清左衛門

御代官所

右ハ十一月廿八日、善八郎・私両人御蔵へ御呼立ニ付、罷出一〻
申上候処、右清左衛門ゟ指出候願書、二通共御下ケニ相成り申候、
翌廿九日組頭仁右衛門請取持参致ス、

子之万通　安井善左衛門場

弐拾壱俵弐升　茂右衛門場へ

此切米助右衛門筆

一米弐拾壱俵弐升　安井善左衛門ゟ

此請米清左衛門筆

覚

一米弐拾壱俵弐升

右之通安井様ゟ御次入之分御座候間、宜奉願上候、以上、

寅
一月十六日　御蔵掛 茂右衛門 直筆

御蔵衆中様

覚

一願書　弐通

一御蔵掛三名願書　壱通

一万通写端書　壱枚

卯
十一月廿二日　庄屋 清左衛門

割元所

右ハ前〻印置通り、十一月廿九日不残り御下ケニ相成り、組頭仁
右衛門持帰候、尤御蔵掛三名之願書ハ役ばへ残し、跡弐通御下ケ
ニ相成り申候、

岩渕助右衛門様
水沢豊吉様　菊池清左衛門

以手紙致啓上候、然は此間御相談之向如何御決候哉、可被仰
下候、御報ニより急度御細申請度候、右得御意度如此御座候、
以上、

十一月十二日

右返事同夜村次ニて遣し候得共写し置不申、尤此間同人罷出候節、御使越人足当年見込違ニ付、廻〆之御払米相願候てハ如何之由相談致し申候、□共ニてハ只今ニ相成り、御払米等相願候ても寄場不足米引足しとハ不相成と被存候間、如何共決心不相成旨返書、両名ニ可遣之由候、

覚

北組
宮路村
庄屋
清左衛門

庄屋役取締
叱　蟄居

此者儀、兼て心得方不宜、蔵掛在役中万米引負、自分操合ニ相用、且同役へも不打合寄場米追割いたし、私潤を貪り候心底ゟ、差引合不正之取計も有之、重〻不埒之至ニ付、書面之通申付之、

岩渕新田
割元次座
助右衛門

蔵掛役取締
叱戸〆

此者儀、平日身分不取締、今度清左衛門不正之取計いたし候を其儘差置、且巻組ゟ寄場米代金ニて受取候始末始差引合如何敷次第も有之、不埒之至ニ付、書面之通申付之、

東片貝村
割元格

蔵掛役差免

豊吉

叱追込

此者儀、平日身分不取締、且清左衛門納不正之事共有之候を、其儘差置候段不埒之事ニ付、書面之通申付之、

右之通可被申渡候、以上、

慶応三卯年
十二月十三日

花輪馨之進
疋田水右衛門

小金井儀兵衛殿
小川善右衛門殿

右之通十二月十四日朝、於御蔵被仰渡候、御代官所永戸九郎左衛門様、割元清水、尤今朝ハ三人共打揃御蔵へ出申候、尤私儀ハ諸入用并七ヶ組入用等取調ニ付慎御免ニて、一昨十二日迄役場ニ罷越申候、昨十三日ハ宿半七方ニ居り申候、今日於御蔵戸〆被仰付候ニ付、宿ニて中飯喰直帰り申候、尤役所ゟ小使本飛参り候ニ付、同道ニて参り申候、指使ニハ安藤五八郎殿方へ手紙参り、同人宅ゟ支度致し私宅へ相□申候、外郷横目之出役ハ無之候、

右写し而已

一三百文　渡辺へ　せんべい代
一百文　四本ニて　御茶代
一弐百文　同　せんへい代

附　和歌山藩の徒刑策草案

はじめに

追放刑は、死刑とともに江戸時代の刑罰の中心的位置を占めていた。追放刑は、一定の区域を立入禁止として犯罪人を辺鄙な場所へ追い払うという極めて簡便な刑罰である。その簡便さゆえ、この刑罰が矛盾に満ちたものであることを承知しつつも、幕府をはじめとして多くの諸藩がこれを廃止できなかったのである。徳川御三家の一、和歌山藩とても例外ではなかった。しかしながら、刑事司法を担当する和歌山藩の当局者は、追放刑の矛盾と弊害を痛感していたのであって、追放刑に代えて徒刑を採用すべしという議論が一再ならずなされたようである。

徒刑という刑罰は、犯罪人を収容施設に拘禁し、拘禁中は強制労働に従事させるというものである。したがって、犯罪人から社会生活の自由を奪うとともに、社会の秩序と安全を保つという機能を徒刑は備えている。今ここに、和歌山藩における徒刑策の議論を紹介しようと思う。

一　「国律」の刑罰体系

和歌山藩は、第十代徳川治宝《はるとみ》の治政下の享和元年（一八〇一）以降のある時、一八編三九〇条から成る大型の堂々たる刑法典を制定した。これを「国律」という。「国律」はその編纂にあたって、幕府の「公事方御定書」と中国の明律例をおおいに参考としている（小早川欣吾「明律令の我近世法に及ぼせる影響」『東亜人文学報』四巻二号、昭和二十年）。和歌山藩はまた、「国律」を補充する追加法として、天保元年（一八三〇）以降に「国律補助」を編纂した。「国律補助」は、判例をもとに条文化した規定一〇八箇条を収載しており、文字通り「国律」の補助法典である。

「国律」の名例律に定める刑罰は、官刑七等、放刑八等、死刑五等の三種二十等であるが、このうち官刑は士分階級に適用する刑罰であるから、庶人に対しては放刑と死刑を科すことになっていた。放刑とは追放刑のことである。城下町居住の者に科す放刑は、居町追放、御城下追放、五里外追放、七里外追放、十里外追放、十五里外追放、二十里外追放、在郷え遣し押込被置の八等級であり、農村部居住の者に対する放刑は、居村追放、村追放、郡追放、勢州一領追放、勢州御領分追放、牢廠の六等級である。「国律補助」の名例律は、追放の場所について、より具体的に定めている。つまり、「国律」は追放刑を中心とする刑罰体系を採っていたのである。

徒刑を採用することは、明律例を参考として刑法典を編んだり刑罰法規を制定したりした場合の特徴の一つとなっている。しかしながら、和歌山藩「国律」は徒刑を採用しなかったのである。和歌山藩「国律」の成立以前、徒刑を採用した藩に①熊本藩（宝暦五年〔一七五五〕眉なしの刑、同十一年〔一七六一〕徒刑）、②佐賀藩（天明三年〔一七八三〕徒罪）、③会津藩（寛政二年〔一七九〇〕徒刑）、④米沢藩（寛政三年、徒罪）、⑤弘前藩（寛政九年〔一七九七〕徒刑）、

⑥新発田藩（寛政十二年〔一八〇〇〕徒罪）などがある。

刑事司法を担当する当局者は、追放刑が刑罰としての効果が薄く、矛盾をはらむものであることを充分に認識していたのであって、和歌山藩の勘定奉行所では、文政年間（一八一八〜三〇）、追放刑に代えて徒刑を採用すべく、その実施案を練っていたのである。しかし、勘定奉行所の徒刑案は結局のところ実施には至らず、和歌山藩における徒刑の実施は、明治二年（一八六九）の「徒刑之法」の制定をまたねばならなかった（堀内信編『南紀徳川史』第十七冊一一〇六頁、昭和八年、同書刊行会刊、手塚豊「明治初年の和歌山藩刑法」『明治刑法史の研究（中）』手塚豊著作集第五巻、昭和六十年、慶應通信）。

二　南葵文庫蔵「刑律譚」

勘定奉行所の徒刑案の一つは、堀内信編『南紀徳川史』に収載されていて（第十七冊一一〇一〜一一〇五頁）、すでに知られている。同書収載の徒刑案は、「徒刑策」と題し、前文と本文二十条を備え、そこには牢舎、村追放、郡追放に代えて四箇月から一箇年の徒刑を科し、また博奕、博奕宿、盗犯に対して一箇年より七箇年に至る徒刑を科すことなどを定めている。堀内氏の解説によると、「徒刑策」は勘定奉行所がこれを藩政府に提出するのに先立ち、町奉行所と協議するために、文政十二年（一八二九）十月二十日、勘定奉行松平六郎右衛門主計が町奉行に提示したものである。『南紀徳川史』はこの時に勘定奉行所から町奉行所に宛てた書面も収載しており、ここには「徒刑之儀、前〻より拙者共にて色〻申見、是迄進達に及ひ候儀も有之候」と記されている。つまり、文政十二年以前、勘定奉行所は藩政府に対して徒刑の実施案を何回か提出していたのである。堀内氏は、このことにつき「追放を徒刑に換ゆへしとは世の識者往々論する処、六郎右衛門亦夙に卓見あつて建議数回に及ひしは能く任務を尽したるといふへし」と評した（同書一一〇〇頁）。

ここに紹介する東京大学附属総合図書館の南葵文庫蔵本中の「刑律譚」（架号L一一—六一三）こそは、和歌山藩勘定奉行所が策定した徒刑策の一草案であろうと思う。「刑律譚」は墨付八丁の薄冊で、そこには前文と本文十一箇条、および跋文から成る徒刑の実施案が記されている。末尾には本書を筆写した松島杢之助（直内《なおただ》）の奥書が書きつけられており、

　覚ニ文政二卯年六月、良右衛門殿、差図ニて取組、御同所え差出候草案之由、
　慶應二寅年二月　後直内ト改名　松島杢之助写之
（読点引用者、以下同じ）

と見えている。「御同所」とは、前文に「私共手前ニて村追放・郡追放等宛行候者共」とあることからも判るように、在方の刑事司法を担当する勘定奉行所のことである。また「良右衛門」とは、文化七年（一八一〇）の「御家中官禄人名帳」（『南紀徳川史』第八冊所収）にみえる勘定組頭で勘定吟味役格の田中良右衛門のことであろうと思う。［良右衛門は本来二十五石取の下級武士であるが、このときは組頭の役料を併せて五十石高である。］この奥書を信用するならば、「刑律譚」は文政二年（一八一九）六月、勘定奉行某の指示により、田中良右衛門（この時の役職不明）が起草して勘定奉行所に提出した徒刑案なのである。

「刑律譚」を筆写した松島杢之助は、和歌山藩士にて和漢の筆道に優れ、天保十四年（一八四三）より明治五年（一八七二）まで、家塾不如学齋を開いて生徒を教授した（『南紀徳川史』第十七冊一七七頁）。本書はその蔵書票によるに、明治三十七年五月三十一日、松島杢之助がこれを旧藩主家徳川頼倫の経営する私設図書館の南葵文庫に寄贈したものである。南葵文庫所蔵本の大部分は、大正十三年七月、関東大震災によってその蔵書を焼失した東京大学図書館に寄

贈されたので、本書もそれに伴って東京大学図書館の所蔵となって今日に至ったのである。「刑律譚」という表題は起草者がつけたものではなく、おそらく後人の命名になるものであろう。松島杢之助が与えた表題かも知れない。

三　田中良右衛門の徒刑案

勘定奉行所の一員であった田中良右衛門の起草した徒刑案の骨子は、次のようなものである。前述したように、和歌山藩の場合も追放刑に内在する矛盾と弊害をはなはだ不都合に感じていたのである。良右衛門は、前文の後段に「盗賊之儀、前条之通死刑以下ハ罪之軽重ニより、十里或ハ二十里追放被仰付候事ニ候、然ルニ其者元ゟ一銭之貯も無之、遠方ニ放れ候事故、何国ニ便り何を業と可致元手も無之、其日より又元之盗賊を致し、或ハ里数之内へ立帰り抔致し候事故、又〻召捕、此度ハ黥等ニて、再ひ立廻り候ハ、死罪可申付と有之候処、猶又前段之仕合故、盗賊より外之所業も無之、其上黥有之候ては衆人ニ忌ミ嫌ハれ候事故、却て今ハ凶悪之心も募り弥心儘に豪〔強〕盗をも相働き、終ニハ重刑に陥ル而已ならす、其際に良民の害を致し候事尤甚しく、前〻ゟ終ニ本心に立帰り帰参致候者十ニ一二も稀なる事ニて」と述べている。つまり、このような追放刑に代えて徒刑を採用せよというのである。

良右衛門は、徒刑という刑罰を、犯罪人を改善して善良な民として社会復帰を目指すものだと捉えている。良右衛門は、前文に「惣躰刑罰ハ、民の悪を懲し善ニ帰せしむるを肝要と致し候事ニて」と記し、本文第一条に「年月を経候て前科を悔ミ、行状を改め本心に反り候ハ、……帰住等差免し候て可然事」、第八条に「年月相立、本心ニ反り帰住等差免候節」とそれぞれ記しているのである。そしてこのような徒刑を実施することは、「上ゟ之御仁恵」すなわち藩主の情深い恩恵なのだと記している（第二条）。

跋文によると、本書は徒刑実施の要綱を示したものだというが、徒刑囚の処遇についてかなり具体的に記している（ただ、刑期について記すところがないのは、受刑者の改善が達成されるまでという不定期刑を想定していたからかも知れない）。徒刑囚には本人の希望する仕事を宛てがうことにしている。つまり、「追放申渡候跡ニて耕作か漁稼か、いつれ当人好候ニ任せ」、耕作を望む者は郡政を掌る代官（かつての郡奉行）に引渡し、農村部に設けた小屋に収容して荒地村作等の農業に従事させることとしたのである（第一条）。また、漁業を希望する者は二分口奉行に引渡し、浦方にて漁稼をさせることとした（第四条）。海岸線の長い和歌山藩ならではの処遇法である。和歌山藩では領内の津々浦々河流の要所に役所を置き、河海によって輸出入する物品を検閲し、この物品に対して二歩《(分)》の代銀を徴税していた。これを統轄するのが二分口奉行である。二分口奉行は、勘定奉行の支配するところであった（『南紀徳川史』第十二冊二七四頁）。つまり、漁稼を望む者を津々浦々の二分口役所に配属させようというのである。そして、耕作と漁稼、このいずれに従事させる場合も、過疎化が激しくて労働力の足りない農漁村に派遣することを計画していた（第五条）。

徒刑囚のその他の労役としては、代官・庄屋等の下人として使役し（第一条但書）、あるいは町方の日傭や車力躰の業に従事することを望む者を町方役人に引渡し、車力業、米舂等に就かせ、あるいは御普請方や御作事方などの役所で労役に従がわせることを考えた（第六条）。

また第九条は、徒刑囚を処遇する在中ならびに町方の役人の心得について定めており、「教諭愛恤の意を本ニ致し……聊も上を怨ミしめさる様」な態度をもって徒刑囚に接すべきことを役人共に指示している。

四　幕府「人足寄場」および熊本藩「徒刑」の参照

ここに注目すべきは、田中良右衛門が幕府「人足寄場」ならびに熊本藩「徒刑」をおおいに参考とし、この両者から学びとって徒刑案の骨格を形作ったということである。良右衛門は、前文に「既ニ　公辺ニては、死刑以下之刑人をハ古しへの徒刑の振合を以筑《（佃）》田嶋ニ差置れ、破損所又ハ川浚等の出役ニ遣ひ候儀有之、肥後表抔ニも先年ゟ右之作法行れ候由候」と記し、それ故、当藩でも徒刑を実施すれば、「刑人之儀ハ不及申、良民之害を免かれ」るので、「誠ニ莫大之御仁恵」であると力説している。つまり、起草者良右衛門は、幕府人足寄場と熊本藩徒刑とについて何がしかの知識を持っていたのである。

熊本藩徒刑は宝暦五年（一七五五）、同藩の刑法典「御刑法草書」に定められて実施に移された自由刑である。その内容については、拙稿「熊本藩徒刑と幕府人足寄場の創始」（小林宏・高塩博『熊本藩法制史料集』所収、平成八年、創文社）を参照されたい。また、人足寄場は寛政二年（一七九〇）、老中松平定信の構想によって設立された無宿収容施設であり、その実現に尽力した長谷川平蔵の名とともに多くの人々に知られている。松平定信は、寄場創設にあたって熊本藩の徒刑制度から多くを学んでいるのである（前掲拙稿参照）。

良右衛門の徒刑案第八条は、漁稼および車力等の町方における徒役に賃金を支給する作業有償制と、その賃金の何割かを強制的に積立てさせて、釈放時の就業資金に充当させるという元手の制の構想を定めている。この処遇法は熊本藩徒刑に始まって、幕府人足寄場もまた採用したもので、熊本藩徒刑および幕府人足寄場の根幹をなす施策である。

第七条は、徒役にあたっては誰が見ても徒刑囚であることが一目でわかるように、「異形なる躰」にすることを定めている。前述の文政十二年の「徒刑策」を見ると、徒刑囚の髪型を総髪とし、人夫として働かせる場合には眉毛を剃るとある（第八条）。これは熊本藩徒刑に見られる方法である。ちなみに、明治二年の和歌山藩「徒刑之法」でも、徒刑囚の眉を剃り落すことになっている（『南紀徳川史』第十七冊一一一〇頁）。

また、徒刑囚が法に背いた場合、「不及吟味死罪之事」とある（第二条）。文政十二年の「徒刑策」においては、徒刑囚の逃亡に対しては「死罪」を科し、その処刑を徒刑囚全員に見せしめるとしている（第十九条）。熊本藩でも逃走の徒刑囚に対しては刎首をもって臨み、服役中の徒刑囚の環視の中で刑を執行するのである。徒刑案はこの点も熊本藩徒刑を参考とした可能性が高い。

良右衛門の徒刑案は、積極的に教育を施して徒刑囚を改善することを考えているが、この教育に心学者を登用する構想が見られる（第六条但書）。人足寄場では毎月三回、心学者を招いて人足共に道話を聴かせていたから、これを参考としたものであろう。

なお、この徒刑案は、徒刑を刑罰としてのみならず、保安処分としても用いることを考えている。すなわち、父兄、大庄屋、庄屋共の教諭を聞き入れない無頼放蕩者に対する「旧里《〔離〕》義絶」の弊害を説き、今後は旧離義絶を認めず、これら無頼放蕩者に徒刑を適用しようというのである（第十一条）。幕府人足寄場は、江戸の町に徘徊する無宿を収容する施設として発足したのであり、まさに保安処分のための施設であったのである。

むすび

「刑律譚」という書は、文政二年六月、和歌山藩勘定奉行所の田中良右衛門（当時の役職は勘定組頭もしくは勘定吟味役であろう）が、奉行の指示によって起草した徒刑策の草案である。この徒刑案は、熊本藩徒刑ならびに幕府人足寄場を参考としつつも、和歌山藩独特の処遇法を考えて立案してある。犯罪人の更生を目的とする特別予防主義の考え方をとっていることはいうまでもない。勘定奉行所ではこの徒刑案の他にも徒刑案を練ったようだが、それらの徒刑案が基礎となり、文政十二年十月、勘定奉行松平六郎右衛門が町奉行に提示した徒刑策となったものと考えられる。

改善主義に立脚し、教育的処遇を行なった熊本藩徒刑や幕府人足寄場の思想が、諸藩にどの程度に知れ渡り、かつそれに基づく自由刑がどの程度に実践に移されたかを調べることは、はなはだ興味深い課題である。和歌山藩の場合は、どうやら勘定奉行所における徒刑案の策定にとどまり、実施にまでは至らなかった。その理由をつきとめることも今後の課題である。

史料翻刻
「刑律譚」（東京大学総合図書館南葵文庫蔵）

刑律譚

凡て刑人之儀、村追放・郡追放以下は私共へ御任せ有之、右以上は御処置相伺候儀、前〻ゟ之極りニ候処、盗賊之儀は其罪之軽重ニ不抱〔ママ拘〕、一〻御処置相伺候事ニ候、是ハ御国初之比抔ハ盗賊と極り候者は多ク死刑ニ相成候儀ニ付、右等之品ニ寄御任せは無之儀ニ候哉、併し其後段〻　御国律も委く相成、盗賊ニても盗物之軽重度数之多寡ニ応し、追放品〻有之候事候、然ルニ右盗賊之儀は、十ニ七八ハ親族之義絶ニ逢候不頼〔ママ無〕之無宿者ニて、捕候初より悪党之看板を打候刑人ニ御座候処、右盗賊ニ限り一格御取扱も重き事故、おのつから御裁許之日数も重り、万端持重り候儀共有之ニ付ては上下之失墜も多、別て在中之儀は当時課役減し方厚、御世話振も有之候処、右御趣意とハ齟齬いたし候儀も多事ニ候、猶又私共手前ニて村追放・郡追放等宛行候者共は、いつれも身分は衆民之数ニ備り候者ニて、或ハ一村之役儀をも蒙りなから窃ニ窮民之米銭を絞り取、又ハ押廻し等ニて愚昧者之人気を動し候者抔有之、其姦曲ニて良民を傷ひ候情実を察し候得は、却て初より盗賊と看板打候刑より悪毒も深く、御政道ニ於てハ甚以不軽事ニ候処、右之処置等ハ元より御任せ有之事ニ候得は、向後ハ盗賊其外共、在中之刑筋一様ニ私共手前ニて夫〻処置相決候上ニて相任候様仕度候、既ニ
公辺ニては刑律之儀、諸奉行へ御任し有之事ニ付、万端簡易ニ有之趣ニ候へハ、旁右等相成候ハ、おのつから取扱手行も能、在中之失却も軽ミ、良民之御救ニも相成申し候事ニ候、併右ニては利十ならざれハ法を変ぜす、との確言ニは戻り可申哉ニハ候得共、惣躰刑罰ハ民の悪を懲し善ニ帰せしむるを肝要と致し候事ニて、書経に刑期于無刑とも有之、畢竟ハ刑を施し候も御仁政之一端ニて、其本ハ民を安んずる為ニ候得は、右等悪党之為ニ良民を苦しめ候段甚以傷ましき儀ニ付、聊ニても良民の疵無之様致度事、

一盗賊之儀、前条之通死刑以下ハ罪之軽重ニより十里或ハ二十里追放被　仰付候事ニ候、然ルニ其者元ゟ一銭之貯も無之、遠方ニ放れ候事故、何国ニ便り何を業と可致元手も無

之、其日より又元之盗賊を致し、或ハ里数之内へ立帰り抔致し候事故、又ミ召捕、此度ハ黥等ニて、再ひ立廻り候ハ、死罪可申付と有之候処、猶又前段之仕合故、盗賊より外之所業も無之、其上黥有之候ては衆人ニ忌ミ嫌ハれ候事故、却て今ハ凶悪之心も募り弥心儘に豪〔ママ〕盗をも相働き、終ニハ重刑に陥ル而已ならす、其際に良民の害を致し候事尤甚しく、前ミゟ終ニ本心に立帰り帰参致候者十ニ一二も稀なる事ニて、前□宥罪の御仁恵も不相立、誠以恐入候事ニ候、右ニ付、既ニ　公辺ニては死刑以下之刑人をハ古しへの徒刑の振合を以筑〔ママ佃〕田嶋ニ差置れ、破損所又ハ川浚等の出役ニ遣ひ候儀有之、肥後表抔ニも先年ゟ右之作法行れ候由候、然れハ

御国ニても右等之御取計有之候ハヽ、刑人之儀ハ不及申、良民之害を免かれ候所、誠ニ莫大之御仁恵ニ可有之、猶又盗賊之外追放被　仰付候者共も、罪之軽重ニて取捨致し、徒刑ニ宛行候方可然候、依て左之条ミニ申上候事、

〔1〕

一在町浦方等へ追放者を差置候小屋を取立候て、扨追放申渡候跡ニて耕作か漁稼かいつれ当人好候ニ任せ、耕作を望候者ハ御代官へ引渡し、大庄屋・庄屋・杖突等、其筋ミを以渡り合、しかと取〆セ、在中ニ設け有所の小屋ニ差置、荒地村作等宛行、農業を勉させ、年月を経候て前科を悔ミ、行状を改め本心に反り候ハヽ、其処を以及進達、帰住等差免し候て可然事、

但、追放之者、御代官・大庄屋・庄屋等下人ニ被下置候様相願候ハヽ、差置、其上之処置ハ主人之心次第致させ申度事、右之通相決候ハヽ、委細処置振之儀は其節可相達事、

〔2〕

一右之通　上ゟ之御仁恵を尽候上、若法ニ背候者於有之ハ不及吟味死罪之事、

〔3〕

一追放先ニて法ニ背き、庄屋等強く折鑑〔ママ檻〕を致シ、若誤りて打殺候共、其辺ニて差免申度候事、

〔4〕

一漁稼を望候者ハ弐分口奉行へ引渡、浦方ニて漁稼を致させ、其上之処置は前段同様候事、

〔5〕

一右ニ付、村方ニては村作地又ハ人数不足ニて難渋之ケ所、浦方ニても人数不足之処を兼ミ々調へ申出させ置可申候

事、

〔6〕

一耕作漁稼等不得手ニて、町方日傭車力躰之業を望候者ニハ、町方役人へ引渡し、兼てしつらひ候小屋へ入置、町方之車力業、米舂等ニ遣ハセ、又御普請方・御作事方等ニても不差支場所へハ訖度〆り之上遣可申、其外之処置ハ前段同様之事、

但、予メ心学者抔へも申諭置、右等之者有之候ハ、私共へ被下置候様仕度段願ハセ置、扨右耕作不得手之者有之候ハ、其方追放被　仰付候へ共、何之誰願ニ依り某へ被下置候、重て不届有之候ハ、可為死罪旨申渡、且願主へも其趣申聞、下人之如く相心得、能〻教諭を加へさせ候仕方も可有之、尤強て折鑑〔ママ檻〕致し、死ニ至り候共其通たるべき事、

〔7〕

一耕作・漁稼・日傭・車力等ニ遣候付ては、平人ニ不相紛ため異形なる躰ニ仕立、誰か見受候ても徒刑之者と相見え候様いたし可然事、

〔8〕

一漁稼・車力等ニ遣候付ては、扶持方又ハ買銭遣シ候内、夫〻引受候役所へ除置候て、年月相立、本心ニ反り帰住等差免候節、夫〻元手ニ致させ可申事、

〔9〕

一夫〻引受候在中并町方役人共へ能〻相心得させ可申事ニて、勿論使役ハ厳重ニ致し可申事ニ候得共、教諭愛恤の意を本ニ致し、刑人実ニ其罪ニ服し、聊も上を怨ミしめさる様ニ、役人共へ第一ニ心得させ可申事、

〔10〕

一右之通ニは候得共、最初より所詮教諭を不用者と相見え、且死刑ニ行べき科も無之者ハ、渇ニ一命を繋候程之扶持ニて西浜囲抔へ入置、再ひ出し不申候て可然事、

〔11〕

一先前より在中ニて無頼放蕩ニて父兄之手ニ餘り、教諭をも不用者共ハ、旧里切〔ママ離〕義絶と唱へ達出候事ニ候、右は甚タ薄情之風儀ニて貧賤之者唯後難を恐れ候為計、容易ニ其者を棄候事故、棄られ候者も弥悪党ニ陥り、終に後悔之期も無之、当時召捕候盗賊、大方右等之者之果ニて、右をも向後義絶之達しは不取上候て、御代官へ差、心得させ、其父兄は勿論、大庄屋庄屋共ゟ飽迄教諭を加へさせ、其上ニも不用者は前段徒刑之法ニて是を懲しめ、先

非を悔ミ本心ニ反り候上ニて旧里ニ帰し遣候様致度事、右夫ミ弥業ニ及ほし候節ハ、猶委しき処置振等品ミ可有之候へ共、先大体を奉候事候、尤紀勢共在中之人別、享保以前ニ競候へハ、当時相減し候所誠ニ莫大之事ニて、右ニ付ては荒地村作手餘り地等相増し、上之御収納高減し、百姓共御年貢計口ミ相嵩ミ有之事候、夫故当時荒地起方取計せ候ニ付ても人数不足ニて相難し候ケ所も儘有之候、一夫不耕ハ天下為之有飢者との古語も有之候得は、兎角在中ニ一人ニても棄民無之様取計候ハヽ、おのつから右等之本根を養ひ候一助ニも可相成儀ニ付、旁以前条之御取計振有御座度事、

覚ニ文政二卯年六月、良右衞門殿、差図ニて取組、御同所え差出候草案之由、

慶応二寅年二月　　　　松島杢之助写之（後直内ト改名）

〔註〕墨付き七丁、明治三十七年五月二十一日に松島直内氏が本書を南葵文庫に寄贈した旨を記す蔵書票が　原表紙の裏に貼付されている。

成稿一覧

旧稿を収録するにあたっては、内容上の変更は行なっていない。誤字脱字の類を正したほか、ごくわずかな補筆を施したに過ぎない。補筆部分は、［　　］をもって示した。また、章末の〔補註〕はこのたび補ったものである。

序　章　（新稿）

第一章　松本藩の「溜」制度について
『國學院大學日本文化研究所紀要』八七輯　平成十三年三月（副題「社会復帰を目指す刑事政策」を省いた）

第二章　丹後国田辺藩の「徒罪」について
『國學院法學』四九巻四号　平成二十四年三月

第三章　丹後国田辺藩の博奕規定と「徒罪」
『國學院法學』四九巻二号　平成二十三年九月

第四章　津藩の「揚り者」という刑罰―徒刑思想波及の一事例―
『栃木史学』（國學院大學栃木短期大学史学会）一二号　平成十年三月

第五章　庄内藩の「人足溜場」について
『國學院大學日本文化研究所紀要』九三輯　平成十六年三月

第六章　長岡藩の「寄場」について
『國學院大學日本文化研究所紀要』八三輯　平成十一年三月
第六章補遺　長岡藩寄場に関する史料紹介—「寄場米金一条手扣」—
（新稿）
附　和歌山藩の徒刑策草案
『國學院大學日本文化研究所報』一九〇号　平成八年五月（ただし、史料翻刻「刑律譚」は新稿）

著者紹介

高塩　博（たかしお　ひろし）

昭和23年　栃木県生まれ

昭和47年　國學院大學文学部史学科卒業

昭和55年　國學院大學大学院法学研究科博士課程単位取得

　　　　　國學院大學日本文化研究所助教授・同教授等を経て

現　　在　國學院大學法学部教授　法学博士　日本法制史専攻

主要著書

『日本律の基礎的研究』（昭和62年，汲古書院）

『高瀬喜朴著大明律例譯義』（共編，平成元年，創文社）

『熊本藩法制史料集』（共編，平成８年，創文社）

『北海道集治監論考』（共編，平成９年，弘文堂）

『唐令拾遺補』（共編，平成９年，東京大学出版会）

『江戸時代の法とその周縁—吉宗と重賢と定信と—』（平成16年，汲古書院）

『法文化のなかの創造性—江戸時代に探る—』（編書，平成17年，創文社）

『新編荷田春満全集』第９巻律令（平成19年，おうふう）

『「徳川裁判事例」「徳川禁令考」編纂資料目録』（共編，平成20年，法務省法務図書館）

『北海道集治監勤務日記』（共編，平成24年，北海道新聞社）

國學院大學法学会叢書２

近世刑罰制度論考

—社会復帰をめざす自由刑—

2013年３月25日　初版第１刷発行

著　者　高　塩　　博

編　者　國學院大學法学会

理事長　坂　本　一　登

発行者　阿　部　耕　一

〒162-0041　東京都新宿区早稲田鶴巻町514番地

発行所　株式会社　成　文　堂

電話 03(3203)9201(代)　FAX 03(3203)9206

http://www.seibundoh.co.jp

製版・印刷　藤原印刷　　製本　佐抜製本

☆乱丁・落丁本はおとりかえいたします☆　**検印省略**

ISBN978-4-7923-0539-0 C3032

定価（本体5500円＋税）

事 項 索 引

ち

つ

て

と

な

人 名 索 引